# AS DOZE FACES DA DEUSA

## Elogios para *As Doze Faces da Deusa*

"Danielle teceu habilmente uma obra que todos podem usar para aprimorar sua jornada rumo ao Feminino e aos Mistérios em diversos níveis. Embora trate das Deusas e do Feminino encontrados nos arquétipos da astrologia, na mitologia, nos rituais e na magia, não é um livro apenas para mulheres, e sim para todos que estão no caminho da busca – a busca por reinos do próprio espaço interior; todos os tipos nos são familiares, mas agora temos uma linguagem para falar deles."

– Erin Sullivan, escritora, astróloga e professora

"Danielle Blackwood criou uma bela e inteligente homenagem zodiacal à Deusa. Com muita frequência, quando astrólogos apresentam descrições arquetípicas dos doze signos solares, estes costumam ser enquadrados levando em conta a psique masculina e tudo o que tem a ver com ela. Para eliminar esse hábito como astrólogos, precisamos que a Deusa fale primeiro; precisamos que ela fale com mais frequência; e precisamos que ela fale com a própria autoridade. Nesse sentido, Blackwood deu uma poderosa contribuição ao campo da astrologia arquetípica."

– Adam Elenbaas, astrólogo e autor de *Fishers of Men: The Gospel of an Ayahuasca Vision Quest*

"Embora nunca tenhamos nos conhecido, Danielle Blackwood é uma alma irmã. Enquanto eu lia sua prosa poética, ela me chamava para me juntar a ela em uma encruzilhada iluminada pela Lua, onde a magia e o Sagrado Feminino se encontram com a astrologia. Foi lá que tudo começou e é lá que tudo se desenrolará à medida que o feitiço patriarcal se desfaz e vamos nos lembrando de quem somos. Que *As Doze Faces da Deusa* seja uma lanterna para você nesse caminho de retorno para casa."

– Steven Forrest, autor de *The Inner Sky*

"Uma visão revigorante da astrologia sob a perspectiva do Divino Feminino. A astrologia, muitas vezes, é intimidante para os aprendizes, mas Blackwood apresenta informações sobre os signos e como usar a magia e o poder das deusas a eles relacionadas de maneira fácil de compreender e identificar... Um livro de leitura obrigatória."

– Stephanie Woodfield, autora de *Dark Goddess Craft*

"Danielle Blackwood criou uma exploração cuidadosa da jornada pessoal do leitor, repleta de momentos de iluminação empoderadores e sabedoria compassiva. Eis um guia inteligente e intuitivo que liga todos os pontos tanto para o místico iniciante quanto para o experiente."

– MICKIE MUELLER, autora de *The Witch's Mirror*

"Com voz acessível e estilo característico, Danielle Blackwood lança uma luz clara sobre a convergência entre astrologia, arquétipos e a jornada do herói de Campbell... tudo isso com um toque deliciosamente centrado na Deusa! Este é um livro a ser lido, relido e relido..."

– JEN MCCONNEL, autora de *Goddess Spells for Busy Girls*

"Danielle Blackwood compartilha seus estudos de longa data, assim como sua experiência pessoal em práticas esotéricas, neste guia de autodescoberta agradável e envolvente."

– DONNA HENES, autora de *The Queen of My Self*

"Instigante e belamente escrito. Este livro é uma combinação inteligente de astrologia e magia, com associações inesperadas entre as deusas e os doze signos do zodíaco."

– ELLEN DUGAN, autora de *Natural Witchery*

"Danielle Blackwood nos proporciona uma abordagem única do Sagrado Feminino, conduzindo os leitores em uma jornada pela astrologia e pela magia, ambas unidas de maneiras tanto novas quanto ancestrais. A escrita de Blackwood é lírica, mas ainda assim facilmente acessível, oferecendo a quem busca um caminho para descobrir as próprias identidades místicas."

– DEBORAH BLAKE, autora de *Everyday Witchcraft*

"Danielle oferece uma abordagem mística, mas muito prática, para estabelecer um relacionamento pessoal com o Sagrado Feminino... Com a mitologia da Deusa, rituais práticos e referências aos astros, as informações que Danielle apresenta aqui são detalhadas, bastante individualizadas e absolutamente mágicas."

– SACERDOTISA BRANDI AUSET, autora de *The Goddess Guide*

"*As Doze Faces da Deusa* traz vida nova à antiga compreensão de 'o que está em cima é como o que está embaixo'."

– KRIS WALDHERR, autora do *best-seller*
*The Book of Goddesses* e criadora do Tarô da Deusa

Danielle Blackwood

# AS DOZE FACES DA DEUSA

## TRANSFORME SUA VIDA COM A ASTROLOGIA, A MAGIA E O SAGRADO FEMININO

*Tradução*
Marcelo Brandão Cipolla

Editora Pensamento
SÃO PAULO

Título do original: *The Twelve Faces of Goddess.*



Publicado originalmente por Llewellyn Publications, Woodbury, MN 55125 – USA – www.llewellyn.com

Imagem da capa: La Plume, de Alphonse Maria Mucha; Rawpixel.com/Shutterstock.com



1ª edição 2025.



**Editor:** Adilson Silva Ramachandra
**Gerente editorial:** Roseli de S. Ferraz
**Gerente de produção editorial:** Indiara Faria Kayo
**Preparação de originais:** Alessandra Miranda de Sá
**Revisão técnica:** Verbenna Yin
**Editoração eletrônica:** Join Bureau
**Revisão:** Adriane Gozzo

**Dados Internacionais de Catalogação na Publicação (CIP)**
**(Câmara Brasileira do Livro, SP, Brasil)**

Blackwood, Danielle
As doze faces da deusa: transforme sua vida com a astrologia, a magia e o sagrado feminino / Danielle Blackwood; tradução Marcelo Brandão Cipolla. – 1. ed. – São Paulo: Editora Pensamento, 2025.

Título original: The twelve faces of goddess
Bibliografia.
ISBN 978-85-315-2408-0

1. Astrologia 2. Deusas 3. Magia 4. Religião da Deusa I. Título.

24-241019 CDD-202.114

**Índices para catálogo sistemático:**

1. Deusa: Mulheres: Sagrado feminino 202.114
Cibele Maria Dias – Bibliotecária – CRB-8/9427

Direitos de tradução para o Brasil adquiridos com exclusividade pela EDITORA PENSAMENTO-CULTRIX LTDA., que se reserva a propriedade literária desta tradução.
Rua Dr. Mário Vicente, 368 – 04270-000 – São Paulo – SP – Fone: (11) 2066-9000
http://www.editorapensamento.com.br
E-mail: atendimento@editorapensamento.com.br
Foi feito o depósito legal.

# Dedicatória

Para minha avó Anna, que me ensinou o potencial de cura das histórias, o poder quase mágico da esperança e a sabedoria intrínseca tanto da força quanto da bondade – e sem cuja coragem eu não estaria aqui.

# SUMÁRIO

Prefácio

# O CHAMADO DOS MISTÉRIOS

Os Mistérios sempre me chamaram. Cresci em uma pequena vila, numa ilha da costa oeste dos Estados Unidos, e eles sussurravam das sombras da floresta verde-escura pela qual eu precisava passar a caminho da escola. Ouvia-os da minha cama à noite, batendo no litoral selvagem do Pacífico com uma cadência que fazia meu coração doer. A partir do quinto ano, enquanto as outras crianças brincavam no recreio, eu podia ser encontrada escondida na biblioteca da escola, fascinada por contos de mitologia e encantada por livros sobre as religiões do mundo. Quando tinha 13 anos, achei por acaso um exemplar de bolso de *The Pictorial Key to the Tarot**, de Waite, em uma caixa de livros grátis da biblioteca. Fiquei fascinada por aquelas imagens enigmáticas e soube de modo intuitivo que havia aberto um portal para um caminho que eu nem sabia que procurava. Não tínhamos a sorte em nossa pequena cidade de ter algum lugar que vendesse verdadeiras cartas de tarô, por isso recortei com cuidado as ilustrações em preto e branco do livro, uma a uma, e criei meu primeiro baralho. Estudava as imagens durante horas, trancada no meu quarto, hipnotizada pelos símbolos misteriosos e pela torrente de impressões

* *O Tarô Original Waite-Smith 1909* – Parte Dois – *A Chave Ilustrada do Tarô de 1910/1911*, por Arthur E. Waite. São Paulo: Pensamento, 2018.

que surgiam deles. Sempre que saía do quarto, escondia minhas cartas improvisadas sob um canto do tapete que ficava no meu *closet*, posicionando meticulosamente um par de sapatos em cima. Por instinto, sabia que meus pais conservadores não aprovariam aquela atividade.

Assim começou meu estudo do esoterismo, que tomou conta de toda a minha vida. Quando fugi de casa para a cidade grande, aos 17 anos, descobri, para minha absoluta surpresa, que havia muito mais a ser descoberto. Logo após chegar a Vancouver, na Colúmbia Britânica, encontrei o caminho da Banyen Books, um verdadeiro país das maravilhas de livros, cristais, cartas de tarô e todo tipo de talismãs mágicos esperando para serem revelados. De olhos arregalados e sem fôlego, coloquei meu dinheiro no balcão e, sentindo-me uma recém-iniciada chegando aos pés do templo, comprei, cheia de reverência, meus primeiros livros metafísicos: *The Inner Sky, The Spiral Dance** e *Positive Magic.* E, por sorte, ao sair da loja carregada com meus novos tesouros, notei um mural comunitário que anunciava aulas de astrologia. Estava em casa.

Posso afirmar, em um eufemismo, que a vida na cidade grande como adolescente fugitiva não foi exatamente idílica. Eu comia, dormia e respirava astrologia e tarô, gastando em livros todo o dinheiro que me sobrava. Fazia leituras de tarô para amigas e traçava meus primeiros mapas astrais da maneira tradicional – sem a ajuda do computador. Eu os calculava e desenhava à mão, fazendo cálculos matemáticos com um transferidor, uma efeméride e um atlas antigo. Comprometi-me a me tornar aprendiz sob a orientação de uma astróloga local, Nikiah Jaguar. Mais que qualquer outra coisa, queria ganhar a vida como astróloga, mas isso demorou um pouco para se concretizar.

De volta ao meu apartamento, tarde da noite após um *show* do Prince, aninhei-me em uma poltrona, abri meu diário e comecei a escrever. Embora quase sempre encerrasse o dia anotando meus pensamentos, naquela noite escrevi no caderno até depois de altas horas da madrugada, até o

---

* *A Dança Cósmica das Feiticeiras.* São Paulo: Cultrix, 2021.

nascer do sol. Fosse escrita automática, fosse psicografia, o que surgiu foi transformador. Frases intermitentes salpicavam essa epifania de quarenta páginas, como: "Não sei o que está acontecendo, parece que estou em algum tipo de "*flow*!". No silêncio daquela noite, sem perceber, tropecei em algo muito maior que eu. Enquanto o sol surgia e iluminava o novo dia, eu segurava nas mãos um curioso maço de papéis – muitos dos quais eu não tinha a lembrança de ter escrito – que era uma verdadeira tabela de correspondências e explicações sobre como a magia, o tarô e a astrologia se entrelaçavam com os mesmos fios. Senti como se deparasse com o próprio significado do universo, e a forma como eu veria o mundo nunca mais seria a mesma.

Avancemos treze anos. Eu estava em Glastonbury, Inglaterra, no finalzinho do meu retorno de Saturno e buscando pistas para meu próximo capítulo. Fiz minha primeira tatuagem – o símbolo místico da *vesica piscis* – na parte de trás do pescoço. Subi o Glastonbury Tor na fria noite de dezembro e tentei ficar lá em vigília para assistir ao nascer do sol, mas estava congelando, e meu voo de retorno ao Canadá era no dia seguinte. Jurei que voltaria na primavera.

Cheguei no Beltane Lunar de 1999 e decidi ficar por um tempo. Era como se eu tivesse entrado na terra das fadas; poderia ter sido mil anos atrás. As lembranças daquele tempo são fugidias, efêmeras e repletas de luz. Cenas dançam na minha cabeça: subir o Tor por trás na escuridão, rir, cair em um pé de urtiga e, por fim, aconchegar-me sob a Lua Cheia, sentada no topo da mística Pedra do Ovo, com a espinheira-branca me observando. Baixar as mãos e beber as águas curativas das Fontes Vermelha e Branca. Estudar durante horas na Biblioteca de Avalon. Sentar-me antes do nascer do sol na vertente do Glastonbury Tor, quando olhei para trás e vi que a torre tinha desaparecido ("Como antes da chegada dos cristãos!"). Iniciação. Traição que abalou meus alicerces. Arco-íris esféricos gêmeos sobre o Chalice Well. Amarrar fitas em uma árvore antiga numa cerimônia de nomeação de bebê na Véspera do Solstício. Cair de joelhos em uma abadia abandonada. Adentrar outro mundo.

De alguma forma, acabei me desvencilhando dessa terra onde o tempo corria de maneira tão diferente. Voltei para o meu mundo, mas deixei um pedaço de mim lá e trouxe um pouco do país das fadas comigo, escondido em um canto secreto da minha grande mochila vermelha. E, como muitos fazem ao sair do reino das fadas, retornei com uma nuance sutil de loucura. Comecei a escrever, pintar, criar rituais – qualquer coisa para tentar traduzir aquele rito de passagem místico. Retomei meus estudos formais, que tinham sido interrompidos quando fugi na adolescência, e me matriculei na universidade. Já se passaram anos desde que pisei pela última vez naquela costa distante, e foram necessárias muitas luas, muitos *pathworks* e inúmeras conversas para integrar aquela experiência. Ainda sonho com ela.

E, assim, aqui estou em 2018. Realizei meu sonho: ganho a vida como astróloga arquetípica em tempo integral e terapeuta de aconselhamento registrada. A jornada levou um tempo, mas não há substituto para a iniciação da sabedoria conquistada com dificuldade e uma vida bem vivida.

# PARTE UM

## ASTROLOGIA E MAGIA

### Casamento sagrado entre o céu e a terra

A astrologia e a magia são tecidas com os mesmos fios. Quanto mais você aprende sobre uma delas, mais, por intuição, entende a outra. Os elementos utilizados na astrologia – Fogo, Terra, Ar e Água – são os mesmos utilizados na maioria das tradições mágicas. Isso ocorre porque esses são os elementos básicos da vida, a substância do universo conhecido.

A astrologia é uma linguagem simbólica da energia e, quando percebemos como seus padrões estão habilmente alinhados com a mudança das estações e os ritmos da Terra, ela se torna um vocabulário evocativo que pode nos capacitar a encontrar o próprio vínculo sagrado com a divindade imanente na natureza e em nós mesmas. A astrologia pode iluminar nossos mitos pessoais, ajudando-nos a enxergar o significado mais profundo de eventos, relacionamentos, desafios e vitórias que se desdobram na vida.

Os doze signos astrológicos contêm um verdadeiro tesouro de potenciais e possibilidades, com uma variedade de expressão aparentemente infinita. Em conjunto, esses doze arquétipos refletem todo o espectro da vida e todas as lições do caminho. Englobam tudo o que se encontra no inconsciente coletivo e refletem as histórias, os mitos e as verdades de todas as culturas ao longo do tempo. São as doze faces da Deusa.

Escrevi este livro tendo em mente minhas clientes: pessoas que se identificam como mulheres e desejam explorar a astrologia, a magia e o Sagrado Feminino de maneira prática e que as ajude a se entenderem melhor, aprimorando, assim, a vida cotidiana. Essas mulheres não querem necessariamente abandonar o emprego para se tornarem astrólogas ou adeptas da magia, mas anseiam por *insights* sobre o motivo de estarem aqui e têm curiosidade sobre quais dons, talentos e lições de vida trouxeram consigo nessa existência. Muitas se consideram pessoas em busca de algo maior e já realizaram bastante trabalho pessoal por meio de terapia, yoga, meditação, livros de autoajuda, oficinas e retiros. Outras começaram há pouco a dar os primeiros passos em direção à exploração espiritual e ao autoconhecimento. Algumas estão passando por transições pessoais significativas e buscam orientação, inspiração e propósito.

Várias delas estão frustradas – o que é compreensível – com a situação do mundo e a contínua injustiça racial, de classe e de gênero, que é a marca registrada da sociedade patriarcal. Querem saber se há uma perspectiva alternativa. Embora muitas mulheres estejam familiarizadas com a expressão *Sagrado Feminino*, algumas a estão ouvindo pela primeira vez, e isso ressoa nelas – elas se sentem intrigadas e querem se aprofundar. Todas têm em comum um anseio pelo numinoso e desejam uma conexão mais profunda e visceral com o Sagrado. Talvez o mais importante é que todas elas ouviram o chamado dos Mistérios e se sentiram compelidas a segui-lo.

Embora este livro trate do Sagrado Feminino e da vida das mulheres, todos são bem-vindos. A Deusa está presente em todos nós, não importando o gênero, e sua sabedoria é necessária agora no mundo, talvez mais que nunca. Intencionalmente, concentrei este livro em uma perspectiva feminina por duas razões. A primeira é que, em minha prática, especializei-me em trabalhar com mulheres. A segunda é que acredito que a astrologia tradicional sempre foi muito centrada no masculino. Por exemplo, com exceção da Lua e de Vênus, todos os outros planetas são considerados tradicionalmente masculinos. Isso reflete uma longa história de dominação patriarcal que no momento está sujeita a questionamento em todas as disciplinas, inclusive na astrologia. E, embora na astrologia tenham sido feitos vários trabalhos inovadores para incluir o Feminino por meio da exploração de asteroides recém-descobertos, sempre há espaço para novas perspectivas e evolução contínua nessa ciência e arte ancestrais.

Talvez por ser duplamente de Áries, signo conhecido na astrologia tradicional como masculino, sempre me perguntei por que as características de

Áries, como coragem, bravura e entusiasmo, precisavam ser rotuladas como masculinas. Questionava por que a maioria dos regentes planetários tradicionais eram deuses gregos, não deusas. Na astrologia, Áries é regido por (ou associado a) Marte, o deus da guerra. Por que Áries não poderia também ser associado a uma divindade feminina que incorporasse as qualidades arquetípicas que Marte representa? Sabia da existência de deusas guerreiras, pois passei a infância imersa em livros sobre mitologia celta com suas personagens femininas destemidas, que faziam meu sangue fervilhar. Meus programas de TV favoritos eram *Mulher-Maravilha, O Segredo de Ísis* e *A Mulher Biônica*, e, embora esses programas sejam, sem dúvida, produtos dos anos 1970, transmitiam a mensagem de que era possível as mulheres serem ousadas, aventureiras e independentes.

Após estudar psicologia de gênero na universidade, posso agora identificar o viés predominante na astrologia atual: o essencialismo de gênero. Em poucas palavras, o essencialismo de gênero é a atribuição de qualidades essenciais binárias ao masculino e ao feminino. Por exemplo, os homens parecem ter predisposição a gostar de esportes e carros. Também se supõe que sejam mais assertivos e menos carinhosos. As mulheres, por sua vez, têm atração por maquiagem e roupas, sendo intuitivas e naturalmente carinhosas. Tenho certeza de que todos nós temos amigas que adoram esportes e amigos que são compassivos e carinhosos. Embora muitos estejam percebendo agora que os gêneros são bem mais fluidos do que era culturalmente aceito, mesmo há pouco tempo, ainda temos bastante a aprender sobre as construções de gênero proscritas pela sociedade.

Decidi há muito tempo fazer da minha missão explorar a faceta arquetípica feminina de cada signo. Minha pesquisa para este livro se efetuou por meio de diversos canais: estudo acadêmico de psicologia e gênero; envolvimento apaixonado com a mitologia e a psicologia arquetípica; e, é claro, anos de sessões de aconselhamento astrológico individual com milhares de mulheres de todas as idades, etnias, orientações sexuais e origem socioeconômica. Trabalhei com mulheres que ganhavam a vida como advogadas, executivas, empreendedoras, editoras, atrizes, artistas, dançarinas e profissionais do sexo, e cada uma tinha uma perspectiva valiosa para compartilhar.

Também decidi que, em vez de me concentrar apenas nas divindades do panteão grego para este livro, desejava abrir espaço para deusas de todas as culturas. Por exemplo, na astrologia tradicional, Libra está associada a Vênus. Embora essa deusa esteja de fato alinhada ao arquétipo de Libra, foi a deusa hindu Lakshmi que se destacou para representar Libra quando eu escrevia seu respectivo capítulo. E, apesar de ter destacado uma deusa central para cada signo, você encontrará outras que ressoam com o mesmo signo na lista de correspondências encontrada ao final de cada capítulo.

Neste livro, você aprenderá a se conectar pessoalmente com as doze faces da Deusa por meio da astrologia, de histórias, rituais e meditações guiadas. À medida que for lendo sobre os mitos associados a cada deusa, poderá notar paralelos com eles na própria vida, o que levará a uma compreensão mais profunda e significativa dos motivos arquetípicos que se desdobram em seu caminho. Minha esperança é que, ao reconhecer os temas mitológicos em sua história, você seja inspirada a alcançar novos níveis de autoconsciência e empoderamento pessoal, além de adquirir a renovada percepção de que sua vida é uma jornada sagrada, tendo você como protagonista.

# COMO USAR ESTE LIVRO

Em primeiro lugar, se você ainda não tem uma cópia do seu mapa astral, recomendo vigorosamente que obtenha uma para que possa se conhecer com mais profundidade do que já imaginou ser possível. Seu mapa astral é único, como a impressão digital. Nenhum outro é exatamente igual, e ninguém terá o mesmo mapa astral outra vez. Ele é o projeto de sua psique, um mapa de sua alma, e contém informações detalhadas sobre o motivo de estar aqui, suas lições de vida e seus dons. Também tem algo a dizer sobre as vidas passadas e, mais importante, para onde deve direcionar seu navio nesta vida. É um mapa de uma jornada única, podendo mostrar quais passos tomar e qual direção seguir quando se encontrar em uma encruzilhada. Você pode pensar no seu mapa astral assim: no momento em que deu o primeiro suspiro, da perspectiva do tempo e do lugar em que nasceu, alguém foi capaz de tirar uma foto do céu que mostrava com precisão onde todos os planetas estavam posicionados em relação à Terra. Como o psicólogo Carl Jung explicou: "A abóbada estrelada do céu é, na verdade, o livro aberto da projeção cósmica, no qual são refletidos os mitologemas, ou seja, os arquétipos. Nessa visão, a astrologia e a alquimia, as duas disciplinas clássicas da psicologia do inconsciente coletivo, se dão as mãos".[1]

Por sorte, existem alguns *sites* que podem calcular de modo instantâneo seu mapa astral, de graça. Faça uma pesquisa rápida no Google com as palavras-chave "mapa astral *on-line*". Para começar, você só vai precisar da data, da hora e do local do seu nascimento. A hora de nascimento é muito importante, pois configura o mapa a partir do momento em que chegou a este mundo, tornando-o específico para você. Se não souber a hora de seu nascimento, pode entrar em contato com o hospital onde nasceu, pois eles costumam ter esse registro. Se não conseguir obter essa informação de maneira alguma, não se preocupe; ainda assim é possível obter muitos *insights* com seu mapa.

Há várias maneiras de trabalhar com este livro. Muitos leitores vão querer começar lendo sobre o signo solar deles e a deusa orientadora associada a ele. A partir daí, recomendo explorar seu signo lunar e o signo ascendente. Juntos, esses três elementos podem dar pistas sobre os temas que emergem do seu mapa astral. Observe o elemento e o modo de cada signo, refletindo as qualidades mais profundas encontradas neles. Tudo está interconectado e compõe sua assinatura de energia pessoal. Desse ponto em diante, sugiro ampliar a pesquisa, começando pelos planetas pessoais (Mercúrio, Vênus e Marte) e depois seguindo para os demais planetas do mapa (Júpiter, Saturno, Urano, Netuno e Plutão).

Outra maneira de usar este livro é trabalhando com as deusas, os rituais e os *pathworks* para cada signo de acordo com as Luas Nova e Cheia que ocorrem a cada mês. A Lua Nova, em especial, é um momento natural para recomeços. É o momento mais potente para definir com clareza seus objetivos, estabelecer intenções e plantar as sementes para algo novo. Luas Cheias são períodos de fruição. Coincidem quase sempre com algo que

1 C. G. Jung, *Collected Works of C. G. Jung, Volume 8: Structure & Dynamics of the Psyche*. Princeton, NJ: Princeton University Press, 2014, p. 195.

vem à tona na vida ou revelam a resposta a uma pergunta importante. Também são um bom momento para adivinhações e celebrações. Uma maneira poderosa de se alinhar com a energia da Lua Nova ou Cheia é descobrir em qual signo e grau a Lua estará e, depois, encontrar esse ponto no mapa astral. Para descobrir em que signo ou fase a Lua está em determinado dia, consulte um *planner* astrológico diário, como o *Llewellyn's Astrological Pocket Planner*. Digamos que você constatou que a próxima Lua Nova será a 2 graus de Virgem. Em primeiro lugar, olhe para o círculo externo do mapa astral e encontre o símbolo de Virgem (muitos mapas incluem uma legenda para que você possa encontrar com facilidade os símbolos de cada signo, no caso de ser novo na astrologia). Começando pelo signo ascendente, que estará à esquerda (às 9 horas, se olhar para um relógio), e deslocando-se no sentido anti-horário, encontre os 2 graus de Virgem em seu mapa. A casa em que encontrar esses 2 graus será onde a próxima Lua Nova ocorrerá, destacando-se, assim, os temas dessa casa, ou área da vida, e mostrando onde você poderá concentrar melhor suas intenções iniciais.

Embora a energia da Lua seja mais potente quando está na fase Nova ou Cheia, é possível também se alinhar com as energias da Lua quando ela estiver em cada signo, não importando a fase em que se encontrar. A Lua muda de signo aproximadamente a cada dois dias e meio, percorrendo os doze signos em um mês. Por exemplo, você pode sentir a necessidade de trabalhar na definição de limites pessoais mais fortes e querer realizar o *pathwork* de Áries, "mantendo-se firme", mas a Lua não estará nem Nova nem Cheia em Áries durante meses. Não é preciso esperar. Você pode dar um impulso extra ao seu ritual ou *pathwork* verificando quando a Lua estará em Áries nesse mês.

Uma maneira alternativa de usar este livro sempre que precisar de alguma orientação é respirar profundamente, concentrar-se e perguntar: "O que preciso saber agora?". Em seguida, abra o livro em uma página aleatória e sintonize-se nesse ponto, refletindo sobre como as informações encontradas se aplicam à sua vida atual. Se sentir, de modo intuitivo, que algum dos rituais ou *pathworks* lhe será benéfico nesse momento, pode prosseguir, independentemente do signo em que a Lua esteja no momento. Confie em sua intuição.

## O que é exatamente um arquétipo?

O termo *arquétipo* teve origem na Grécia Antiga, mas o psicólogo Carl Jung foi pioneiro do conceito contemporâneo de arquétipos em seu trabalho sobre a psique humana. Ele postulou que padrões, imagens ou personagens míticos existem simbolicamente no inconsciente coletivo, e a compreensão de como esses padrões surgem na vida pode proporcionar *insights* pessoais, empoderamento e autoconhecimento. Os arquétipos são símbolos recorrentes encontrados em sonhos, na literatura, na arte, na mitologia, na religião e em histórias. Entre alguns exemplos comuns estão a Rainha, a Grande Mãe, o Herói, o Guerreiro, o Trapaceiro, o Ancião Sábio e a Mulher Selvagem. No entanto, embora esses sejam alguns dos símbolos arquetípicos mais conhecidos, é importante observar que não há uma lista finita ou pormenorizada de arquétipos. Divindades transculturais e personagens de contos folclóricos e de fadas também são, muitas vezes, figuras arquetípicas. Os elementos Fogo, Terra, Ar e Água têm dimensões arquetípicas, assim como o Rio, o Oceano e a Árvore do Mundo. O Xamã, a Bruxa, a Sábia e a Prostituta Sagrada são também arquétipos, assim como os doze signos do zodíaco.[2]

Ao longo deste livro, menciono a *jornada do herói*, tema arquetípico que tem origem em *O Herói de Mil Faces*, obra seminal de Joseph Campbell sobre mitologia comparativa. Nesse livro de grande influência, Campbell exemplifica a jornada arquetípica do herói e postula que todos os principais mitos mundiais ao longo da história seguem uma estrutura básica, que ele chama de *monomito*. Desde sua primeira publicação, em 1949, as etapas da jornada do herói em *O Herói de Mil Faces* têm influenciado o trabalho de inúmeros escritores, artistas, poetas, roteiristas e terapeutas.

---

2 Se quiser ler mais sobre os arquétipos das deusas gregas, recomendo *Goddesses in Everywoman*, de Jean Shinoda Bolen. Nova York: Harper & Row, 1984.

A jornada do herói de Campbell tem dezessete estágios, divididos em três seções principais: partida, iniciação e retorno. Nem todos os mitos têm dezessete estágios, e eles nem sempre se sucedem na ordem estabelecida por Campbell. Da mesma forma, a individuação pessoal nem sempre contém os dezessete estágios ou segue necessariamente uma ordem sequencial. No entanto, o tema estrutural básico de partida, iniciação e retorno parece se desenrolar nas histórias de nossa vida. Na *partida,* o herói recebe um chamado para embarcar em uma busca de algum tipo (*o chamado à aventura*). O herói, muitas vezes, reluta no início, mas um mentor em geral aparece para ajudá-lo a dar o primeiro passo. Na *iniciação,* o herói deixa seu mundo conhecido e enfrenta provações, tarefas e obstáculos (*a estrada das provações*). O herói pode percorrer essa parte da jornada sozinho ou receber a ajuda de auxiliares ao longo do caminho. Por fim, o herói alcança o ápice ou o principal conflito da história, devendo superar o inimigo ou obstáculo final. Ao fazer isso, recebe a recompensa, o tesouro ou, como Campbell a chama, a "dádiva". Com o tesouro em mãos, o herói deve retornar ao mundo que já conheceu. Pode relutar ou enfrentar desafios ao cruzar esse limiar e talvez precise de assistência para voltar ao mundo comum. Nesse *retorno,* o herói vai para o mundo comum (*a travessia do limiar de retorno*) com o tesouro que será útil à sua comunidade. O herói, então, é transformado pela aventura e adquiriu a sabedoria espiritual, conquistada com dificuldade, a respeito de si mesmo e da natureza de ambos os mundos (*mestre dos dois mundos*). Eis os dezessete estágios da jornada do herói de Campbell:

**A Partida**

1. O Chamado da Aventura
2. A Recusa do Chamado
3. O Auxílio Sobrenatural
4. A Passagem pelo Primeiro Limiar
5. O Ventre da Baleia

**A Iniciação**

1. O Caminho das Provas
2. O Encontro com a Deusa
3. A Mulher como Tentação
4. A Sintonia com o Pai
5. A Apoteose
6. A Bênção Última

**O Retorno**

1. A Recusa do Retorno
2. A Fuga Mágica
3. O Resgate com Auxílio Externo
4. A Passagem pelo Limiar de Retorno
5. Senhor dos Dois Mundos
6. Liberdade para Viver

Assim como as etapas da jornada do herói de Campbell ecoam nos mitos mundiais, elas também têm correspondências com a jornada espiritual da alma pelos doze signos do zodíaco. E, embora as etapas da jornada do herói não correspondam com exatidão à ordem dos doze signos, são uma maneira útil de pensar e entender as diferentes etapas de nossa própria individuação.

## O que é astrologia arquetípica?

A astrologia arquetípica, também conhecida como astrologia psicológica, trata dos arquétipos que surgem do seu mapa astral. Na astrologia arquetípica, mergulhamos no mapa e observamos as perspectivas míticas que iluminam seu potencial, lançam luz sobre padrões inconscientes e o ajudam a obter uma sabedoria mais profunda acerca de sua jornada. Gosto de mesclar a astrologia arquetípica com a astrologia evolutiva, que se concentra no desdobramento evolutivo da alma ao longo de inúmeras vidas. Pude observar que a combinação dessas duas abordagens privilegia o crescimento pessoal, sendo um caminho profundamente eficaz para abordar os temas da vida com base na perspectiva arquetípica.

## O que é sombra?

Você me ouvirá falar sobre a *sombra* ao longo de todo este livro. Todo signo e toda pessoa têm um lado sombrio. Segundo Jung, a sombra é a parte do inconsciente na qual residem fragmentos não reconhecidos do Self, o si-mesmo na totalidade. Qualquer aspecto da personalidade que sentimos necessidade de negar é relegado à sombra. E, embora isso envolva raivas reprimidas, medos, vulnerabilidades e peculiaridades de personalidade das quais não nos orgulhamos, também abrange paixões, habilidades ou interesses que podemos ter tido em nossos anos formativos e foram considerados inaceitáveis de alguma forma. O sentido exclusivo de si-mesmo e o poder pessoal também podem estar ocultos na sombra.

Talvez, na infância, você não se sentisse segura para falar sua verdade, defender-se ou expressar suas necessidades. Pode ter aprendido a internalizar esses sentimentos como um mecanismo de sobrevivência. Agora a ameaça pode ter desaparecido, mas você ainda hesita em se posicionar e assumir seu poder. Quando partes de nós funcionam por meio da sombra, elas ainda assim se manifestam, mas de maneira subconsciente. Por exemplo, se não era seguro para você expressar raiva, o sentimento de raiva ainda surgirá, mas você pode ter dificuldade em acessá-lo, e ele não se manifestará com um contorno claro. Pode se manifestar como agressão passiva, desencadeando diversos problemas em sua vida. Se estiver presa no ciclo de ressentimento passivo-agressivo, é provável que nem esteja ciente do motivo pelo qual reage desse modo. Jogar luz sobre essas questões nos ajuda a nos tornarmos inteiras. Aceitar, curar e integrar a sombra é uma das coisas mais regeneradoras que podemos fazer por nós mesmas.

## Arquétipos orientadores da Deusa: quais arquétipos fazem parte do seu mapa astral?

*Arquétipo orientador da Deusa* é uma expressão que desenvolvi para descrever quais deusas em específico ganham vida em seu mapa astral e, portanto, são temas recorrentes e fontes de orientação em sua vida cotidiana. Cada mapa astral é único e fará ressoar energias míticas e arquetípicas específicas do Sagrado Feminino de cada cultura. A conexão com as deusas-guias reacenderá um senso de mistério em sua vida, ajudando-a a estabelecer a conexão com o Divino. Além disso, o ato de se alinhar com os arquétipos pessoais de deusas-guias vai auxiliá-la a reformular desafios e projetar conscientemente sua vida de modo a definir o propósito de sua alma. Conhecer mitos e histórias de suas deusas-guias também proporcionará tranquilidade e conforto, afastando as dúvidas acerca de nós que nos assolam de tempos em tempos. Embora a Deusa tenha uma variedade quase infinita de faces, cada uma ressoa com um arquétipo central, e cada aspecto do Sagrado Feminino é incorporado e refletido nos doze signos astrológicos.

Reconhecer o Sagrado Feminino e alinharmo-nos a ele é um ato empoderador e radical que pode nos guiar a cada passo da jornada. Ver a própria iniciação nas inúmeras histórias da Deusa nos faz lembrar que estamos ligadas a uma riqueza incrível de magia e significado. Nossas vidas são histórias em desenvolvimento, e, para cada circunstância que enfrentamos, a Deusa fornece um conto que nos chega em todas as épocas e por meio de todas as culturas para oferecer discernimento e iluminação quando mais precisamos. Embora eu tenha atribuído por intuição uma deusa principal a cada signo, acompanhada de rituais e *pathworks* correspondentes, forneci uma lista de outras que também ressoam com cada signo em particular. Se se sentir atraída por outra deusa ligada a qualquer signo, incentivo-a a explorar isso mais a fundo. Há algo que essa deusa quer lhe transmitir, e, como sempre, você deve seguir a intuição.

Talvez você olhe seu mapa astral e perceba, por meio das posições dos planetas e dos signos em destaque, que tem afinidade especial com

Afrodite – você é uma mulher sensual, movida por paixões, que adora criar e se envolver com a beleza. Ou talvez descubra que Kali é uma guia importante para você nesta vida – você tem sede de justiça social e se vê, com frequência, em uma série de ritos de passagem e transformação seguidos de profundos renascimentos pessoais. Ou ainda pode ser a deusa Rhiannon que ganhe evidência: você é confiante e independente e sabe, em essência, que a soberania é seu direito inato.

Saber quais deusas residem em seu mapa astral pode ser fundamental para guiá-la em direção aos seus objetivos com clareza e confiança, ajudando-a a contornar os obstáculos. Por meio de rituais e *pathworks*, você pode cultivar um vínculo mais profundo com as qualidades das deusas que deseja atrair para sua vida. Cada deusa que encontrar no mapa astral é uma guia pessoal e uma fonte de sabedoria e inspiração. Depois de se aprofundar e descobrir os arquétipos centrais das deusas no seu mapa, você poderá se ligar a eles para buscar orientação no cotidiano, mais autoconsciência e maneiras novas e catárticas de vivenciar sua verdadeira essência.

## Você é de todos os signos

Além de encontrarmos temas e arquétipos centrais em destaque na vida, também temos todos os signos em nosso mapa astral. A maioria de nós está familiarizada com o signo solar, pois todos os jornais, revistas e *e-zines* têm uma coluna sobre signos solares. Mas seu signo solar descreve apenas uma parte de sua identidade e do propósito que você trouxe consigo.

Como todo mapa astral contém todos os signos, podemos nos conectar com todos os arquétipos do cosmos se assim o desejarmos. Podemos escolher conscientemente nos concentrar em qualquer área para nos empoderarmos da maneira necessária, em qualquer momento. Quantas vezes ouvi uma amiga lamentar: "Se tivesse um pouco de Virgem no meu mapa, talvez conseguisse organizar minha vida". Ou: "Sou tão Escorpião! Queria conseguir me desapegar e não ser tão desconfiada". Ou ainda: "Sou duplamente pisciana; por que não posso ser mais capricorniana e impulsionar minha carreira?". Esses são exemplos de um conhecimento astrológico fragmentado que limita seu potencial. A verdade é que *todos* têm Virgem, Capricórnio e Peixes em algum lugar do mapa. Todos os arquétipos astrológicos estão à espera de ser descobertos como fontes ocultas.

Você pode acessar as qualidades de qualquer signo que a atraia lendo sobre esse signo e descobrindo em qual casa ele está em seu mapa. Se olhar para o mapa e perceber que não tem nenhum planeta em determinado signo, olhe para a roda externa. Você verá os símbolos dos doze signos posicionados ao redor do círculo externo. O início de cada casa, ou *cúspide*, terá um signo e dará à área da vida associada a essa casa o tom dos temas desse signo. Por exemplo, você pode não ter planetas no signo de Peixes, mas descobrir que o símbolo de Peixes está na cúspide da sua Casa V. Isso significa que você vivencia os assuntos da Casa V (impulso criativo, romance, paixão etc.) através de uma lente pisciana. Você poderia fazer uma lista das casas, da I à XII, e ao lado escrever o signo que está na cúspide de cada uma delas. Consulte depois "As casas: áreas de experiência", a partir da página 46, para obter explicações dos significados de cada uma delas.

# FUNDAMENTOS DA ASTROLOGIA

O que faz um signo ser o que é? Por que Áries é considerado corajoso e audacioso, enquanto Capricórnio é conhecido por ser prático e cauteloso? Embora a astrologia seja uma arte e uma ciência complexas, e explorar essas complexidades possa ser um estudo para uma vida toda, o cerne dessa questão são os elementos e os modos.

## Os elementos

Os *elementos* aos quais nos referimos na astrologia são os elementos clássicos gregos: Fogo, Terra, Ar e Água. Inúmeros astrólogos compararam os elementos às *funções cognitivas* de Jung: pensamento, sensação, sentimento e intuição. A astrologia tradicional também atribui polaridade masculina ou feminina aos elementos. Acho mais útil ver os signos de Fogo e Ar como extrovertidos, e os de Terra e Água, como introvertidos. Em outras palavras, a energia do Fogo e do Ar é voltada para o exterior, concentrada em pessoas e coisas fora de si, enquanto a energia da Terra e da Água é mais uma experiência subjetiva, focada em sentimentos e percepções.

Eis uma breve descrição de cada um dos elementos para ajudá-la a ter uma ideia da energia a eles ligada. Reserve um momento para meditar sobre cada um e refletir sobre outras associações que lhe surgirem.

## Fogo

O elemento Fogo é dinâmico, ardoroso e criativo. O Fogo fornece inspiração, coragem e visão. Suas chamas purificam e transformam, eliminando hábitos, padrões e relacionamentos desgastados que não servem mais, abrindo, assim, caminho para novas formas surgirem das cinzas. O Fogo nos dá energia, luz, calor e paixão. É ele que alimenta nossos sonhos e nos motiva a agir. É o antídoto para a depressão. Quando o elemento Fogo está em desequilíbrio ou se expressa por meio da sombra, pode ser imprudente, arrogante ou destrutivo no fervor que tudo abrange. Na maioria das tradições mágicas, o Fogo está associado à direção sul. Os signos de Fogo são Áries, Leão e Sagitário.

## Terra

O elemento Terra é fértil e envolve sustento. A Terra fornece alicerce e estabilidade. É nosso lar, a terra firme. A Terra nos traz firmeza, sustento e aterramento. É o princípio implícito no conhecimento de como viver em um corpo neste planeta e, portanto, está associada a trabalho, dinheiro, *status*, comida, abrigo e prazer sensorial. Quando o elemento Terra está em desequilíbrio ou se expressa por meio da sombra, pode se manifestar como dogmatismo ou excesso de cautela, ou, ainda, como a imobilidade de um atolamento. Na maioria das tradições mágicas, a Terra está associada à direção norte. Os signos de Terra são Touro, Virgem e Capricórnio.

## Ar

O elemento Ar é o domínio da mente. Como Descartes escreveu: "Penso, logo existo". O Ar fornece ideias e perspectiva objetiva. É intelecto, comunicação, pensamentos e reunião e disseminação de informações. Está associado à internet, às redes sociais, à escrita, à fala, ao ensino e às línguas. Quando o Ar está em desequilíbrio ou se expressa por meio da sombra, pode ser disperso, abstrato ou distante. Em muitas tradições mágicas, o Ar está associado à direção leste. Os signos de Ar são Gêmeos, Libra e Aquário.

### Água

O elemento Água é o domínio das emoções, dos sentimentos, dos relacionamentos, do amor e das profundas correntes interiores. A Água provê intuição, empatia e conhecimento interno. Faz ressoar a memória ancestral, a sabedoria genética, as profundezas insondáveis da psique e o inconsciente coletivo. Quando está em desequilíbrio ou age por meio da sombra, pode ser sufocante, melancólica ou depressiva. Na maioria das tradições mágicas, a Água está associada à direção oeste. Os signos de Água são Câncer, Escorpião e Peixes.

## Os modos

O próximo aspecto a ser analisado para determinar o que compõe certo signo astrológico é o *modo* ou *modalidade*. Existem três modos: cardinal, fixo e mutável. Eles correspondem à parte da estação em que um signo ocorre.

### Cardinal

Os signos cardinais iniciam as estações. Podem ser considerados portais para a jornada de um novo capítulo. A energia cardinal é o impulso de extroversão – pioneira, espontânea e na vanguarda. Quando a energia cardinal está em desequilíbrio ou se expressa por meio da sombra, pode ser impulsiva, precipitada ou obstinada. Os signos cardinais correspondem aos solstícios e equinócios; são eles: Áries (equinócio de primavera no Hemisfério Norte e de outono no Hemisfério Sul*), Câncer (solstício de verão no Hemisfério Norte e de inverno no Hemisfério Sul), Libra (equinócio de outono no Hemisfério Norte e de primavera no Hemisfério Sul) e Capricórnio (solstício de inverno no Hemisfério Norte e de verão no Hemisfério Sul).

## Fixo

Os signos fixos são o coração das estações. A modalidade fixa sustenta, é duradoura e comprometida. Quando a energia fixa está em desequilíbrio ou se expressa por meio da sombra, pode se manifestar como rigidez, teimosia ou incapacidade de ver outras perspectivas. Os signos fixos são Touro, Leão, Escorpião e Aquário. Eles correspondem às antigas festividades agrícolas celtas: Samhain, Imbolc, Beltane e Lughnasadh (ou Lammas), também conhecidas como o auge ou o coração da estação. Os dias do auge da estação marcam os pontos médios entre os portais astronômicos.

## Mutável

Os signos mutáveis são as fronteiras que conectam uma estação à próxima. A energia mutável é conectiva, fluida, versátil e flexível. Embora os signos mutáveis não estejam diretamente associados a pontos de virada astronômicos ou dias auge da estação, correspondem a momentos de transição que têm a própria magia sutil. Os signos mutáveis são os metamorfos. Gêmeos e Virgem compartilham a associação com o planeta Mercúrio, versão romanizada do deus grego Hermes. Como psicopompo, o mensageiro divino podia se deslocar com liberdade entre o mundo dos mortais, o mundo divino e também o reino dos mortos. Sagitário é um centauro, metade animal e metade humano. E Peixes conecta o inconsciente coletivo ao mundo consciente. Quando a energia mutável está em desequilíbrio ou se

---

* Como acontece em todos os livros sobre astrologia escritos no Hemisfério Norte, também neste as estações não correspondem às do Hemisfério Sul. (N. do P.)

expressa por meio da sombra, pode ser inconsistente, dispersa ou indecisa. Os signos mutáveis são Gêmeos, Virgem, Sagitário e Peixes.

## Os signos

Em sentido mais básico, os doze signos do zodíaco são compostos de um elemento e de um modo. Se você considerar a parte da estação em que cada signo surge, tudo começa a se encaixar – não é apenas algo sem pé nem cabeça. Oito dos signos astrológicos correspondem aos pontos na Roda do Ano, com os signos de transição ligando cada um desses dias significativos ao próximo. Atenção: as datas exatas dos equinócios e solstícios podem variar ligeiramente de ano para ano. Se você nasceu na cúspide de um signo, vai precisar saber o horário de seu nascimento para descobrir com precisão em qual signo o Sol estava quando você nasceu. Consulte seu *planner* astrológico para verificar as datas exatas das mudanças para o ano corrente.

| Signo | Elemento | Modo | Ponto na Roda do Ano Hem. Norte | Ponto na Roda do Ano Hem. Sul |
|---|---|---|---|---|
| Áries | Fogo | Cardinal | Equinócio de primavera (20 de março) | Equinócio de Outono (20 de março) |
| Touro | Terra | Fixo | Beltane (30 de abril a 1º de maio) | Samhain (30 de abril a 1º de maio) |
| Gêmeos | Ar | Mutável | Limiar entre primavera e verão | Limiar entre outono e inverno |
| Câncer | Água | Cardinal | Solstício de verão (21 de junho) | Solstício de inverno (21 de junho) |
| Leão | Fogo | Fixo | Lughnasadh (1º ou 2 de agosto) | Imbolc (1º ou 2 de agosto) |

| Signo | Elemento | Modo | Ponto na Roda do Ano Hem. Norte | Ponto na Roda do Ano Hem. Sul |
|---|---|---|---|---|
| Virgem | Terra | Mutável | Limiar entre verão e outono | Limiar entre inverno e primavera |
| Libra | Ar | Cardinal | Equinócio de outono (21 de setembro) | Equinócio de primavera (21 de setembro) |
| Escorpião | Água | Fixo | Samhain (31 de outubro) | Beltane (31 de outubro) |
| Sagitário | Fogo | Mutável | Limiar entre outono e inverno | Limiar entre primavera e verão |
| Capricórnio | Terra | Cardinal | Solstício de inverno (21 de dezembro) | Solstício de verão (21 de dezembro) |
| Aquário | Ar | Fixo | Imbolc (2 de fevereiro) | Lammas/Lughnasadh (2 de fevereiro) |
| Peixes | Água | Mutável | Limiar entre inverno e primavera | Limiar entre verão e outono |

## Os planetas: os dez arquétipos vivos em sua psique

Há dez planetas na astrologia, entre eles o Sol e a Lua. Cada um representa um arquétipo isolado ou impulso psicológico em sua psique, iluminando uma parte diferente no panorama de quem você é. Cada planeta estava em um signo específico no momento do seu nascimento, e, considerados em conjunto, isso forma sua assinatura energética. Além dos planetas, também vamos analisar seu *ascendente*, ou *signo ascendente*.

O Sol, a Lua, Mercúrio, Vênus e Marte são considerados planetas *pessoais* ou *internos*. Eles se correlacionam de modo simbólico com nossa personalidade e experiência interior de vida, de maneira subjetiva. Os planetas *exteriores* – Júpiter, Saturno, Urano, Netuno e Plutão – também contribuem para sermos quem somos, mas em sentido mais amplo. Embora Júpiter e Saturno sejam tecnicamente planetas exteriores, costumam ser chamados de *planetas sociais*, porque sua esfera de influência no mapa astral associa-se a áreas menos pessoais que as dos planetas interiores. Eles têm mais a ver com crescimento, expansão, cultura e nosso lugar na sociedade que com a subjetividade de nosso estado de espírito, nossos sentimentos, nossos desejos ou nossa natureza sexual. Representam o impulso para ir além de nosso ambiente imediato.

Na Antiguidade, Saturno era o planeta mais distante visto a olho nu. Era considerado o último planeta do sistema solar, razão pela qual é associado a finais e limites. Os doze signos compartilhavam um sistema que, naquela época, englobava sete planetas, entre eles Saturno. Áries e Escorpião compartilhavam Marte como planeta regente. Sagitário e Peixes compartilhavam a regência de Júpiter, e Capricórnio e Aquário, a de Saturno. Isso nos leva aos três planetas exteriores, ou *transpessoais* – Urano, Netuno e Plutão –, descobertos em 1781, 1846 e 1930, respectivamente. Devido à forte afinidade que parecem ter com os signos com os quais estão associados (Urano com Aquário, Netuno com Peixes e Plutão com Escorpião), muitos astrólogos contemporâneos os incorporam em sua prática. No entanto, embora vários astrólogos usem as regências modernas para Aquário, Peixes e Escorpião, ainda há alguns que preferem utilizar apenas os sete planetas clássicos em seu trabalho. Tudo depende da ressonância pessoal. Assim como a psicologia, a astrologia tem diversas correntes de pensamento, com defensores para cada uma delas.

Os planetas exteriores movem-se muito devagar ao redor do Sol e, por isso, são considerados influências geracionais, já que permanecem em cada signo por longo período. Por exemplo, Plutão leva 248 anos para completar uma órbita ao redor do Sol e passa aproximadamente entre treze e trinta anos em cada signo. Quem nasceu entre 1971 e 1984, por exemplo, tem Plutão em Libra, pois foi quando Plutão navegava por essa parte do céu. A geração seguinte tem Plutão em Escorpião e nasceu entre 1983 (1984) e 1995. Os planetas transpessoais representam tanto a consciência superior quanto o inconsciente coletivo, descrevendo nossa chamada evolutiva em direção à libertação e à individuação (Urano), à experiência direta do numinoso (Netuno) e à capacidade de transformação profunda (Plutão).

## O Sol

Embora tecnicamente o Sol seja uma estrela, não um planeta, o Sol e a Lua (os luminares) são considerados planetas na astrologia. Como tal, o Sol representa seu eu central e sua identidade fundamental nesta vida, bem como sua energia e força vitais. Na linguagem junguiana, o Sol está ligado ao *animus*, ou princípio interno masculino, assim como ao eu consciente. Embora muitas culturas ao longo da Antiguidade tenham de fato visto o Sol como masculino, a autora Stephanie Woodfield nos trouxe uma riqueza de exemplos de deusas solares de outras culturas no livro pioneiro: *Drawing Down the Sun: Rekindle the Magick of the Solar Goddesses.*

Apesar de o Sol se relacionar ao eu consciente, à luz, à lógica e à razão, também está ligado à paixão, à criatividade, ao crescimento, à força e à vitalidade. Seu signo e posição no mapa astral determinam a unicidade de cada indivíduo, mostrando onde você brilha com naturalidade. Embora você não seja somente o signo solar, cultivar conscientemente as qualidades positivas do Sol a manterá alinhada a um senso de propósito, e explorar os arquétipos orientadores da Deusa associados ao signo solar reacenderá sua centelha. A posição do Sol resulta do ciclo anual de rotação da Terra, e ele muda de signo aproximadamente a cada trinta dias. O Sol está associado ao signo de Leão.

## A Lua

A Lua está associada às nossas emoções, aos nossos instintos e à nossa intuição. Representa o eu subconsciente, mostrando do que precisamos para nos sentir confortáveis, em segurança e bem cuidadas – do que precisamos para nos sentir "alimentadas" emocionalmente. A Lua está relacionada à *anima* de Jung, o princípio feminino e receptivo, e suas faces mutáveis foram representadas na forma da Deusa Tríplice em seus aspectos de Donzela, Mãe e Anciã. A Lua está associada à memória genética e à sabedoria ancestral, regendo o crescer e o minguar de nossos ciclos pessoais. Quase sempre a Lua dá pistas de como foi a experiência com nossa própria mãe (e outras mulheres importantes no início da vida) e de como é nossa percepção sobre nós mesmas como mulheres. O signo lunar no instante do nascimento vem do ciclo mensal, e a Lua muda de signo aproximadamente a cada dois dias e meio. Está associada ao signo de Câncer.

## Mercúrio

Mercúrio é o equivalente romano do deus grego Hermes, o deus mensageiro, jovem, andrógino e astuto, que rege a expressão, a comunicação, as fronteiras, os ladrões, a escrita e a poesia. É o psicopompo e o mensageiro divino, capaz de transitar com liberdade entre os mundos. Mercúrio representa o princípio da comunicação: o modo como recebemos e transmitimos informações. Está relacionado à linguagem, à fala, à escrita, à internet, aos processos de pensamento, ao raciocínio, ao estilo de aprendizado e à percepção. A posição de Mercúrio no mapa astral mostra a capacidade de formar conceitos e usar o pensamento racional e lógico, além de descrever nosso estilo de comunicação. Embora todos os planetas entrem em retrogradação (movimento aparente de recuo, conforme percebido do ponto de vista na Terra), a expressão *Mercúrio retrógrado* entrou no vocabulário popular e, quando o planeta reverte seu curso (em geral, três vezes por ano), é motivo de reclamação generalizada. Todos os compromissos perdidos e mal-entendidos são atribuídos ao movimento retrógrado do planeta mais próximo do Sol. Mercúrio está associado aos signos de Gêmeos e Virgem.

## Vênus

Vênus é a equivalente romana da deusa grega Afrodite, a deusa quintessencial do amor. Na mitologia, há dois aspectos de Afrodite: Afrodite Urânia e

Afrodite Pandemus. A primeira relaciona-se aos chamados princípios superiores do amor e dos relacionamentos (afeição, beleza, proporção e artes), estando alinhada ao signo de Libra. A segunda associa-se ao prazer, ao conforto e à sensualidade, estando alinhada ao signo de Touro. A Vênus astrológica é o princípio da atração e representa a interconexão, o amor e o que valorizamos. Está associada às artes, à cultura, ao luxo, à beleza, à harmonia e aos recursos. A posição desse planeta no mapa astral evidencia o que nos atrai e o que consideramos agradável ou belo. Consulte a posição de Vênus no seu mapa para saber mais sobre suas necessidades nos relacionamentos e do que precisa se cercar para se sentir abastada, próspera e bela.

## Marte

Marte é o equivalente romano do deus grego Ares, deus da guerra, retratado com frequência nos mitos como amante de Afrodite. É o princípio da ação e da motivação. É o Guerreiro e tem relação com a confiança e a força de vontade em nosso mapa astral. Representa como vivenciamos o desejo sexual, a maneira como tendemos a nos impor e como nos expressamos quando estamos com raiva. Quando canalizado de modo positivo, é o princípio que nos ajuda a defender nossas crenças, proteger os entes queridos e obter o que desejamos na vida. É um elemento tanto de sobrevivência básica quanto de estratégia. A posição de Marte no mapa astral mostra como administramos conflitos e a maneira como buscamos o que é importante para nós. Marte está associado ao signo de Áries e é o regente tradicional de Escorpião.

## Júpiter

Júpiter é o maior planeta do sistema solar e recebe o nome do deus Júpiter, equivalente romano do grego Zeus, rei dos deuses. Zeus é filho de Cronos (Saturno) e Reia. Cronos engole os sete filhos que gerou para evitar a profecia de que o próprio filho o sobrepujaria, assim como ele fizera com o próprio pai, Urano. No entanto, pouco antes do nascimento de Zeus, Reia elabora um plano para salvá-lo e dá à luz na ilha de Creta. Ela envolve uma pedra em panos e a entrega a Cronos, que a engole de imediato. Reia esconde Zeus em uma caverna, e, embora existam várias versões de como ele é criado, ele se torna adulto e acaba depondo o pai, tornando-se, assim, rei dos deuses. Desde então, Júpiter é conhecido como o Grande Benéfico e está relacionado a oportunidades, bênçãos e boa sorte. Na astrologia, também tem relação com o princípio de crescimento e expansão. Relaciona-se, ainda, a sistemas de crença, fé, senso de propósito, mente superior, sabedoria, filosofia, cultura, metafísica, viagens, grandes religiões e a qualquer tipo de busca. A posição de Júpiter no mapa astral mostra onde as coisas vêm com facilidade para nós ou onde tendemos a poder contar com apoio externo. Ele está associado também à abundância, à benevolência, à generosidade e ao bom humor. Tem relação com o signo de Sagitário e é o regente tradicional de Peixes.

## Saturno

Como Saturno era o último planeta que os antigos conseguiam ver com clareza a olho nu e devido à aparência singular, sendo o único planeta cercado por anéis, passou a ser associado à estrutura, à restrição e aos limites. O predecessor de Saturno é o antigo deus grego Cronos, filho de Urano, o deus do céu, e Gaia, a mãe terra. Segundo o mito, seguindo o conselho da mãe, Cronos castra o pai com uma foice, lançando os testículos dele ao mar, o que faz a terra se separar do céu. Cronos passou depois a ser identificado com o deus agrícola romano Saturno ou Saturnus, que rege os conceitos de ordem e tempo. Em termos astrológicos, Saturno é o princípio da realidade. Está associado à responsabilidade, à definição, aos limites e ao trabalho árduo.

A posição de Saturno no mapa astral nos mostra com frequência onde estamos propensos a vivenciar lições de vida fundamentais. E, embora essa posição às vezes destaque áreas da vida onde, a princípio, sentimos certa restrição, ela também evidencia as coisas que consideramos sérias ou importantes. Por exemplo, ter Saturno na Casa VII, das parcerias, pode indicar alguém que tem lições de vida a aprender sobre relacionamentos. Longe das antigas previsões astrológicas sobre desafios perenes no amor, isso pode significar, em vez disso, que o relacionamento é tão importante para essa pessoa que ela vai demorar para encontrar a pessoa certa e se comprometer. O compromisso é algo sério para ela, algo que ela não encara com leviandade.

Saturno também tem relação com a maneira como manifestamos conquistas e resultados no mundo exterior por meio do trabalho árduo e da responsabilidade. Ele nos ensina a importância de aceitar as coisas como são e a trabalhar com essa realidade para manifestar algo que tenha valor. Saturno está relacionado, ainda, a lições de perseverança, autodisciplina e gratificação tardia, além de à colheita. Se aceitarmos as lições desse planeta de bom grado e trabalharmos arduamente, ele nos recompensará e reconhecerá nossos esforços. Saturno está associado ao signo de Capricórnio, sendo o regente tradicional de Aquário.

## Urano

Urano foi descoberto por acaso em 1781 por Sir William Herschel, sendo o primeiro planeta descoberto com um telescópio. Esse achado expandiu os limites do universo conhecido e abriu novos paradigmas. Urano recebe o nome do deus grego do céu, Ouranós, pai de Cronos (Saturno), e tem a distinção de ser o único planeta com um nome grego em vez de uma versão latinizada. Ele é único em sua rotação e está inclinado de tal forma que parece orbitar o Sol de lado. Também gira em direção retrógrada, oposta à direção da maioria dos outros planetas. Muitas vezes referido na astrologia como o Grande Despertador, Urano representa os princípios de libertação e individuação. Está associado à rebelião, à revolução, à mudança social, à honestidade radical e à quebra das regras do *status quo*. Também rege a ciência e a tecnologia, o futuro, a comunidade, a tribo, a independência e a mudança. A posição de Urano no mapa astral é onde tendemos a ignorar as restrições e buscamos liberdade para nos expressarmos de maneira singular. Urano está associado ao signo de Aquário.

## Netuno

Netuno foi descoberto em 1846, durante o movimento romântico, e tem a distinção de ser o único planeta do sistema solar encontrado por previsão matemática antes de ser observado por meios empíricos. É o equivalente romano de Poseidon, deus grego do mar e irmão de Júpiter e Plutão. Também é o mais etérico, sutil e ultraterreno de todos os arquétipos planetários. É o princípio da transcendência e do "impulso para a fusão". Onde quer que Netuno esteja posicionado no mapa astral, é a área em que tendemos a querer dissolver fronteiras e desejamos experiências místicas e a união com algo maior que o próprio ego. Pode também ser onde tendemos a ver as coisas por lentes cor-de-rosa ou a área em que precisamos ser mais conscientes para criar limites saudáveis, ou, ainda, evidenciar onde temos certa tendência ao escapismo, seja por meio de fantasias, negação ou vícios. Netuno tem relação com o sagrado, a inspiração, a imaginação, os sonhos, o inconsciente coletivo, a criatividade, o idealismo, a fé, os Mistérios e a intuição. Está associado ao signo de Peixes.

## Plutão

Plutão foi descoberto em 1930 e é o equivalente romano de Hades, deus grego do mundo inferior. Embora tenha sido reclassificado como planeta-anão em 2006, na astrologia é reconhecido como energia envolvente e catártica, tanto no mapa astral quanto no cosmos. É o princípio da transformação profunda e da evolução. Relaciona-se também com tudo o que é secreto, oculto ou escondido e representa as dimensões misteriosas do sexo, da morte e do renascimento. Sua posição no mapa astral mostra onde podemos passar pelo fogo e ressurgir das próprias cinzas. A posição de

Plutão no mapa astral pode ainda nos fornecer muitas informações sobre a jornada evolutiva de nossa alma. Esse planeta está ligado ao conceito de poder, inclusive nosso senso pessoal de poder. Também representa as profundezas psíquicas – o "porão" da psique. Embora haja sombras no porão, também há tesouros ocultos, habilidades, sabedoria e forças sobre as quais devemos lançar a luz da consciência para que possamos aproveitar essas riquezas ocultas. Plutão está associado ao signo de Escorpião.

### O Ascendente, ou Signo Ascendente

Embora o ascendente não seja um planeta, mas, sim, um ângulo importante no mapa astral, é uma das principais coisas que observamos na astrologia para determinar a personalidade. O signo ascendente é literalmente o signo que ascendia no horizonte leste no momento em que você nasceu e muda aproximadamente a cada duas horas. É a cúspide da Casa I em seu mapa: equivale às 9 horas do mostrador de um relógio, sendo o ponto de partida das doze casas do mapa, que se sucedem em sentido anti-horário. O signo e o grau do ascendente estabelecem todo o círculo do mapa, determinando em quais das doze casas os planetas estarão – razão pela qual é importante conhecer, com precisão, o horário do nascimento. O ascendente, ou signo ascendente, é a sua *persona*. Em certo sentido, é como um filtro pelo qual o Sol, a Lua e os outros planetas brilham. É como você se apresenta ao mundo, a maneira como escolhe se mostrar e como os outros a percebem. Ele influencia seu estilo pessoal e sua aparência. Muitas vezes, o ascendente também revela algo sobre as circunstâncias e o ambiente do momento do nascimento até a primeira infância.

## As casas: áreas de experiência

Se você olhar o mapa astral, verá que ele está dividido em doze seções. Elas são as *casas* do mapa natal. Cada casa significa uma área específica da vida. Dependendo do grau do signo que estava ascendendo no horizonte leste no momento do seu nascimento (seu signo ascendente), cada um dos dez planetas cairá em uma casa do mapa, destacando essa área e sublinhando certos temas de sua vida. Por exemplo, você pode ter o Sol em Câncer, mas seu Sol canceriano brilhará por meio de uma lente completamente diferente, dependendo da casa em que estiver. É provável, sim, que as qualidades associadas a Câncer ressoem em você, mas de maneira única, que a diferencie de outra pessoa que também tenha Sol em Câncer, porém em uma casa diferente.

Em alguns mapas astrais, vemos um agrupamento de quatro ou mais planetas em uma casa ou signo específico. Isso se chama *stellium* e significa que haverá uma concentração de energia na área de vida indicada por essa casa ou signo. Também é muito comum ter casas vazias, pois tudo depende da posição dos planetas no instante do nascimento. Além de observar quais planetas caem em cada casa, verifique qual signo está na cúspide de cada casa, especialmente se uma casa não tiver planetas. Isso proporcionará compreensão mais profunda de como você vivencia essas diferentes áreas da vida. Veja que cada casa está relacionada à sua oposta no círculo do mapa, formando duas polaridades na mesma linha ou *eixo* de energia. Compreender o significado de uma casa fornecerá pistas sobre a casa oposta, criando uma imagem holística que lançará luz sobre ambas.

## Casa I

O signo na cúspide da sua Casa I é o ascendente. A astrologia medieval afirmava que era possível determinar o ascendente de uma pessoa pela aparência física. Embora agora saibamos que a genética e outros fatores desempenham grande papel em nossa aparência, o ascendente ainda pode afetar a maneira como escolhemos nos apresentar, o tipo de roupa de que gostamos, como arrumamos o cabelo ou se optaremos por tatuagens e *piercings*, por exemplo. A Casa I também tem relação com fatores da infância e nossa abordagem básica diante do mundo, bem como com a personalidade, a liderança, os começos, a assertividade, a coragem e o eu. Está associada a Áries e ao planeta Marte.

## Casa II

A Casa II fala de como vivemos em um corpo no mundo material. Por um lado, está relacionada a recursos tangíveis como dinheiro, imóveis e bens. Por outro, também diz respeito a coisas menos tangíveis, mas que nos sustentam, como autoestima, autorrespeito e valores fundamentais. Temas relacionados à imagem corporal, à beleza, ao conforto e ao prazer sensual também residem aqui. A Casa II tem relação com Afrodite Pandemus, deusa do amor no aspecto sensual e terreno. Essa é uma casa de elemento Terra, abrangendo atividades como jardinagem, construção, criação manual, coleta de plantas e o desfrute de prazeres terrenos. É também onde você encontrará a apreciação pelas coisas mais refinadas da vida. A Casa II está associada a Touro e ao planeta Vênus.

## Casa III

A Casa III trata de comunicação: escrita, linguagem, educação, estudo, mídias sociais e comunicação entre espécies. É onde pensamos globalmente e agimos de maneira local. *Networking*, socialização, viagens breves, *workshops*, *webinars*, conferências, retiros de fim de semana e conversas durante um café estão todos relacionados à Casa III. Irmãos e vizinhos também têm relação com essa casa, sendo nela que mantemos conexões com aqueles de nosso círculo imediato, embora "círculo imediato" nesta era possa significar uma conversa *on-line* com amigos do outro lado do mundo. A Casa III é o lugar em que aprendemos uma nova habilidade ou atualizamos o currículo. Está associada a Gêmeos e ao planeta Mercúrio.

## Casa IV

A cúspide desta casa – chamada IC (*Imum Coeli*, que significa "Fundo do Céu", em latim) – é um dos quatro ângulos importantes do mapa astral: mostra onde estava a meia-noite no momento do nosso nascimento. A Casa IV é o poço profundo de nossa psique. O signo em sua cúspide nos diz algo sobre nossa família de origem, nossas raízes, nossa herança ancestral, nossas influências durante a infância e nossos sustentáculos psicológicos. É a base do nosso subconsciente pessoal e contém tendências subjetivas das quais podemos ou não estar cientes. É nessa casa que vivem nossas memórias. A Casa IV também tem relação com o lar e a família que criamos para nós mesmas. Está associada ao signo de Câncer e à Lua.

## Casa V

A Casa V trata de amor e romance, seja em relação a uma pessoa, um projeto criativo ou uma maneira de ser que a arrebata e a seduz, dando-lhe aquela sensação intensa de estar apaixonada. É a casa onde a autoconfiança é desenvolvida e a expressão criativa do eu é um impulso que não pode ser negado. Criatividade, prazer e divertimento fazem parte dessa casa. Filhos, crianças e o encanto da infância também residem aqui. A Casa V está associada ao signo de Leão e ao Sol.

## Casa VI

A Casa VI trata de cotidiano, organização, ambiente de trabalho, dieta, saúde, conexão entre corpo e mente e maneiras de ser prestativo. Também está relacionada à cura por meio de naturopatia, aromaterapia, acupuntura, medicina tradicional chinesa e Ayurveda. É a casa que faz você ler obsessivamente os rótulos de tudo no supermercado, e é aqui também que você se compromete com a prática regular de yoga, além de garantir que suas roupas sejam feitas de fibras naturais sustentáveis. A Casa VI está relacionada ao artesão ou ao artista e à criação de coisas práticas e duráveis. Tem associação com Virgem e o planeta Mercúrio.

## Casa VII

A Casa VII trata de parcerias e relacionamentos, abrangendo o casamento e outras relações individuais, como parcerias de negócios e relações cliente-terapeuta. O signo na cúspide desta casa, o *descendente*, nos diz algo sobre o tipo de parceiros pelos quais nos sentimos inconscientemente atraídas. No mapa astrológico, essa casa é oposta ao ascendente, ou à Casa I, que descreve o eu. A Casa VII pode nos mostrar as projeções que fazemos sobre as outras pessoas, seja com óculos cor-de-rosa ou com nossas sombras. Essa é uma casa regida por Vênus, portanto Afrodite reina na Casa VII, embora ela esteja associada à Afrodite Urânia, ou "Afrodite celestial" – o aspecto da deusa relacionado a vibrações mais elevadas e nobres, em oposição aos atributos terrenos e sensuais de Afrodite Pandemus e da Casa II. Beleza, amor, relacionamentos, casamento e artes são temas associados a essa casa, mas, às vezes, essa é também a residência da sombra da deusa do amor: ciúme, padrões inconscientes de manipulação e questões de abandono reprimidas. A Casa VII está ligada a Libra e ao planeta Vênus.

## Casa VIII

A Casa VIII é impregnada pelas águas profundas e sombrias do que é secreto. Está relacionada aos mistérios do nascimento, da morte, do renascimento e do sexo. Tem relação ainda com a intimidade e os recursos compartilhados, bem como com dívidas, impostos e herança. É o local que analisamos no mapa astral para observar onde ocorrerão nossas transformações mais profundas e onde podemos descer ao mundo inferior para renascer e nos fortalecer. Os elementos ocultos da psique vivem aqui, não apenas as partes indesejadas de nós mesmas relegadas à sombra, mas também fragmentos renegados que contêm tesouros esquecidos. Assuntos que são tabu também residem nessa casa, assim como tendências ocultas sobre as quais não falamos. A Casa VIII está relacionada, ainda, à psicologia profunda, à magia, à cura, à medicina e ao xamanismo. É associada a Escorpião e ao planeta Plutão.

## Casa IX

A Casa IX trata de visão de mundo, filosofia, educação superior, metafísica e viagens para lugares distantes, tanto internos quanto externos. Está relacionada à busca e aos saltos de fé. Outros conceitos ligados à Casa IX são livros e demais publicações, religião, direito, exploração cultural e peregrinação. Imagine colocar os pés em uma nova terra e se permitir ser envolvido pela alquimia de paisagens, aromas, habitantes e costumes, de uma perspectiva completamente nova, ampliando, assim, sua experiência de vida. Esse espírito aventureiro vive nessa casa. A Casa IX está associada a embarcar para a Índia. É o sentimento que você tem ao chegar aos pés de um templo no Nepal. São *insights* surpreendentes em uma conversa profunda com estranhos ao redor de uma fogueira na Trilha da Costa Oeste dos Estados Unidos. Tem relação ainda com a decisão de voltar para a universidade e concluir a graduação. Essa é a casa onde somos compelidas a buscar a verdade, o significado último da vida e a coragem de brincar com possibilidades. A Casa IX está ligada ao signo de Sagitário e ao planeta Júpiter.

## Casa X

A Casa X é o ponto mais alto do mapa astral – o meio-dia em relação ao nosso nascimento. Mostra nossa vocação na vida, nossa profissão. A cúspide da Casa X é um dos quatro ângulos mais importantes do mapa astral: o *Meio do Céu*, que quase sempre nos dá pistas para encontrarmos uma carreira satisfatória e um meio de sustento adequado. A Casa X tem relação com temas voltados à imagem pública, à excelência, ao sucesso, à reputação e às conquistas. Ao lado do signo do Meio do Céu, os planetas dessa casa também podem influenciar na escolha de uma carreira. Vênus na décima? Sua vocação pode ser uma carreira na área das artes. Urano? Você pode se sentir atraída por uma carreira considerada não convencional. Sol ou Lua na décima? Sem cair em clichês sobre fama, você pode ter o potencial de alcançar posição pública de prestígio, por motivos bons ou ruins, ou se tornar especialista em sua área. Essa casa está associada a Capricórnio e ao planeta Saturno.

## Casa XI

A Casa XI está relacionada à tribo, à comunidade e aos amigos. É também onde você pode expressar sua individualidade de maneira diferente do *status quo*. Essa casa se relaciona a temas voltados à justiça social, às causas sociais e à política. Feminismo e fluidez de gênero fazem parte da Casa XI, assim como o desejo latente de explorar estruturas sociais alternativas, entre elas relacionamentos não tradicionais, poliamor, sistemas familiares não convencionais e comunidades intencionais. Ela também tem relação com ideais visionários, planos estratégicos e estabelecimento de metas. Está associada ao signo de Aquário e ao planeta Urano.

## Casa XII

A Casa XII é a última no círculo do mapa astrológico e não raro mal compreendida na astrologia tradicional, sendo associada a coisas como prisões, manicômios e hospitais. No entanto, não estamos mais na Idade Média, e é hora de atualizar essa casa mal-entendida. A Casa XII está associada à espiritualidade, ao sagrado e à sensação de que o mundo cotidiano em que vivemos não é tudo o que existe. Tem relação com o inconsciente coletivo, o simbolismo esotérico e a memória ancestral. Remete a cerimônias de *ayahuasca* para expansão da consciência e a retiros para meditação. Essa casa também se correlaciona à devoção a um caminho espiritual, à comunhão com os deuses e à canalização de sabedoria espiritual. É o espaço entre as respirações em uma postura de yoga.

No entanto, a Casa XII também representa o impulso de fusão, e o lado sombrio dessa característica pode ser a dependência, o escapismo ou a tendência de se esconder na ilusão (todos os quais, é claro, podem ser comparados a uma prisão). Como a Casa XII é a última no círculo do mapa astrológico, às vezes está associada ao fim de um ciclo, em particular quando um planeta exterior transita por ela. Planetas natais nesta casa podem indicar dificuldades para acessar o que esse planeta simboliza. Por exemplo, se alguém tem Marte na Casa XII, pode ser difícil para essa pessoa estabelecer contato com seu lado assertivo. A Casa XII também pode sugerir a área em que precisamos desenvolver pensamento crítico e ser vigilantes para criar limites saudáveis. Ao mesmo tempo, a poesia, a inspiração criativa, a intuição e um sentido visceral dos Mistérios são encontrados nela. A musa reside aqui. A Casa XII está associada ao signo de Peixes e ao planeta Netuno.

# A MAGIA E A RODA DO ANO

A Roda do Ano é um "calendário" cíclico, sazonal e em constante movimento, marcado por oito pontos: os pontos astronômicos dos solstícios e equinócios e quatro festivais celtas agrícolas, ou o *coração da estação* – Samhain, Imbolc, Beltane e Lughnasadh ou Lammas. Esses festivais também são os pontos médios de cada estação. Uma vez mais: os solstícios e os equinócios correspondem aos signos cardinais (Áries, Câncer, Libra e Capricórnio), enquanto os festivais do auge da estação correspondem aos signos fixos (Touro, Leão, Escorpião e Aquário).

Em muitas tradições, a Roda começa com Samhain, também conhecido como o Ano-Novo Celta. Samhain é considerado tanto o fim quanto o início de um ciclo. Em certas tradições mágicas, os pontos da Roda do Ano correspondem ainda à união da Deusa e do Deus, com muitas variações, dependendo da tradição observada. Embora nenhuma cultura da Antiguidade tenha considerado a Roda do Ano como um todo, da maneira como vários adeptos do paganismo a veem hoje, ela é uma síntese de antigas observâncias celtas e teutônicas que fazem sentido em termos sazonais e intuitivos. Observar e celebrar os pontos de virada da Roda é um lembrete para viver o momento, alinhar-se com os ciclos das estações e aproveitar as energias de determinados tempo e espaço. Para entender melhor cada ponto da

Roda, consulte a seção do signo que corresponde a ele, o que lhe proporcionará compreensão mais profunda do arquétipo dessa estação.

## Samhain

Hemisfério Norte: 31 de outubro – Coração do Outono
Auge da estação ▪ Escorpião ▪ Fixo ▪ Água
Hemisfério Sul: 30 de abril – Coração do Outono
Auge da estação ▪ Touro ▪ Fixo ▪ Terra

As sombras se tornam mais longas e a escuridão chega um pouco mais cedo a cada noite. Já ficaram na memória os dias longos e dourados do verão, e no lugar deles há os aromas profundamente evocativos e terrosos de maçãs maduras, folhas que mudam de cor e fogueiras. A Deusa agora é a Anciã, e o Deus aguarda no mundo inferior até sua ressurreição em Yule. Samhain é a terceira e última colheita no ponto médio entre o equinócio de outono e o solstício de inverno. É tanto o primeiro quanto o último dos festivais dos pontos médios, e as raízes do atual Halloween se lançam com firmeza sobre o antigo solo celta, nele se nutrindo. Samhain era tradicionalmente celebrado entre o pôr do sol de 31 de outubro e o pôr do sol de 1º de novembro.

Os povos antigos do norte da Europa estavam muito mais sintonizados com os ciclos do ano, pois a sobrevivência deles tinha inextricável ligação com a terra. Para esses povos, era evidente que o Samhain marcava o fim de um ciclo e, portanto, naturalmente, o início do próximo. Os antigos observavam que, no Samhain, os campos antes verdes e férteis se tornavam estéreis, e as últimas colheitas eram levadas aos celeiros para garantir a subsistência durante o gélido inverno que se aproximava. O gado era trazido dos pastos elevados do verão, alguns sendo sacrificados e consumidos na festa da colheita, enquanto outros eram defumados e secos para os sombrios meses vindouros. Maçãs vermelhas e lustrosas, bem como raízes comestíveis, eram armazenadas para futuros jantares em noites nas quais o vento de inverno uivaria com ferocidade e a abundante colheita do verão seria apenas um sonho distante de outra época.

Samhain era considerado um espaço liminar. Nele, o véu entre os mundos estava no ponto mais fino, facilitando a comunicação com os ancestrais, mas também abrindo a porta para espíritos do Outro Mundo, como os espíritos da natureza e as fadas. As pessoas faziam oferendas de comida e bebida aos espíritos dos mortos, o que talvez seja a origem da tradição dos "doces ou travessuras". Outra alternativa é que "doces ou travessuras" tenha surgido da prática do *mumming*, segundo a qual as pessoas vestiam fantasias e recitavam versos em troca de comida. Fogueiras cerimoniais eram acesas e, a partir desse fogo sagrado, todas as demais eram acesas. A adivinhação também era prática comum na Véspera de Samhain, assim como o costume de reservar lugar à mesa para aqueles que partiram.[3]

## Sintonizando

Samhain ocorre durante a temporada de Escorpião no Hemisfério Norte e de Touro no Hemisfério Sul, e existem muitos paralelos entre os simbolismos dos dois. Escorpião está intimamente ligado aos ciclos de morte e renascimento, e a transformação está no cerne de seu arquétipo. Hoje, muitos ainda celebram o Samhain lembrando-se dos queridos entes falecidos. Esse período do ano é um espaço liminar, um momento entre os mundos na trama sazonal do ano em que podemos nos conectar com aqueles que se foram. É também o momento de homenagear a face da Deusa em que ela é Anciã ou Sábia. Na cultura em meio à qual vivemos, que venera a juventude, é raro que a sabedoria da Sábia seja reverenciada.

Samhain é um momento para olharmos com destemor nosso lado sombrio e aceitar o que encontrarmos. Somente então conseguiremos lançar luz sobre esses lugares ocultos e começar o processo de cura. Samhain

---

3 James George Frazer, *The Golden Bough*. Londres: Macmillan, 1890; Old Saybrook, CT: Konecky & Konecky, 2010, pp. 606-10.

não é apenas um momento de reflexão, mas também um período poderoso para se livrar de *personas* desgastadas, relacionamentos e fases da vida que já não nos servem mais. Samhain nos convida a atravessar o limiar em direção à regeneração e ao renascimento pessoal por meio de contos, meditação guiada e cerimônias pessoais, enquanto nos desprendemos de nossa antiga pele e nos preparamos para iniciar o próximo capítulo.

### Altar sazonal

Já que quase todas as folhas se foram e é o momento em que o ano declina, você pode decorar seu altar com cores profundas ou sombrias para refletir o tom da estação, como preto, vermelho-escuro, um roxo suave ou tons de cinza. Outros símbolos da morte, como caveiras ou esqueletos, também são apropriados, pois remetem à homenagem aos ancestrais. E, é claro, você pode incluir fotos dos próprios entes queridos e falecidos, já que os véus entre os mundos estão mais tênues agora, sendo esse um bom momento para se conectar com aqueles que partiram para o outro lado. O altar pode ser elaborado com as últimas folhas caídas, maçãs, abóboras, tubérculos e feixes de caules de milho, para se alinhar à estação. Como Samhain sempre foi um momento de adivinhação, você pode energizar suas cartas de tarô ou runas colocando-as no altar. Lembre-se de que Samhain é a estação de Escorpião e Touro; portanto, para mais ideias, consulte o capítulo e a tabela de correspondências desses signos. Em todos os sabás há maneiras alternativas de reverenciar cada estação, e você talvez queira se concentrar em uma das deusas associadas a Escorpião e a Touro, como Inanna ou Ceridwen.

## Yule

Hemisfério Norte: 21 de dezembro – Portal do Inverno

Solstício de inverno ▪ Capricórnio ▪ Cardinal ▪ Terra

Hemisfério Sul: 21 de junho – Portal do Inverno

Solstício de inverno ▪ Câncer ▪ Cardinal ▪ Água

O solstício de inverno marca o ponto astronômico que é o início do inverno. É a noite mais longa do ano e inaugura o início da temporada de Capricórnio ou Câncer, que se relacionam ao renascimento do Sol. Esse era um evento importante para os povos antigos, pois simbolizava a continuação milagrosa da vida, provendo esperança no momento mais escuro do ano. Estruturas megalíticas foram construídas para reverenciar e marcar o retorno do Sol, entre as quais Stonehenge, na Inglaterra, e Newgrange, na Irlanda. É a época do ano em que o Deus renasce como bebê, e a Deusa é vista na fase de *an cailleach*, a Velha ou a Anciã do inverno. O tema do renascimento também se reflete na tradição cristã, já que o Natal marca o nascimento do Menino Jesus, poucos dias depois do solstício de inverno. A antiga história do rei do Azevinho e do rei do Carvalho descreve a batalha interminável entre as metades iluminada e escura do ano que ocorre em cada solstício. No solstício de inverno, o jovem e robusto rei do Carvalho vence o envelhecido rei do Azevinho e cresce em poder, até ser vencido pelo rei do Azevinho no solstício de verão.

Em muitos lugares do norte da Europa, um "tronco de Yule", muitas vezes de carvalho, era colocado na lareira e tinha as cinzas espalhadas nos campos para garantir uma temporada de crescimento abundante. Havia vários costumes populares e histórias associados ao tronco de Yule. Alguns acreditavam que mantê-lo embaixo da cama protegeria a casa contra incêndios e raios durante o ano seguinte, enquanto outros afirmavam que umedecer um pedaço do tronco de Yule com água ajudaria as vacas a parir com mais facilidade. Outros afirmavam ainda que as cinzas desse tronco protegeriam o trigo do mofo.[4] Em suma, o tronco de Yule parecia ter forte associação com as magias protetora e curativa.

## Sintonizando

O solstício de inverno é um momento de reflexão. É uma época de pausa (a palavra *solstício* significa "Sol estacionário", em latim), e, de fato, parece,

[4] Frazer, *The Golden Bough*, pp. 611-13.

por alguns dias, que o Sol se põe no mesmo lugar durante o solstício, dando-nos a ilusão de que está parado. E, assim como as árvores já perderam as últimas folhas há muito tempo para preservar sua energia durante a estação fria e certos animais entraram em hibernação, nós também temos a possibilidade de descanso. As noites mais longas nos dão a oportunidade de nos aninhar, nos envolver com um bom livro e sonhar. Embora isso nem sempre seja possível devido à agenda movimentada, uma maneira maravilhosa de se sintonizar com o renascimento do Sol é manter vigília durante a noite e assistir ao nascer do sol pela manhã. Embora o solstício de inverno anuncie o início do inverno, paradoxalmente também marca o momento em que os dias em breve ficarão mais longos. Se o solstício coincidir com um fim de semana, pense na possibilidade de fazer uma reunião de "renascimento do Sol" para assistir ao nascer do sol com os entes queridos. Claro, vinho quente e comidas deliciosas fazem parte da celebração, assim como cantar músicas que mencionem o Sol. Uma fogueira no quintal seria ideal para incentivar o retorno dele, mas uma lareira interna (com um tronco de Yule) também funcionaria de modo adequado. Em caso de necessidade, um pequeno braseiro ou mesmo velas poderão chamar o Sol. Alternativamente, você pode optar por ficar acordada e assistir ao despontar do sol recém-nascido sozinha, usando esse momento de profunda introspecção para refletir e se alinhar com a virada da Roda.

## Altar sazonal

Já que esse é um festival solar que celebra o renascimento do Deus, faz sentido incluir símbolos solares, assim como símbolos do Sagrado Masculino. Como o solstício de inverno marca o retorno do rei do Carvalho, você pode incluir bolotas, um pequeno galho de carvalho caído, folhas de carvalho secas ou um tronco de Yule de carvalho, se tiver uma lareira. Rodas solares, pequenos objetos em forma de sol e velas amarelas ou douradas podem representar o Sol. Como alternativa, você pode decorar seu altar com cores glaciais que reflitam a natureza: branco-gelo, prata ou azul-prateado. Outra paleta de cores que simboliza essa época do ano é o verde profundo, o vermelho-sangue e o branco. Inclua ramos frescos de sempre-verdes, assim como azevinho e visco, pois todos estão associados a essa época do ano e têm propriedades simbólicas que fazem ressoar diferentes aspectos desse dia. Azevinho e carvalho representam o rei do Azevinho e o rei do Carvalho, enquanto o visco, que era sagrado para os druidas, tem relação com a fertilidade masculina.[5] Como esse festival marca o início da temporada de Capricórnio ou de Câncer, confira o capítulo e a tabela de correspondências astrológicas para maneiras alternativas de reverenciar o solstício de inverno.

## Imbolc

Hemisfério Norte: 2 de fevereiro – Coração do Inverno
Auge da estação ▪ Aquário ▪ Fixo ▪ Água
Hemisfério Sul: 1º de agosto – Coração do Inverno
Auge da estação ▪ Leão ▪ Fixo ▪ Fogo

Imbolc é o arauto da primavera, o momento em que a Deusa é celebrada em sua forma de Donzela. É o segundo dos festivais correspondentes aos pontos médios das estações e está situado no meio do caminho entre Yule e o equinócio de primavera. Imbolc é o período de esperança renovada e otimismo crescente à medida que os dias se tornam visivelmente mais longos e a luz do sol começa a aquecer a terra mais uma vez. A vida desperta na quietude escura do útero da terra e nossa centelha de inspiração é reacendida. Esse é o momento de plantar sementes de todos os tipos e manter a fé em que, embora ainda não possamos ver no que se transformarão, há vida em gestação e a primavera está a caminho. Em gaélico irlandês, Imbolc significa "leite de ovelha" ou "no ventre" e anuncia o início da temporada de

---

5 Robert Graves, *The White Goddess* (1948; reimpr.) Nova York: Farrar, Straus e Giroux, 1999, pp. 57, 65.

parto de cordeiros nos países celtas. É consagrado a Brigit, deusa da poesia, da cura, da inspiração e da forja.

## Sintonizando

Reserve tempo para fazer hoje uma caminhada meditativa em meio à natureza. Você pode se surpreender ao ver que o símbolo onipresente do Imbolc, o floco de neve, voltou a aparecer. Suas delicadas lanças verdes contra suaves flores brancas nos fazem lembrar que a primavera virá depois de apenas mais uma virada da Roda. Se puder, escolha um lugar que dê para o oeste e observe-o por volta das cinco da tarde uma semana antes desse sabá, ou antes ainda, e depois volte a observá-lo no Imbolc. Prepare-se para um momento transcendente: agora haverá um lampejo de luz no horizonte oeste revelando que os dias estão se tornando perceptivelmente mais longos. Uma aceleração palpável nos agita no Imbolc, uma centelha de inspiração que se torna uma esperança silenciosa a perpassar nosso espírito e avisar que o inverno está quase terminando.

## Altar sazonal

Como o Imbolc está especialmente ligado à deusa Brigit, faz sentido reverenciá-la nesse dia. Existem vários costumes populares associados a Brigit que você pode incorporar em seu altar do Imbolc. Alguns gostam de tecer uma cruz de Brigit ou fazer uma "Cama de Noiva"* e colocá-la perto do fogo para recebê-la. Outra maneira popular de se alinhar a Brigit é fazer uma boneca dela de caules de milho. Em determinado ano, pouco antes do Imbolc, encontrei um anjo de Natal em uma loja de segunda mão. Ele era feito de caules de milho, com cabelos de milho trançados. Dei uma olhada nele, e tudo o que conseguia ver era a deusa Brigit escondida sob a túnica do anjo

* Nas Terras Altas da Escócia, as mulheres vestem a boneca de milho (ou o último feixe de milho colhido) com um vestido de noiva e a colocam numa cesta, que é chamada *Bride's Bed* ou Cama de Noiva. (N. do T.)

e as asas coladas. Levei-o para casa e com cuidado desmontei a sobreposição de Natal, removendo a cruz e as asas. Em seguida, tirei a túnica do anjo e o vesti com uma capa de veludo verde que fiz com um retalho velho, amarrei fitas de seda vermelha em suas tranças e coloquei um colar de nó celta ao redor de seu pescoço. E eis que tinha a boneca mais bonita de Brigit bem a tempo para o Imbolc. Não pude deixar de ver a ironia simbólica em tudo isso, pois parte da lenda de Brigit é que o povo da Irlanda amava tanto sua deusa que, quando o cristianismo chegou, a transformaram em uma santa para poder continuar a reverenciá-la. Com minha boneca de Brigit, senti que apenas descobri a deusa que estivera oculta o tempo todo sob o anjo.

Entre outras maneiras de montar seu altar para o Imbolc há o uso de bulbos de primavera em vasos, disponíveis na maioria dos supermercados. Certifique-se de adicionar muitas velas, já que o Imbolc também é conhecido como *Candlemas*, ou festa das candeias. As cores para o altar podem ser as associadas a Brigit: branco, verde e vermelho. O branco representa a neve que ainda cobre o solo em muitos lugares nessa época, assim como seu aspecto de Donzela. O verde simboliza a renovação da vida, e o vermelho está ligado ao elemento Fogo. Também sempre associei o Imbolc a um azul-claro acinzentando, que ecoa tanto o elemento Água quanto a cor do céu nessa época do ano nas terras celtas. Como Brigit presidia os poços sagrados, você pode adicionar um cálice de água de alguma fonte. Ela também está ligada ao elemento Fogo; portanto, além de velas, pode se queimar um incenso ou fazer fogo em um pequeno caldeirão. Outras oferendas apropriadas para Brigit são leite, queijo, mel e lã. Consulte o capítulo que fala sobre Aquário para aprender mais sobre a deusa Brigit e ter mais ideias para o altar.

## Ostara

Hemisfério Norte: 20 de março – Portal da Primavera

Equinócio de primavera ▪ Áries ▪ Cardinal ▪ Fogo

Hemisfério Sul: 21 de setembro – Portal da Primavera

Equinócio de primavera ▪ Libra ▪ Cardinal ▪ Ar

Sentimos a expectativa da luz crescente surgir dentro de nós, assim como a seiva sobe nas árvores. A Roda gira mais uma vez, e estamos em Ostara, quando toda a natureza celebra o mistério do renascimento. O equinócio de primavera ocorre por volta de 20 de março ou 21 de setembro (dependendo do ano; verifique seu calendário astrológico), e luz e escuridão, masculino e feminino, encontram-se em equilíbrio. O equinócio de primavera marca o momento em que o Deus e a Deusa têm força equivalente, com o Deus ganhando poder à medida que a luminosidade aumenta. Jovens e vibrantes, a Deusa e o Deus se cortejam. Botões rompem nas cascas, pássaros nos despertam com suas próprias canções de cortejo, e uma sensação inegável de otimismo se desenvolve profundamente no ritmo da vida.

O equinócio de primavera foi celebrado em muitas culturas no decorrer da história como um momento de renascimento. Na antiga Grécia, Perséfone ressurgia do mundo inferior para se reunir com a mãe, Deméter. Em sua alegria, Deméter devolvia a fertilidade e a abundância à terra, provocando a renovação do solo. No sudoeste da Inglaterra, Ostara é chamado às vezes de "Lady Day", ou Dia da Dama – uma celebração à Deusa e ao despertar da terra. Uma vez que todas as formas de vida estão interligadas, também sentimos o ressurgimento de energia, um suspiro de alívio após a constrição da escuridão do inverno. Agora é o momento de novos começos, de eliminar quaisquer obstáculos remanescentes que possam nos deter. Como toda a natureza encontra-se em pleno crescimento, o momento é propício para abraçar esse fluxo e fazer mudanças positivas em nossa vida. Esse é um dos momentos mais potentes do ano para embarcar em projetos novos e audaciosos.

## Sintonizando

No equinócio de primavera, temos a oportunidade de apertar o botão de reiniciar e começar de novo. É a entrada para um novo ciclo, a época para plantar sementes, visualizar possibilidades e avançar com coragem e otimismo renovados. Em que área você gostaria de um recomeço? Alinhe-se com a energia de renovação e ressurreição dando um passeio fora de casa e observando com atenção os sinais da primavera por toda parte. Você vê os botões nos galhos? Os brotos verdes e delicados que se projetam terra afora? Há uma mudança no odor do ar? Esses são os sinais de que o inverno enfim acabou e a magia do renascimento é tangível, imediata e vibrante. Dependendo de onde você mora, tente encontrar alimentos de primavera que só aparecem nessa época do ano, como o surgimento precoce de aspargos, couve, urtigas ou o meu favorito absoluto: brotos de samambaia.* Outra maneira poderosa de se conectar com essa época do ano é plantar algo. Se ainda estiver muito frio para fazer isso do lado de fora, plante algumas ervas e coloque-as na beirada da janela da cozinha. O impulso criativo da vida nova está em todo lugar. O equinócio de primavera nos impulsiona e nos capacita em direção à autorrealização, desafiando-nos a dar um salto de fé e a comparecer à própria iniciação. Valorize o papel da criatividade em sua vida. Você reserva espaço para ela ou ela é algo que você continua deixando em segundo plano? Esse é o momento ideal para recuperar os aspectos criativos de si mesma e invocar algo novo.

## Altar sazonal

Embora o clima possa não estar cooperando, um altar ao ar livre para Ostara é o ideal. Se os dias mais quentes ainda não começaram, pense em dar uma caminhada antes de montar seu altar dentro de casa e coletar alguns símbolos da primavera pelo caminho. Um galho caído coberto de novos brotos ou algumas flores de primavera, como narcisos ou flores de açafrão, trazem a simbologia desse momento sagrado para o interior de seu lar. Como alternativa, você pode comprar um vaso com flores de primavera e

* Fique atento aos cuidados a respeito de preparar e comer urtigas e brotos de samambaia, pois se forem preparados de modo inadequado podem ser altamente prejudiciais à saúde. (N. do T.)

colocá-lo no altar. Pode também incluir o simbolismo do Deus e da Deusa para reproduzir o equilíbrio dessa época do ano. É possível encontrar iconografias em forma de estátuas ou imagens ou usar uma vela vermelha para simbolizar a Deusa e uma branca para simbolizar o Deus. Ovos também são símbolo venerável da primavera, sugerindo o potencial de uma nova vida e fertilidade. O equinócio de primavera marca o início da temporada de Áries ou de Libra, então certifique-se de consultar o capítulo a respeito desses signos, bem como a tabela de correspondências, para mais sugestões. Talvez você queira celebrar essa estação homenageando uma deusa associada a Áries ou Libra.

## Beltane

HEMISFÉRIO NORTE: 30 de abril-1º de maio – Coração da Primavera
Auge da estação ▪ Touro ▪ Fixo ▪ Terra
HEMISFÉRIO SUL: 31 de outubro – Coração da Primavera
Auge da estação ▪ Escorpião ▪ Fixo ▪ Água

O dia 1º de maio marca o terceiro dos antigos festivais do auge das estações, conhecido como Beltane ou *Beltaine*. Beltane é um antigo festival de fertilidade irlandês e o ponto médio entre os portais sazonais do equinócio de primavera e o solstício de verão. Representa a consumação do casamento sagrado entre a Deusa e o Deus. Flores se abrem, tentando abelhas e borboletas com suas cores sedutoras e aromas inebriantes, e o ar fica perfumado e quente, convidando-nos a brincar ao ar livre ou a passar tempo no jardim.

Em tempos antigos, fogueiras eram acesas e o gado era conduzido entre elas para garantir boa sorte na temporada de crescimento, antes de serem levados para a abundância dos pastos de verão. Outro costume era extinguir as chamas dos lares de cada casa e depois reacendê-las com o fogo da fogueira da vila, conhecida como *needfire*.[6] Refletindo a dança

[6] Frazer. *The Golden Bough*, pp. 593-94.

sensual da natureza, homens e mulheres se aventuravam nas florestas na Véspera de Maio para participar da alegre celebração dos prazeres terrenos. No entanto, diz-se há muito tempo que no Beltane os véus entre este mundo e o Outro Mundo são finos, e, se você estiver vagando pela floresta após o anoitecer, é provável que encontre uma fada. Você não saberia se o belo rapaz ou a mulher encantadora que a convidavam para a floresta eram deste mundo ou do outro. A tradição irlandesa conta que a linhagem das fadas evoluiu dos *Tuatha Dé Danann*, "o povo da deusa Danu", e há inúmeras histórias de humanos que se aventuraram no Outro Mundo por meio de um portal mágico, permanecendo ali o que pareciam ser algumas horas, apenas para sair e descobrir que tinham ficado lá por cem anos ou mais.

Restou-nos um único vestígio familiar de Beltane: o mastro de maio. Além do simbolismo fálico óbvio, na dança tradicional, que ainda pode ser vista em alguns lugares, um número equivalente de homens e mulheres entrelaçam fitas alegremente ao redor de um mastro de madeira fincado no chão. A dança simboliza a energia entrelaçada e espiralada de *yin* e *yang*, ou entre Deus e Deusa. Beltane ocorre durante a temporada de Touro ou de Escorpião, e existem muitos paralelos entre esse antigo festival de fertilidade e o arquétipo desse signo. Ambos estão intimamente relacionados à encarnação do prazer, da criatividade e das coisas do corpo e da terra.

## Sintonizando

Você pode se alinhar com a energia plena de Beltane para se reconectar consigo mesma como ser sensual. Esse é o momento de se permitir apreciar a pele em que está e cultivar não apenas o desejo, mas também o prazer. É o período perfeito para refletir sobre questões relacionadas à imagem corporal com as quais possa estar lutando e se acolher como a manifestação da Deusa que você é. Pare um pouco para refletir e se perguntar quem você é como ser sensual e sexual. Quais são suas necessidades? Não existem respostas certas ou erradas.

Como Beltane e a temporada de Touro e Escorpião estão ligados ao corpo, este é um ótimo momento para se entregar ao prazer simples, mas extático, da dança. Não importa se for sair para dançar ou se estiver na sua sala de estar; apenas sinta a música até o âmago e permita que ela a alinhe com seu chakra sacral, o centro da sensualidade, da estabilidade emocional, da intimidade e da criatividade. Se você é adepta do yoga, o período também é apropriado para alongamentos profundos e prazerosos, a fim de tirá-la da mente e trazê-la de volta ao corpo. O prazer sensual se manifesta de muitas formas. Beltane é o momento de abraçar o que você ama e de se entregar por completo ao agora. Saboreie seus pratos favoritos, presenteie-se com roupas de cama luxuosas ou vá para o jardim e sinta a satisfação sensual de colocar as mãos na terra. Reserve um momento para ficar ao ar livre e faça uma meditação caminhando pelo quintal, por um parque local ou por uma floresta. Entregue-se ao fluxo e perceba que você é parte dele.

## Altar sazonal

Se o clima permitir, o ideal é montar seu altar de Beltane ao ar livre, embora você possa levar o exterior para dentro e decorar o altar com flores sazonais, um pouco de mel orgânico local ou um galho caído com folhas verdes e brilhantes. Devido à associação de Beltane com as fadas, também pode se incluir uma oferenda para elas no altar. Mel ou uma tigela de leite são mais tradicionais, mas já deixei pequenos cristais como símbolo em meu jardim. Parece que as fadas apreciam a criatividade, então use a intuição. Como Beltane ocorre na temporada de Touro ou de Escorpião, consulte o capítulo sobre esses signos e a respectiva lista de correspondências para mais ideias a respeito do altar. Talvez você queira dedicar o altar à união da Deusa e do Deus, à deusa do amor Afrodite ou a qualquer uma das outras deusas taurinas pelas quais se sentir atraída. Temas apropriados para acolher e celebrar neste momento são criatividade, sexualidade e abundância (incluindo o cultivo de trabalho significativo e a prosperidade).

## Solstício de verão

Hemisfério Norte: 21 de junho – Portal do Verão

Solstício de verão ▪ Câncer ▪ Cardinal ▪ Água

Hemisfério Sul: 21 de dezembro – Portal do Verão

Solstício de verão ▪ Capricórnio ▪ Cardinal ▪ Terra

O solstício de verão marca o ponto de virada astronômico, que é o início do verão. É o dia mais longo do ano e anuncia o começo da temporada de Câncer, quando a vida está no auge da fertilidade. No geral, em torno desse dia, dependendo do ano, tudo se encontra no auge da floração – um impulso final antes da gradual transição para a longa expiração, que é a metade escura do ano. Esse é o momento da Roda em que celebramos mais uma vez o Sagrado Masculino. O Deus cresceu gradualmente em poder e força para atingir o ponto em que fica no auge da vitalidade, e tudo na natureza transborda de vida. Assim como a Deusa, o Deus também tem muitas faces, e nessa época do ano ele se sintoniza, em particular, com seus aspectos de Cernunnos, o Homem Verde e o Deus Chifrudo, canalizando a alegria selvagem da energia exteriorizante do solstício de verão. É tempo do rei do Carvalho no auge do poder. O rei do Carvalho preside a metade crescente do ano, desde o renascimento do Sol, no solstício de inverno, até o auge de sua força, no solstício de verão, quando o rei do Azevinho, mais uma vez, assume sua coroa. Embora o solstício de verão tenha sido celebrado por milhares de anos em vários lugares do mundo, essa celebração é notável em especial no antigo monumento de Stonehenge, em Wiltshire, Inglaterra. Na manhã do solstício de verão, o Sol nasce dramaticamente sobre a pedra do calcanhar, que está fora do círculo, anunciando o dia mais longo do ano.

### Sintonizando

Você pode acessar a energia potente do solstício de verão para se revigorar e fortalecer seu centro. Como esse é o momento do Sagrado Masculino, é o período perfeito para refletir sobre seu *animus*, que, de acordo com Jung, é o masculino interior que reside em todas as mulheres. No entanto, embora esse seja o significado junguiano do termo, a autora e analista junguiana dra. Clarissa Pinkola Estés escreve: "O *animus* pode ser mais bem compreendido como uma força que ajuda as mulheres a agirem em seu próprio benefício no mundo exterior".[7] Ela menciona ainda que "o papel do *fidalgo*, rei ou mentor, na psique de uma mulher é ajudá-la a realizar suas possibilidades e metas, manifestar as ideias e os ideais que ela estima, avaliar a justiça das coisas, cuidar dos armamentos, planejar estratégias quando está ameaçada, ajudá-la a unir todos os seus territórios psíquicos".[8]

Seu *animus* está saudável, vivo, potente? Está cumprindo a função de ajudá-la a se posicionar? De estabelecer limites saudáveis? De buscar as coisas importantes para você? Se seu *animus* parecer menos eficaz do que você gostaria, este é o momento de estimulá-lo. Estés explica que "os sonhos de mulheres fortes em habilidades de manifestação externa muitas vezes apresentam uma figura masculina forte que aparece sob várias formas".[9] Uma vez, tive um sonho com uma bela criança dourada que entendia ser meu *animus*. Ele era criança porque ainda estava em desenvolvimento, e eu ainda estava no processo de aprender a me posicionar e a agir em meu favor. Anos depois, ele apareceu de novo em um sonho, mas dessa vez era um forte adolescente. Pela época do segundo sonho, eu havia acabado de dar o passo monumental de voltar a estudar como mãe solteira. Estava aprendendo a cuidar de mim mesma e a avançar em direção aos meus objetivos com mais coragem. Quem é o seu *animus*? Como ele é? Se você nunca deu muita atenção a essas perguntas antes, agora é o momento. Uma maneira de ter um vislumbre do seu *animus* é refletir sobre personagens de mitos ou histórias que você admira. Talvez você tenha um Gandalf interior, ou se

---

7 Clarissa Pinkola Estés. *Women Who Run with the Wolves: Myths and Stories of the Wild Woman Archetype*. Nova York: Ballentine Books, 1992, p. 311.

8 *Ibid.*, p. 313.

9 *Ibid.*, pp. 310-11.

identifique mais com Luke Skywalker, ou com um herói literário como Lorde Byron. Seu *animus* pode até ser representado por alguém que você conhece, talvez um avô querido que incorpore características admiráveis. Sempre pensei no *animus* como o sábio rei interior arquetípico, o conselheiro que oferece aconselhamentos valiosos, mas pode mostrar seu lado feroz, quando necessário.

O solstício de verão é um momento de celebração, e somos chamadas para o exterior, a fim de nos deleitarmos com a fecundidade da estação. Tente encontrar um tempo para ficar ao ar livre e se conectar com esse ponto de virada. Use todos os sentidos e reflita acerca da plenitude da natureza. Dedique pelo menos dez minutos para observar de verdade o que está acontecendo ao redor. Respire profundamente essa energia vivificante até o âmago, permitindo que ela reponha sua vitalidade.

## Altar sazonal

Se possível, tente montar seu altar ao ar livre para aproveitar ao máximo o espírito revigorante dessa época do ano. Uma varanda ou mesmo um espaço em uma janela também podem funcionar. Ao montar seu altar sazonal, escolha o aspecto do solstício de verão que mais a atraia intuitivamente. Como muitos sabás na Roda do Ano, o solstício de verão é rico em simbolismos que podem parecer paradoxais, mas ainda assim são apropriados. Por exemplo: você pode focar no poder do Sol ou no Sagrado Masculino e decorar o altar com uma imagem do seu *animus*, do Homem Verde, com chifres, bolotas (para o rei do Carvalho) ou qualquer outra manifestação do masculino que lhe tenha ressonância. Pode também usar cores solares: amarelo, laranja e vermelho. Não deixe de acender uma vela em uma dessas cores para reverenciar o Sagrado Masculino. Como alternativa, já que o solstício de verão também é o início da temporada de Câncer ou de Capricórnio, você pode consultar o capítulo sobre esses signos e a respectiva tabela de correspondências para sugestões de altar para esse aspecto do sabá. Pode ainda reverenciar essa época do ano conectando-se com o elemento Água e colocando no altar um cálice de água do mar ou de uma nascente. Conchas, madeira flutuante e sal marinho também são bons acréscimos a um altar do elemento Água. Pode também se conectar ao elemento Terra e cercar-se de frutos da natureza. Por outro lado, talvez você se sinta atraída a celebrar outros aspectos do solstício de verão. Nesse caso, fique à vontade para incluir, de modo intuitivo, quaisquer ou todas as correspondências, refletindo sobre o mistério implícito que as inter-relaciona.

## Lughnasadh/Lammas

HEMISFÉRIO NORTE: 1º ou 2 de agosto – Coração do Verão

Auge da estação ▪ Leão ▪ Fixo ▪ Fogo

HEMISFÉRIO SUL: 2 de fevereiro – Coração do Verão

Auge da estação ▪ Aquário ▪ Fixo ▪ Ar

O próximo festival do auge da estação no antigo calendário celta é Lammas ou Lughnasadh. Esse dia também marca o primeiro dos três festivais da colheita, seguido da Segunda Colheita (equinócio de outono) e da Colheita Final (Samhain), sendo o ponto médio entre o solstício de verão e o equinócio de outono. Esse é o momento em que o Deus, tendo atingido o auge no solstício de verão, agora se torna o Senhor da Colheita, simbolicamente sacrificado, assim como os cereais, para que a vida possa continuar. Trata-se de uma celebração da transformação dos grãos no alimento que sustenta a vida da comunidade. Embora o Deus morra de forma simbólica nessa época do ano, sabemos que renascerá no Yule. O tema da ingestão do corpo do Deus sacrificado faz eco com o rito cristão da Eucaristia, incorporando em si o corpo e o sangue de Cristo. Assim como nos outros sabás, Lammas trata do mistério dos ciclos de nascimento, crescimento, morte e renascimento.

Na Irlanda, esse dia é conhecido como Lughnasadh, em homenagem ao deus Lugh, e significa "a comemoração de Lugh". Lugh era venerado na

Irlanda e em toda a Grã-Bretanha, bem como na Europa continental, sendo digno de observação que esse dia ocorra no meio da temporada de Leão ou seu oposto, Aquário, já que Lugh era deus da luz, uma divindade solar, tendo ainda recebido nomes como "Lugh, aquele de Mãos Longas" ou "Lugh dos Muitos Talentos". Em *A Deusa Branca*, o estudioso Robert Graves descreve Lughnasadh como um período celebrado com jogos, competições atléticas, festas e alegria. Casamentos experimentais, que duravam um ano e um dia, também ocorriam no Lughnasadh.[10] Esse era tradicionalmente um momento de grandes festas e gratidão pela abundância da terra, assim como pela colheita das primeiras safras: trigo, milho e cevada. Na Inglaterra, esse dia era conhecido como Lammas, do inglês arcaico *hlaf-mas*, ou "missa do pão", e as pessoas assavam pães especiais decorados com símbolos de proteção, fertilidade e prosperidade.[11]

## Sintonizando

Embora seja o auge do verão, é evidente agora que o poder do Sol começa a enfraquecer. As sementes que plantamos na primavera estão amadurecendo, e olhamos para trás, para o que visualizamos há seis meses, no Imbolc, agradecendo por aquilo que neste momento trazemos à vida. Faça uma meditação caminhando ao ar livre e anote as impressões que surgirem. Se puder ir ao campo, a uma fazenda ou a um pomar onde as primícias estão sendo colhidas, melhor ainda. Os mercados de agricultores estão repletos de maçãs, amoras, mirtilos e uvas. Reserve um momento para refletir sobre o mistério implícito nesse momento sagrado. O que está amadurecendo em sua vida que antes era apenas uma semente? Como você nutriu essa semente até ela chegar a ser o que é hoje? Quais sacrifícios fez? De tempo? De esforço? De recursos? Embora esse seja um momento de gratidão e celebração, há também um tom ligeiramente agridoce

---

10 Graves. *The White Goddess*, pp. 301-2.

11 *Ibid.*, p. 178.

no Lughnasadh. Se olharmos com mais atenção, veremos que há agora um leve brilho dourado sob o tom verdejante. Em nível intuitivo, sabemos que o verão é passageiro e o tempo da colheita logo começará de verdade.

### Altar sazonal

Decore seu altar com as cores vibrantes da estação: vermelho, dourado, laranja, amarelo e âmbar. Os girassóis estão em plena florada, e as amoras, maduras. Alimentos assados, em particular pães, têm destaque em um altar de Lammas, lembrando-nos da transformação da semente em grão. Como Lugh também era considerado deus das artes ou das "muitas habilidades", você pode adicionar símbolos das próprias empreitadas criativas ao altar. E, como Lughnasadh ocorre bem no auge da temporada de Leão ou Aquário, consulte o capítulo e a tabela de correspondências desses signos para obter mais ideias.

## Equinócio de outono

HEMISFÉRIO NORTE: 21 de setembro – Portal do Outono

Equinócio de outono ▪ Libra ▪ Cardinal ▪ Ar

HEMISFÉRIO SUL: 21 de março – Portal do Outono

Equinócio de outono ▪ Áries ▪ Cardinal ▪ Fogo

A Roda do Ano continua a girar, e as sombras ficam cada vez mais longas à medida que a luz cede, generosa, espaço à escuridão iminente. Em 21 de setembro ou de março, ou em torno desse dia, dependendo do ano, luz e escuridão se equilibram mais uma vez. O Sol entra no signo de Libra e a Deusa assume sua faceta da sabedoria. O que estamos colhendo em nossa vida? O que podemos trazer à mesa após todo o trabalho realizado durante o ano? Embora a colheita seja abundante, haverá certos planos e ideias estimados que teremos de deixar morrer na videira. Essa é a Segunda

Colheita, e parece apropriado fazer um balanço de nossa vida, garantindo o equilíbrio de nossas energias.

O equinócio de outono é um momento natural de gratidão, centrado na terra. Os ancestrais no Hemisfério Norte teriam celebrado essa época do ano com um banquete da colheita, acompanhado de fogueiras crepitantes e alegria geral. Por outro lado, também era um momento de mensuração e avaliação, um período de reflexão e descanso após uma longa temporada ativa de plantio e cuidado com as plantações. Marcava o ponto na Roda em que era preciso preparar o ninho para as noites mais longas que se aproximavam, fazendo conservas, defumando carnes e garantindo que tudo estivesse em ordem para o próximo inverno. O equilíbrio entre o dia e a noite refletia-se na celebração da abundância do verão que passava, enquanto as pessoas se preparavam para a escuridão iminente. Essa é a época do ano em que Perséfone deixa o mundo superior e desce ao Hades para assumir seu lugar como rainha do mundo inferior, enquanto sua mãe, Deméter, lamenta a ausência da filha e nada mais cresce, até seu retorno, na primavera.

## Sintonizando

Neste momento liminar que fica entre a luz e a escuridão, temos a chance de nos dar uma pausa e refletir sobre a passagem do ano. Procure encontrar um tempo para estar em meio à natureza e se conectar com esse importante ponto de virada. Os dias agora estão visivelmente mais curtos, e as temperaturas, mais amenas. As folhas são um desfile de cores, assim como as árvores, em sintonia com a luminosidade decrescente, enquanto se preparam para o inverno. A clorofila verdejante se decompõe, e as árvores descansarão ao longo da próxima estação fria, conservando energia e vivendo dos alimentos armazenados ao longo do verão. Dado o fato de que o ano letivo acaba de começar e muitas pessoas voltaram ao trabalho após as férias de verão, muitas vezes não temos a oportunidade de descansar no equinócio de outono. No entanto, mesmo uma horinha para se alinhar ao simbolismo dessa época do ano pode ser benéfica para seu ritmo natural e para prepará-la para uma transição suave e significativa rumo à metade escura do ano. Pense em planejar um banquete da colheita em agradecimento à abundância da estação. Convide os entes queridos e peça a cada um que traga algo do local e recém-colhido. Cada pessoa pode dedicar um momento para expressar apreço pelo que o ano lhe trouxe, criando, assim, uma oportunidade para construir uma comunidade, compartilhar histórias e cultivar o senso de pertencimento que os acompanhará ao longo do próximo inverno.

## Altar sazonal

Decore seu altar sazonal com folhas coloridas, bolotas, nozes, sementes, espigas de milho e tubérculos. Muitas variedades de uva são colhidas nessa época, sendo esse um período perfeito para visitar uma vinícola e vivenciar pessoalmente a emoção da colheita. Você pode levar para casa uma garrafa de vinho e colocar uma taça no altar como oferenda à estação. Reverencie Deméter e sua filha Perséfone colocando uma romã vermelha madura no altar como símbolo de seu retorno cíclico ao mundo inferior. E, como as energias estão em equilíbrio mais uma vez, você pode celebrar o Deus e a Deusa em seu altar usando a iconografia de cada um. Use as cores da natureza para nortear sua escolha de tecidos para o altar e outros itens ou consulte os capítulos sobre Libra ou Áries e a respectiva tabela de correspondências para ideias alternativas de como celebrar esse momento do ano.

# FUNDAMENTOS DOS RITUAIS

Criar rituais é uma arte intuitiva, não uma ciência exata, e, embora muitos pagãos incorporem os rituais como elementos de caminhos espirituais específicos, você não precisa se identificar como pagã para se beneficiar do envolvimento com eles. Os rituais nos ajudam a marcar momentos importantes da vida e costumam acompanhar ritos de passagem significativos. Por exemplo, a maioria dos casamentos envolve algum tipo de ritual, desde a declaração dos votos até a troca de alianças. Outra forma comum de ritual é usada para ajudar a aliviar a tristeza. Seja lamentando a perda de um ente querido ou o fim de um relacionamento, pode ser terapêutico criar um ritual para dizer adeus e encerrar um capítulo ou uma fase da vida. Os rituais podem ser simples ou elaborados. Você pode personalizar e criar os próprios rituais, tornando-os mais significativos para você e adaptados às suas necessidades particulares. E, apesar de muitos elementos tradicionais dos rituais derivarem de diversas tradições pagãs benéficas (por exemplo, traçar um círculo), o mais importante é a sua intenção.

Todos os capítulos deste livro são finalizados com um *pathwork* e um ritual específico para cada arquétipo astrológico e sua deusa associada. Em essência, um ritual, em termos gerais, contém um conjunto de ações, palavras e visualizações que nos ajudam a concentrar a energia para nos conectarmos com o subconsciente pessoal e o inconsciente coletivo, o universo ou uma divindade. Alguns deles nos permitem direcionar a energia para alcançar objetivos específicos, enquanto outros facilitam uma experiência mais profunda de determinadas energias com as quais escolhemos trabalhar. Por exemplo, muitos rituais deste livro nos auxiliam no alinhamento com energias arquetípicas de uma deusa em particular, pois desejamos trazer para nossa vida as qualidades que ela incorpora.

Para realizar os rituais descritos neste livro, talvez você queira reservar um tempo para se preparar, arrumar seu espaço ou reunir certos objetos que a ajudarão a se concentrar em suas intenções. Consulte as seções seguintes para conhecer alguns elementos básicos que você pode incorporar ao iniciar e concluir os rituais. Para um ritual simples, talvez sinta que limpar o espaço e se aterrar e se centrar sejam o bastante. Na verdade, sugiro limpar, aterrar-se e se centrar para qualquer ritual ou cerimônia. Use a intuição como guia e sinta-se à vontade para fazer experiências. O que funciona para uma pessoa nem sempre funciona para outra.

## Uma nota sobre *pathworks* neste livro

Embora o termo *pathwork* tenha origem no trabalho com os caminhos ou canais da Árvore da Vida cabalística, ele se tornou, nos últimos tempos, mais associado à meditação guiada projetada para conduzi-la em uma jornada espiritual ou visualização. É assim que pretendo utilizar o termo neste livro.

Para os *pathworks* mencionados nesta obra, será benéfico estar em um espaço seguro e tranquilo, onde você saiba que não será interrompida por pelo menos quinze a vinte minutos. Lembre-se de desligar o celular. Vista roupas folgadas e que a deixem à vontade e sente-se confortavelmente ou deite-se. Se precisar de mais apoio físico, use almofadas ou travesseiros. Limpe o espaço com sálvia, incenso ou queimando óleos essenciais antes de começar. (Alguns capítulos incluem um incenso ou uma mistura de óleo específicos para um *pathwork* que se alinhe a determinada deusa, o que aprofundará sua conexão com os atributos dela. No entanto, se não tiver esse incenso ou óleo, ainda assim poderá realizar o *pathwork*, mas use sálvia para limpar o espaço nesses casos.) Várias respirações de Savitri a ajudarão a acalmar qualquer tipo de diálogo mental, preparando-a para entrar em estado receptivo de relaxamento. O *Savitri Pranayama* é uma técnica simples de respiração rítmica, útil para acalmar, concentrar e focar. Você pode praticar essa técnica de respiração yogue em sequências de quatro-dois-quatro-dois, seis-três-seis-três ou oito-quatro-oito-quatro. Por exemplo, inspire contando até quatro. Segure até dois. Expire contando até quatro. Segure até dois. Se estiver interessada em aprender mais sobre essa ou outras técnicas benéficas de respiração, consulte um professor local de yoga. Minha irmã Vaysha me ensinou essa técnica bastante útil quando fazia seu treinamento para se tornar instrutora de yoga e eu estudava para os exames no meu primeiro ano da faculdade.

Há várias maneiras de se envolver com um *pathwork*: você pode lê-lo em voz alta, gravar a leitura e depois reproduzir a gravação ou pode memorizá-lo. Se estiver trabalhando com uma amiga, uma de vocês pode ler o *pathwork* em voz alta, enquanto a outra faz a jornada. Quando terminá-lo, reserve um tempo para se levantar, alongar-se e retornar à consciência desperta. Como é provável que você estará em estado de completo relaxamento, este será um bom momento para anotar qualquer coisa que tenha surgido durante o *pathwork*, incluindo pensamentos, sentimentos, sensações, imagens e impressões. Você pode manter um diário especial para esse fim. Também pode optar por desenhar o que eventualmente tenha aparecido. Descobertas, respostas e novas percepções costumam surgir com base nos *pathworks*.

## Limpar o espaço, aterrar-se e se centrar

Algumas de vocês já podem ter a própria maneira de se preparar para rituais ou trabalhos mágicos, e existem tantas delas quanto o número de praticantes. A seguir, descrevo algumas técnicas básicas úteis extraídas de diversas práticas. Existem recursos excelentes para quem quiser saber mais detalhes sobre qualquer um dos assuntos seguintes.

## Limpar o espaço

Antes de se aterrar e se centrar, é prudente limpar o espaço onde vai trabalhar. Isso pode ser algo bem simples, como queimar um incenso, um óleo essencial ou um chumaço de sálvia seca para defumar a área. Limpar o espaço no qual está prestes a trabalhar não apenas reajusta as energias, afastando as negativas, como também sinaliza ao subconsciente que algo especial ou fora do comum está prestes a acontecer. Sálvia, cedro e palo santo são excelentes defumadores que você pode adquirir na maioria das lojas místicas ou de alimentos naturais.

Acenda sua vareta de defumação e caminhe no sentido anti-horário ao redor da circunferência do espaço onde realizará seu ritual. Visualize a fumaça levando embora qualquer energia indesejada. Se estiver trabalhando em ambiente fechado, abra uma janela para que a fumaça possa sair. Talvez queira dizer algumas palavras para reafirmar sua intenção, como "Este espaço está agora limpo e livre de qualquer energia indesejada. Estou protegida e em segurança". Gosto também de tocar um sino três vezes, ou uma vez, em cada canto do cômodo depois de defumá-lo. Tocar o sino é uma prática antiga usada por muitas culturas para purificar o ambiente. Além disso, acredito que arrumar fisicamente a área, antes de mais nada, é algo que me ajuda a me concentrar melhor, de modo que a roupa em um canto ou a pilha de pratos que precisam ser lavados não me distraiam.

## Aterrar-se e se centrar

Aterrar-se e se centrar antes do ritual ajuda a focar a intenção, deslocando sutilmente nossa consciência para o trabalho que estamos prestes a realizar. Após o aterramento e o centramento, é provável que você sinta uma calma profunda e a consciência focada ao iniciar seu ritual. Quando o ritual estiver concluído, é aconselhável repetir o processo de aterramento e centramento, pois sempre é bom voltar ao centro. Pense na energia apenas como energia. Por exemplo, a eletricidade é uma forma de energia que nos ajuda a fazer qualquer coisa quando canalizada e focada em propósitos específicos, mas não queremos que ela percorra o ar ou nosso corpo! Da mesma forma, o excesso de energia não adequadamente aterrado após um ritual pode fazê-la se sentir dispersa, irritada e eufórica, como se tivesse tomado muito café ou coisa pior. Beber água ou comer algo após o trabalho ritualístico pode ajudar no aterramento. Evite açúcar e estimulantes como cafeína e opte por proteínas como queijo, tofu, manteiga de nozes ou ovos. Fazer uma caminhada, andar de bicicleta ou praticar yoga também podem trazê-la de volta ao corpo. Outra ótima maneira de se aterrar após um ritual é tomar um banho com sais de Epsom ou marinhos. O ideal é sair do ritual se sentindo relaxada e revigorada, confiante de que direcionou a energia para seu objetivo.

## Música, tambores e movimento

Depois de limpar seu espaço, se aterrar e se centrar, você pode libertar ainda mais a mente ouvindo músicas meditativas de tambor ou tocando efetivamente um (se o tiver) para alcançar um leve estado de transe no qual ainda está alerta, mas funcionando em nível ligeiramente diferente de consciência. O movimento e a dança extática também são maneiras úteis de mudar a consciência e aumentar a energia. A dança extática é, em essência, uma meditação em movimento que pode ajudar a mudar sua consciência. Também conhecida como dança de transe, trata-se de uma prática livre que engaja a mente e o corpo, sem passos estruturados nem necessidade de experiência anterior. Embora haja centros de dança extática em quase todas as cidades, é algo que você pode facilmente fazer na própria sala de estar. A dança extática nos leva a um ponto a partir do qual podemos acessar a sabedoria essencial do corpo e nos deixa com sensação de liberdade, paz e consciência elevada. Faça uma pesquisa na internet com as palavras-chave *música de transe* (*trance dance music*) ou *dança extática* (*extatic dance music*) para encontrar uma *playlist* que funcione para você. Uma das professoras mais conhecidas nesse campo é a falecida Gabrielle Roth, que fundou a prática de movimento 5 Ritmos (5Rhythms) no final da década de 1970.

## Traçando um círculo

A maioria das tradições mágicas tem o traçado de um círculo protetor antes da realização de trabalhos rituais. O objetivo do círculo é duplo: a primeira parte é concentrar e conter sua energia, ao mesmo tempo permitindo que o subconsciente saiba que esse é um espaço liminar e sagrado "entre os mundos", e a segunda parte diz respeito à proteção. Trabalhar com energia é algo muito real. A energia que você cria é dinâmica e imensamente atrativa, não apenas para se alinhar com suas divindades e seus propósitos escolhidos, mas também para outras energias que você pode não querer que participem das celebrações.

As diferentes tradições têm métodos diversos para traçar círculos, mas o mais importante é definir sua área e declarar com firmeza que seu espaço é sagrado e fechado. Você pode fazer isso caminhando no sentido horário ao redor do seu espaço, usando o dedo indicador ou a intenção do olhar para delinear o círculo. Espalho sal ao redor da circunferência do meu círculo, pois esse mineral é uma substância utilizada há muito tempo para proteção e purificação. No entanto, às vezes não é viável fazer tudo isso. Há momentos em que você precisa realizar um ritual rápido ou lançar um círculo de proteção ao seu redor com rapidez em um local público. Nesse caso, visualize-se cercada por um círculo ou uma esfera de luz branca radiante. Declare em silêncio que está protegida e em segurança.

## Criação de um altar

Um altar é um espaço intencional, um lugar para se conectar com aspectos do seu eu mais profundo e também com a divindade. O altar pode ser simples – uma pena de corvo encontrada na praia, um incenso artesanal e uma pedra especial – ou elaborado, dependendo de como o deseje. Existem vários tipos de altar, e não há uma maneira certa ou errada de criá-lo. Você pode ter um deles ou vários em sua casa ou propriedade. Alguns são sazonais e mudam para ser um reflexo de pontos da Roda do Ano. Outros são permanentes e dedicados a determinada divindade. Existem altares dedicados a ancestrais e altares criados para invocar um elemento específico. Seja o que for que decida colocar em seu altar, ele a alinhará com um significado mais profundo e uma energia específica. Você pode dedicá-lo a um ou a todos os arquétipos orientadores da Deusa que encontrar ao longo deste livro, conforme sua vontade. Para projetar seu altar, consulte as tabelas de correspondência ao final de cada capítulo, nas quais vai encontrar desde cristais até cores associadas a cada signo.

Tenho vários altares, tanto dentro quanto fora de casa. O que fica no estúdio onde atendo clientes é sazonal, mas há algumas coisas nele que ocupam lugar de destaque durante o ano inteiro. Esse altar em particular também tem algo para representar cada elemento: uma concha de abalone incrustada de cracas encontrada na costa oeste da ilha de Vancouver representa a Água; uma pena encontrada em uma viagem de caiaque evoca o Ar; uma esfera muito especial de pedra da lua negra simboliza a Terra; e uma vela artesanal infundida com cedro e baunilha invoca o Fogo.

Também tenho caixas de altar onde guardo belos retalhos de tecido em cores diferentes para forrar meus altares, assim como objetos, fotografias, pedaços de madeira levada pela correnteza, cristais, estátuas e lembranças especiais descobertas durante minhas viagens. À medida que as estações mudam, ou conforme me sinto inspirada, posso pegar minhas caixas de altar e escolher do meu tesouro sedas cintilantes e veludos suntuosos, em uma infinidade de cores, para criar uma nova atmosfera e canalizar uma energia específica. Perto do Samhain, por exemplo, posso usar um xale de veludo Borgonha como base e o sobrepor com um pedaço de renda preta antiga. Sobre isso, posso acrescentar algumas bolotas, folhas de outono e um sino em uma fita envelhecida que minha avó trouxe de sua terra natal.

Um altar pode ser um canto secreto em uma estante de livros ou uma grande exposição no *hall* de entrada que dá as boas-vindas a cada pessoa que visita sua casa. A superfície de uma cômoda, uma mesa antiga, um pedaço interessante de madeira encontrado na praia ou uma pedra plana também funcionam bem como bases. Seja criativa! Eis aqui algumas dicas para criar um altar que impressione visualmente.

- Coloque os objetos mais altos na parte de trás ou em cada lado da peça central.
- Use a regra de *design* de três ou cinco objetos principais.
- Use um suporte para elevar objetos pequenos ou pequenas estátuas. Compre suportes de acrílico de qualquer tamanho em uma loja de suprimentos ou seja criativa e use outro objeto no lugar (por exemplo, hoje tenho em meu altar uma estátua de bronze da deusa Danu apoiada sobre um pequeno caldeirão).
- Se não conseguir encontrar um objeto apropriado para usar como suporte, cubra o suporte improvisado com um pequeno quadrado de tecido de seda.
- Crie um plano de fundo interessante colocando um livro com uma capa evocativa contra a parede atrás do altar.

## Uma observação sobre as receitas deste livro

Em vários capítulos há receitas para a confecção de incensos e misturas de óleos essenciais relacionados aos signos solares e aos arquétipos orientadores da Deusa que correspondem a eles. Aqui você encontrará diretrizes e instruções que a ajudarão a preparar essas receitas.

A aromaterapia utiliza as propriedades de certos aromas provenientes de óleos essenciais de árvores, cascas, resinas, ervas e flores para curar, promover o bem-estar e criar o efeito fisiológico desejado. Moléculas de fragrância podem ser inaladas de um único óleo ou combinadas para criar uma mistura sinérgica que é mais que a soma de suas partes. O aroma impregna o ar que você respira e se conecta com o sistema olfativo, o cérebro e o sistema límbico, o que pode produzir efeitos terapêuticos e psicológicos, como alívio de estresse, foco e clareza, equilíbrio hormonal e alívio da ansiedade. Os aromas também podem ser usados para facilitar a sintonia com correspondências mágicas e para meditação, rituais e cerimônias, cura e limpeza espiritual.

## Mistura de óleos essenciais

Frascos de vidro para mistura: recipientes de 15 a 7,5 mililitros (ml) com tampa.

Outros tipos de recipientes, dependendo do que estiver fazendo, por exemplo, frasco de *spray* para o rosto ou ambiente.

Conta-gotas de vidro ou palitos de dente para transferência de óleo.

Chumaços de algodão para testar a mistura.

Luvas.

## Guia básico de proporções para diferentes propósitos

*Spray* facial: frasco de 120 ml, 20 a 24 gotas com água purificada (1%).

*Spray* para ambiente, corporal ou para unção: frasco de 120 ml, 40 a 48 gotas em água purificada (2%).

Queimador de óleo, difusor ou vaporizador: pode ser usado puro, não diluído.

Você pode se divertir com as proporções para obter o aroma exato que deseja. O olfato é subjetivo, e cada pessoa terá suas preferências.

Pode-se queimar o óleo em um queimador de óleo essencial ou vaporizador, colocá-lo em uma bacia ou adicionar água purificada para transformá-lo em *spray*.

É possível ainda usar um óleo carreador se estiver fazendo um óleo de unção; óleo de amêndoas doces, jojoba, semente de uva e azeite são também boas pedidas. Deixe o óleo recém-criado descansar por um dia ou dois, em local escuro, para que possa se harmonizar e se intensificar.

## Fazendo incensos

Tabletes de carvão
Pinça
Colheres de medida
Tigela de metal ou vidro para misturar
Pilão e almofariz
Concha grande ou queimador de incenso
Areia para incenso se estiver usando uma concha (obtida facilmente na maioria das lojas místicas ou *on-line*)
Pequeno frasco de vidro com tampa ou pequenos sacos plásticos seláveis

Misture os ingredientes em uma tigela de metal ou vidro, ou diretamente em seu pilão e almofariz. Triture-os até que os pedaços maiores de resina se quebrem em pedaços pequenos. Você pode moê-los até obter um pó ou criar uma mistura mais grosseira, se preferir. Muitos ingredientes já estão disponíveis moídos. Se desejar, pode consagrar seu incenso à deusa de sua escolha, declarando sua intenção com as próprias palavras, por exemplo: "Consagro este incenso a Inanna, rainha do Céu e da Terra". Pode fazer essa declaração antes de começar ou quando terminar. Também será mais fácil focar na intenção se tiver por perto uma iconografia da deusa com a qual deseja trabalhar, em um altar ou uma bancada ao lado de seu local de trabalho.

Você pode começar com uma quantidade bem pequena para teste, usando um quarto de colher de chá para cada parte. Dessa forma, vai testar o incenso e ajustá-lo conforme sua preferência.

A maioria dos incensos fica pronta para uso imediato. Coloque o restante em um frasco ou saco plástico selável. Coloque uma etiqueta no recipiente com as informações dele e o armazene em local escuro e fresco.

Para queimar, coloque o tablete de carvão no queimador de incenso; se estiver usando uma concha ou outro recipiente resistente ao calor, encha o recipiente com areia e depois coloque o tablete de carvão sobre a areia. Acenda o carvão e deixe queimar por alguns minutos, até ganhar um tom cinza-esbranquiçado. Use a pinça se precisar manusear ou reposicionar o tablete de carvão, pois ele fica muito quente. Coloque uma pitada de incenso sobre o carvão.

## Banho para se aterrar e se centrar após um ritual ou uma adivinhação

Depois de um dia particularmente agitado de aconselhamento e consultas astrológicas, acho esse banho a cura ideal para a sobrecarga de energia. Recomendo-o sobretudo após rituais, adivinhações ou apenas longos dias absorvendo sem querer a energia de outras pessoas. O sal é purificador e protetor, ao mesmo tempo que extrai e higieniza. Também é útil para suavizar músculos doloridos, que podem ser um efeito colateral de carregar coisas que não lhe pertencem. Os óleos essenciais atuam em nível sutil, adicionando benefícios terapêuticos para acalmar e reajustar. Certifique-se de usar óleos de boa qualidade, de grau terapêutico. Acima de tudo, evite usar óleos sintéticos, pois eles não têm benefícios reais. Adicione uma ou duas xícaras de sal de banho à água corrente. Faça a mistura com antecedência e armazene-a em potes etiquetados para o momento em que precisar de impulso extra para se aterrar ou limpar sua energia.

### Banho de aterramento e purificação

5 xícaras de sais de Epsom
Cerca de 60 gotas de óleos essenciais
Para aterramento: sândalo, *patchouli*, cedro, sálvia esclareia
Para purificação: cipreste, baga de zimbro, alecrim, gengibre
1 xícara de bicarbonato de sódio

Escolha pelo menos um óleo de cada categoria (por exemplo, cedro e alecrim). Use seu critério em relação à intensidade do aroma desejado. Comece com uma pequena quantidade, como 4 a 5 gotas para 1 xícara de sal, e adicione mais, de acordo com sua preferência. Em geral, uso pelo menos 10 gotas no total para cada xícara, para uma experiência mais aromática.

Misture muito bem os óleos nos sais de Epsom em uma tigela grande de metal ou vidro. Adicione o bicarbonato de sódio e mexa. Coloque em potes de vidro e tampe. Os óleos se preservam melhor se armazenados em local escuro. Sinta-se à vontade para combinar aromas usando o olfato e a intuição. Você pode até arriscar misturas diferentes para ter à mão. Lembre-se de etiquetar cada pote para saber quais óleos essenciais estão em cada lote. Rende 6 xícaras.

# PARTE DOIS

## A JORNADA DA HEROÍNA

por meio dos signos, com os arquétipos orientadores da Deusa

Como escrevi este livro para mulheres, optei por chamar a jornada pelos doze signos de jornada da heroína: a busca pela individuação sob a perspectiva feminina. Cada uma de nós é a heroína da própria história, e podemos ver os temas de partida, iniciação e retorno se desdobrando repetidas vezes ao longo da vida. Se escolhemos frequentar a universidade, escrever um livro, ter um filho ou iniciar um negócio, toda vez que saímos para a estrada e atendemos ao chamado da aventura estamos nos movendo em direção à plenitude. Cada vez que aceitamos o desafio e saímos da zona de conforto para fazer algo que tenha significado para nós, acumulamos sabedoria, a qual pode ser compartilhada com os demais.

Embora os rituais, a magia e a astrologia sejam sistemas de conhecimento multifacetados que podem levar toda uma vida – ou muitas – para serem dominados, você já passou por alguns dos conceitos básicos e agora tem tudo de que precisa para mergulhar na próxima seção e tomar parte em rituais e *pathworks* associados a cada deusa e signo. Você também tem conhecimento suficiente para seguir em frente com confiança, explorando os arquétipos que compõem quem você é e quem deve ser. Eu a encorajo a continuar estudando e a prosseguir no caminho rumo ao autoconhecimento por meio dos recursos infinitos da astrologia e da magia. Lembre-se de que você tem todos os signos em seu mapa astral e, portanto, pode contar com qualquer uma das energias astrológicas ou deusas orientadoras de que precisar a qualquer momento.

♈

# ÁRIES

Apesar da lendária coragem de Áries, nem sempre se reconhece que, no fundo, ele é uma alma sensível. Se pensarmos na temporada de Áries – os primeiros dias da primavera (no Hemisfério Norte) –, veremos que os primeiros brotos corajosos que emergem triunfantes do solo também são muito vulneráveis. Toda vida nova e delicada que retorna neste momento mágico de início é frágil, precária e incerta. O frio persistente do inverno ameaça a sobrevivência desses corajosos sentinelas do renascimento. No Hemisfério Sul, é tempo de manter-se firme e leal à estrutura essencial que será preservada para atravessar o inverno. Devido a essa ressonância sazonal impressa no arquétipo de Áries, ele costuma ser associado às qualidades de coragem, mover-se adiante e instinto de sobrevivência. Áries é um signo cardinal de Fogo – um portal para uma nova estação (a primavera no Hemisfério Norte e o outono no Hemisfério Sul) –, estando relacionado ao elemento animado e entusiástico do Fogo. O equinócio de primavera anuncia o começo da jornada do Sol pelo zodíaco e marca o início da temporada de Áries. Áries é o primeiro signo, a força de vida individualizada que surge do coletivo. Está associado ao chamado à aventura na jornada do herói do mitólogo Joseph Campbell. É o ponto de partida da individuação da alma no início da jornada espiritual pelas lições dos signos. Também costumo pensar em Áries como o Louco do tarô:

o inocente que avança sem nenhuma sensação de medo e com qualidade de genuína exuberância infantil. Olhe seu mapa astral para ver onde tem o signo de Áries; isso mostrará a área da vida em que você tem a capacidade de se afirmar ou iniciar algo novo.

Áries é regido por Marte, que, assim como o signo em questão, é, muitas vezes, incompreendido. Marte é a motivação, o ímpeto. É a maneira como buscamos o que queremos, o impulso de avançar. Embora esse planeta tenha sido celebrado depois como o deus romano da guerra, era originalmente uma divindade da fertilidade e um deus da vegetação, além de protetor dos agricultores, dos campos e das fronteiras.[12] Marte é o arquétipo planetário associado à força vital, à libido, à assertividade e à raiva. Ele reconhece que a raiva saudável diante da injustiça contra aqueles que têm menos poder é o ímpeto que pode gerar mudanças. A energia de Áries se manifesta em nosso impulso de defender os mais jovens, de nos posicionar em nosso favor e de fazer uma mudança que possa transformar nossa vida. É dizer não a parceiros e situações abusivas e agir em nosso próprio benefício. É o impulso criativo que inicia um negócio, pinta um quadro ou dá à luz um bebê. Áries é paixão. É o que acende a imaginação e aviva nossas brasas, transformando-as em chamas crepitantes de lareira.

## A mulher de Áries

Nas sociedades celta e germânica antigas, não eram apenas os homens que iam à guerra. As mulheres lutavam ao lado deles com a mesma ferocidade, coragem e valor. Lagertha, a formidável escudeira que se popularizou na série *Vikings*, do History Channel, é uma protagonista feminina que incorpora o arquétipo da mulher de Áries. De acordo com a lenda, Lagertha era guerreira e governante *viking* cuja história é mencionada no *Gesta Danorum*, relato do século XII sobre a história dinamarquesa e escandinava,

[12] Frazer, *The Golden Bough*, p. 553; Miranda Green, *Symbol and Image in Celtic Religious Art*. Londres: Routledge, 1992, p. 111.

escrito por Saxo Grammaticus. Na série *Vikings*, ela é retratada como um espírito nobre dotado de integridade. Protege ferozmente sua casa e sua família e acaba por reconquistar o trono como rainha de Kattegat, fazendo ecoar o mais alto princípio de Áries: o da liderança e soberania sábias.

Outro exemplo histórico do arquétipo da mulher de Áries é Boudicca, lendária rainha dos icenos. Boudicca, cujo nome significa "vitoriosa" na língua britânica, foi uma rainha celta da Idade do Ferro que viveu na Britânia ocupada pelos romanos no século I d.C. Os icenos, liderados pelo marido de Boudicca, Prasutagus, concordaram em viver sob o domínio romano em troca de paz duradoura. Quando Prasutagus morreu, deixou o reino iceno em testamento para a esposa Boudicca e as duas filhas pequenas. No entanto, Roma não reconheceu o direito das mulheres de governar e invadiu aquele reino pacífico e próspero, alegando, de forma duvidosa, que o reino devia impostos a Roma, impostos esses que estavam vencidos havia muito tempo. As pessoas de lá foram espancadas, expulsas de casa e sistematicamente assassinadas enquanto tentavam, em desespero, proteger os filhos, os animais e o estoque de alimentos. Na qualidade de esposa do governante falecido, Boudicca foi açoitada quase até a morte, e suas duas filhas pequenas foram torturadas e estupradas em público por soldados romanos. A visão angustiante de sua tribo devastada e das filhas abusadas foi o catalisador que a convocou à ação. Roma pode não ter reconhecido o direito de uma mulher governar, mas os icenos não estranhavam mulheres no comando e ficaram ao lado da rainha. Em uma revolta sem precedentes, mais de cem mil britânicos marcharam a Londínio e Verulâmio, arrasando as poderosas cidades ocupadas pelos romanos.

Por fim, os romanos se concentraram e derrotaram os britânicos na Batalha de Watling Street. De modo trágico, nas últimas horas, diz-se que Boudicca tirou a própria vida em vez de se render a Roma. Seu exemplo de coragem, paixão e valor diante da probabilidade quase nula de sucesso incorpora o arquétipo da mulher de Áries.

Assim como suas homólogas históricas, a ariana contemporânea muitas vezes incorpora um espírito combativo quando está defendendo os próprios limites ou se comove com a situação dos marginalizados. No entanto, por mais desdenhosa que ela possa ser em relação ao "inimigo", a ariana nunca poderá ser acusada de agir com malignidade. Ela é mais feliz quando tem uma causa a defender, seja liderando uma iniciativa para impedir a cidade de demolir casas históricas, lutando pelo direito à água ou defendendo a liberdade religiosa. A justiça social está no sangue dessa mulher. Ela é uma ativista nata, e, por mais impulsiva e obstinada que possa parecer às vezes, basta que uma injustiça lhe chame a atenção para que comece a preparar sua próxima campanha.

Se não tiver uma causa para defender, a ariana pode ficar frustrada e irritada. Ela necessita de algo para proteger. Precisa manter a espada afiada e recorrerá a duelos com quase qualquer pessoa em seu caminho para não perder o costume. Isso, muitas vezes, assume a forma de uma batalha de inteligência. Ela precisa manter a mente atenta e ágil, e, parar praticar, debaterá quase qualquer assunto. *Assumir uma posição* é uma expressão feita para Áries. Se sua perspicácia se enfraquecer por falta de uso ou ela não tiver um oponente adequado, pode ficar deprimida, pois o espírito indomável e brilhante de Áries se volta para o interior. Uma das maneiras pelas quais ela constrói a autoestima são as competições saudáveis. Embora isso possa ser um exercício de capacidade física, é possível também que ela exiba suas habilidades verbais em debates *on-line*. A ariana pode usar palavras como usaria uma arma se sua paixão for despertada.

No entanto, existe outro tipo mais raro de Áries, que tenta evitar conflitos a qualquer custo. Em geral, essa é a mulher que testemunhou em primeira mão, desde muito cedo, aonde a raiva descontrolada pode levar. Pode ter crescido em um ambiente de raiva e tensão emocional e agora se esforça para evitar situações que pareçam potencialmente instáveis. Se estiver ciente desse impulso e não reprimir os verdadeiros sentimentos, ela pode trabalhar para desenvolver limites saudáveis e conhecer bem sua raiva e a capacidade de se posicionar de maneira construtiva, concentrando-se com consciência nas qualidades positivas de seu signo solar.

Nem todas as arianas são mandonas e dominadoras, como a astrologia tradicional afirma. No entanto, a maioria é muito ocupada e ativa, manifestando coisas que lhes são importantes no mundo exterior. Os signos mais reservados muitas vezes ficam surpresos, quando não sentem inveja secreta, com a quantidade impressionante de atividades que a ariana realiza. Ela é naturalmente ativa e acha difícil, se não impossível, ficar parada por muito tempo. Arianas em geral não sofrem com o mal da procrastinação. São literalmente compelidas a agir, pois é a ação que mantém sua chama acesa. Se você tiver uma amiga de Áries no Facebook, pode se sentir exausta só de ler as atualizações de *status* dela, perguntando-se como é possível realizar tudo aquilo. Um dia ela está iniciando mais um projeto empolgante e, no dia seguinte, matriculando-se em um curso de verão.

Mas essa movimentação constante pode levar ao esgotamento. As arianas precisam ter consciência de suas necessidades físicas quando se entregam a um projeto, pois esse é o tipo de mulher que se esquece de comer ou passa noites em claro quando está apaixonada por algo. A ariana pode pegar algumas dicas de seu signo oposto, Libra, e aprender a bela arte do equilíbrio. Seria bom para ela combinar sua necessidade e seu entusiasmo pela ação e realização com um pouco de descanso. Ela pode se beneficiar com o yoga e a meditação *mindfulness* para se reabastecer. Sei que muitas delas, ao lerem isso, vão morrer de rir. "Ah! Não consigo desligar minha mente o suficiente para meditar... não vai acontecer!" Não estou falando de ficar parada por uma hora em contemplação silenciosa, ariana, mas *todo mundo* pode meditar por cinco minutos – até você. O truque para a ariana é não se sentir sobrecarregada. Porque, quando se sente sobrecarregada, tende a jogar a toalha e desistir, já que tem baixa tolerância à frustração e ao tédio.

Exercícios físicos, seja na academia, seja andando de bicicleta com regularidade, também são bons para administrar sua considerável energia. As arianas se sairiam bem, ainda, evitando o excesso de café e açúcar, pois seu sistema nervoso já acelerado não precisa disso. Muita proteína magra, vitaminas do complexo B e leguminosas ricas em ferro ajudam a equilibrar o excesso de Fogo e podem auxiliá-las a direcionar essa energia formidável de maneira construtiva.

No íntimo de muitas mulheres de Áries, elas são estrelas do *rock*. Você pode ver isso no balançar da cabeça e no leve ar de confiança quando elas andam com seu par favorito de botas. E elas não se identificam apenas com estrelas do *rock* femininas; também podem ter um Prince ou um Mick Jagger interior como *animus*. Como primeiro signo do zodíaco, a ariana entra em cena de modo que todos a vejam, sendo muito consciente da *persona* que decide projetar. Áries se orgulha da imagem cuidadosamente cultivada, pois isso realça seu mito pessoal.

No amor, a mulher de Áries é uma criatura apaixonada. Vivaz, divertida, impetuosa e encantadora, seu coração se envolve com rapidez, e ela tem tanta probabilidade de cortejar quanto de ser cortejada. É arrebatada por epopeias grandiosas e adora uma boa história. Muitas vezes, envolve-se em relacionamentos nos quais precisa embarcar em uma busca de algum tipo para consumar a união com o amado pretendido. Ela mora em Portland, nos Estados Unidos, e ele, na Austrália? Perfeito! Porém, ela deve estar atenta para não ser atraída pelo músico sempre em dificuldades, pelo artista faminto ou pelo sombrio herói byroniano. A mulher de Áries parece ter propensão a se apaixonar pelo potencial de um amante, não pelo que está de fato diante dela. Seu coração é verdadeiro, sincero e confiante. Áries é um signo ferozmente fiel, e, se ela o amar e respeitar, é improvável que o traia. Porém, se entregou seu coração, também espera o mesmo do outro. Essa não é uma mulher que aceita a traição de ânimo leve e acaba "superando" a situação. Para ela, a traição significa que você é covarde com defeito de caráter fatal, e essa mulher não faz concessões para a covardia.

Sexualmente, a mulher de Áries é abençoada com um apetite ardoroso e, muitas vezes, se orgulha de sua destreza sexual. Se você acha que caiu de paixão ao conhecer uma atraente ariana, esteja avisado de que um alvo fácil não é motivo de vaidade para ela; ela precisa de desafio. Na verdade, existe um tipo específico de mulher de Áries que é uma caçadora de troféus em relação a conquistas sexuais e mira em alvos de grande porte, como celebridades e afins. A maioria delas dirá com orgulho e sem pestanejar quantos parceiros teve, e esse número pode ser bem alto, dependendo da mulher em questão. Em geral, ela também não gosta de ser uma entre outras, e, se você é o tipo de pessoa que aprecia se divertir e manter todas as portas abertas, Áries pode não ser o signo adequado para você. A mulher de Áries pode, a princípio, concordar em ser apenas mais uma, mas somente se o senso de competição lhe der vontade de eliminar todas as outras concorrentes do cenário. Se acontecer de o objeto de sua atenção não perceber quando encontrou "a melhor" e insistir em namorar pretendentes menos qualificadas, ela ficará incrédula (e, muitas vezes, terrivelmente magoada), mas logo voltará os olhos para um alvo mais digno. Ela precisa ter orgulho do parceiro e costuma ter confiança no que tem a oferecer.

Sendo uma pessoa independente e proativa, a mulher de Áries é uma empreendedora nata e, muitas vezes, é mais feliz quando é sua própria chefe ou, pelo menos, trabalha com supervisão mínima. Embora aprecie a companhia dos demais, ela trabalha bem sozinha, ocasião em que poderá se dedicar por completo aos seus projetos. Ela precisa, ainda, se sentir apaixonadamente inspirada para dar o melhor de si e, como primeiro signo, tem tendência a gerar novas ideias, desencadear a criatividade e manifestar a centelha divina. Áries também é o Artista. Iniciar um empreendimento não é algo com que a mulher de Áries tenha dificuldade, mas concluí-lo pode ser um desafio. A menos que esteja suficientemente inspirada, ela é famosa por começar novos projetos audaciosos, mas, muitas vezes, tem dificuldade de seguir em frente e esperar os projetos se concretizarem. Paciência não é o ponto forte de Áries. Ela se sai bem quando se associa a alguém que pode pegar suas ideias brilhantes e lidar com os detalhes práticos. A astrologia tradicional fala sempre que Áries é atraído por profissões como policial, bombeiro ou atleta profissional. No entanto, é hora de atualizar essa lista. Você encontrará mulheres de Áries defendendo os direitos dos menos privilegiados e liderando iniciativas de justiça social. Elas também serão boas assistentes sociais, porque se esforçarão, de fato, para fazer a diferença. Podem ser defensoras pública ferozes e advogadas brilhantes.

Você encontrará ainda muitas delas trabalhando em causas ambientais e pelos direitos dos animais. Lembre-se de que a mulher de Áries precisa de uma causa, e é ainda melhor se puder transformá-la em carreira. Elas são ótimas empreendedoras e podem prosperar no desafio de serem proprietárias de pequenos negócios. Áries aceita a incerteza e os altos e baixos do empreendedorismo com atitude positiva. E, é claro, a *startup* tem a cara de Áries por toda parte.

À medida que as arianas amadurecem, transformam as bravatas da juventude em uma chama constante que, ainda que brilhe com intensidade, não se apaga. Muitas mantêm o senso de entusiasmo e a paixão pela justiça. Na realidade, a idade e a experiência, mescladas ao desejo inabalável de lutar por uma causa digna, podem tornar a ariana mais madura a guerreira mais formidável de todas. Embora ela tenha tendência a permanecer jovem e vibrante até os últimos anos de vida, à medida que amadurece, em geral se modera, transformando parte da algazarra desenfreada da juventude em um brilho duradouro. Ela se torna a sábia que inspira a próxima geração com brilho nos olhos e uma história mirabolante próximo à lareira, história essa que pode até ser verdadeira.

## Arquétipo orientador da Deusa: Macha

Macha é uma antiga deusa irlandesa, em geral associada a um dos três aspectos da grande deusa da guerra, Morrígan, cujo nome significa "grande rainha". Macha tem relação com a abundância, a prosperidade e a fertilidade da terra, assim como se relaciona à proteção, aos limites e à soberania. O *Lebor Gabála Érenn* a menciona como "Macha, grandeza de riqueza".[13] Embora haja várias histórias relacionadas a essa deusa na mitologia irlandesa, é seu aspecto de Macha Mong Ruad (Macha dos Cabelos Ruivos) que mais se alinha com o arquétipo de Áries. Como Macha Mong Ruad, ela é a única rainha mencionada na Lista dos Reis Supremos da Irlanda.

---

13 R. A. Stewart Macalister, trad. ingl., *Lebor Gabála Érenn*. Dublin: Irish Text Society, 1956, verso 64, disponível em: https://archive.org/details/leborgablare00macauoft.

Quando o pai de Macha, Aed Ruad, morre, ela assume o trono. O direito de uma mulher governar não é reconhecido, e os primos de seu pai, Dithorba e Cimbaeth, desafiam Macha para uma batalha, a qual ela vence. Dithorba é morto nesse embate, e um segundo combate ocorre entre Macha e os filhos de Dithorba. Ela se disfarça de leprosa e persegue os três homens pelas florestas de Connacht, atraindo cada um deles para ter relações sexuais com ela. Em seguida, domina-os, amarra-os e os leva de volta a Ulster, dando testemunho não apenas de sua potente faceta sexual, mas também de sua capacidade de metamorfose. Em vez de matar os filhos de Dithorba, Macha os escraviza e os faz construir o forte Emain Macha, da Idade do Bronze. Diz a lenda que ela demarcou os limites da nova fortaleza com seu broche. Essa história exemplifica não apenas a associação de Macha com a guerra, mas também sua aguçada aptidão para estratégias astutas e conexão com a criação e a manutenção de limites. Mostra-nos ainda uma deusa que se recusou a ser subjugada por homens e, em vez disso, reivindicou com coragem a soberania pelos próprios méritos. Assim como Áries é regido por Marte e, portanto, associado ao sexo, a confiança sexual que Macha emprega como tática ao seduzir os filhos de Dithorba destaca ainda mais sua ligação com o arquétipo de Áries. E, também como Áries, Macha tem associação com o elemento Fogo: ela é chamada no *Dindshenchas* de "Grian", "o sol da humanidade".[14] Corvos, gralhas e cavalos são todos elementos importantes nas histórias e lendas ligadas a Macha e, portanto, considerados consagrados a ela.

Uma segunda história que apresenta outro aspecto de Macha relacionado ao arquétipo de Áries é sua caracterização como esposa de Cruinniuc. Nesse conto, vemos Macha como uma mulher-fada que chega à porta do viúvo Cruinniuc e assume o papel de sua esposa. Com Macha a seu lado, o

---

[14] Edward Gwynn, trad. ingl., *The Metrical Dindshenchas* (reprodução eletrônica pelo Instituto de Dublin de Estudos Avançados, 1991), p. 127, disponível em: http://www.ucc.ie/celt/published/T106500A/index.html.

fazendeiro torna-se cada vez mais próspero, e sua vida é abençoada com ainda mais abundância quando ela engravida de gêmeos.

Assim como muitas fadas com seus amantes mortais, Macha pede ao parceiro que não fale de sua origem sobrenatural. Ela exibe várias qualidades mágicas, como velocidade descomunal. Corre mais rápido que um garanhão e, em vez de sair montada para fazer as coisas, percorre grandes distâncias a pé em questão de minutos. Cruinniuc não pode acreditar na sorte de ter uma mulher assim e, depois de alguns canecos, não consegue deixar de se gabar da talentosa esposa-fada. O rei Conchobor ouve a conversa do fazendeiro e desafia Cruinniuc a levar a esposa à feira para competir contra sua carruagem. Macha, no auge da gravidez, protesta e pede autorização para dar à luz antes, mas o rei ordena que ela corra contra seus cavalos, grávida ou não, pois, do contrário, seu marido perderá a vida. Macha vence a corrida, caindo na linha de chegada e dando à luz gêmeos. Segurando os bebês nos braços, lança uma maldição sobre os homens de Ulster por nove gerações: na hora de maior necessidade, eles sentirão as dores do parto e ficarão tão fracos quanto uma mulher dando à luz.

Os temas nessa história da deusa Macha são a competição, a honra e os limites, todos eles características do arquétipo de Áries. Embora Macha proteste com veemência contra ser colocada em competição contra os cavalos do rei, ela vence a corrida, e sabemos que vencer contra todas as probabilidades é um tema recorrente para Áries. Macha também defende a honra do marido e a dela própria ao aceitar o desafio. Limites são outro conceito que ressurge nessa história. Macha estabelece seus limites de imediato, deixando claro que o marido não pode discutir sua condição sobrenatural com ninguém. Está disposta a conceder prosperidade e fertilidade à casa dele, mas apenas sob certas condições. Há dois finais alternativos para a história, e ambos têm ressonância com o arquétipo da mulher de Áries. Num deles, Macha dá à luz os bebês e morre depois de professar sua maldição contra os homens de Ulster. No outro, pega os recém-nascidos gêmeos e desaparece, o que também tem a ver com a reação de Áries. Ela não só não tolera os tolos (o marido tagarela) como também é perfeitamente capaz de sair de uma situação abusiva e seguir o próprio caminho. Assim como Macha, Áries incorpora um espírito de soberania e não tolera a desonra.

## *Pathwork*: mantendo-se firme

Estabelecer limites seguros e saudáveis é algo que requer prática para a maioria de nós. Seja informando membros da família quando estão passando dos limites, tomando uma posição firme em uma situação complicada no trabalho ou sabendo quando impor limites em um relacionamento, a maioria de nós precisa de um pouco de apoio para defender os próprios interesses em alguma área da vida. Limites são importantes. Eles informam aos outros como queremos ser tratadas e, na verdade, podem aprimorar um relacionamento. Mesmo que estabelecer limites saudáveis seja difícil se você não estiver acostumada a traçar a proverbial linha na areia, isso é algo que se aprende com a prática. A maioria de nós teve momentos na vida nos quais concordou com algo que, lá no fundo, sabia que, de fato, não queria. Talvez tenhamos dedicado tempo, recursos, energia e consentimento e ficado com a sensação angustiante de que, de alguma forma, nos traímos.

Apesar de a necessidade de estabelecer limites claros não seja específica das mulheres, essa necessidade sempre foi mais difícil para elas. Gerações de ensinamentos que aconselhavam as mulheres a serem "agradáveis" e a colocarem sempre as necessidades e os desejos dos outros acima dos seus enfraqueceram efetivamente a capacidade delas de dizer não. Isso não é apenas um inconveniente; pode também ser um perigo. Muitas mulheres foram sexualmente agredidas e assassinadas porque esse traço arraigado de serem agradáveis e complacentes as levou a conversarem com alguém, mesmo quando o instinto berrava "Vá embora *agora*". Não queremos ofender. Queremos ser consideradas amigáveis, de mente aberta, legais ou compassivas. A sabedoria de Áries ensina que devemos aprender a ter confiança e fazer valer o que é certo para nós, ensinando ainda que não há problema em não ser apreciada por todos. Estabelecer limites saudáveis não apenas proporcionará a sensação sólida de que você está exercendo seu poder, mas também pode evitar que seus direitos sejam ignorados.

*Você está de pé em uma saliência de rocha coberta de musgo, com vista para um mar calmo e azul. Como guardiões ancestrais, árvores altas circundam e acolhem a clareira na qual você se encontra. O sol brilha; o canto dos pássaros e o movimento das pequenas criaturas que habitam esse lugar podem ser ouvidos ao fundo. Uma mãe corça e seus dois filhotes pastam de modo pacífico nas proximidades, sem medo. Você corre o olhar por esse paraíso terrestre e percebe que é a guardiã dessa terra. Esse é seu lar, e, assim como as árvores e o espírito do lugar a protegem, você também faz parte da trama dessa terra e, por isso, é a zeladora dela. Você sente a terra quente sob os pés, conectando-a ao seu ritmo interior mais profundo e aterrando-a. Inspira a fragrância de framboesas e rosas-silvestres e o nítido aroma salgado do ar. Seu coração se enche, e você sabe instintivamente que lutaria para proteger esse lugar sagrado, se necessário.*

*Ao se virar, avista uma pequena casa com telhado de palha, aninhada a meia altura da colina, com vista para o oceano, e sente uma vontade irresistível de caminhar em direção a ela. Acima da porta há dois corvos negros forjados em ferro. A porta está entreaberta, e você não consegue deixar de espiar. Vê uma bela mulher de cabelos castanhos cuidando de uma pequena fogueira na lareira. Ela levanta a cabeça e a cumprimenta com um sorriso caloroso, como se estivesse à sua espera. Faz um gesto para que entre e se sente junto à lareira. Ela irradia a força e a paixão de uma mulher que viu e vivenciou muitas coisas. Finas rugas ao redor dos olhos indicam que ela é alguém que riu muito, mas também lutou arduamente pela paz e pela prosperidade que agora tem. Você percebe que essa é a deusa Macha, diante de você, rainha dos combates, guardiã dos limites e senhora da profecia.*

*Ela fixa os olhos verde-dourados em você e fala mentalmente: "Nunca pense que isso não pode acontecer aqui". De repente, sua mente é inundada por imagens da terra idílica ao redor. Então, as imagens mudam, e, em vez de colinas verdes e do som pacífico do canto dos pássaros, você se tensiona internamente ao ver tratores e ao ouvir o som de motosserras. A terra é devastada, arrasada e dizimada. Há uma sensação geral de desolação e desespero. Quando sente que não aguentará ver essa cena nem por mais um minuto, se vê de volta ao lado da lareira com ela. Tudo está bem do lado de fora – silencioso, calmo e belo como antes.*

*Ela estende a mão e toca a sua. "Há coisas pelas quais vale a pena lutar. Nesse exato instante, a paz e a segurança dessa terra podem estar ameaçadas. Você deve se perguntar o que é importante, de fato, para você. Pelo que empunharia a espada?" Ela se levanta e abre por completo a porta da casa. Você a segue até a varanda da frente e olha para a floresta e, além dela, para o mar cintilante. Inspira a paz e a abundância da vida ao redor.*

*Ela se volta para você. "Nesse exato momento, as forças que ameaçarão a paz dessa terra estão se mobilizando. Vai enterrar a cabeça na areia e fingir que algo que ama não está em perigo? Encontre a coragem do coração da Guerreira dentro de você e seja feroz, se necessário. Mantenha-se firme e deixe o amor e seu senso do que é correto orientarem os próximos passos. Há muitas maneiras de resistir."*

*Você se detém por um momento e sabe, sem sombra de dúvida, que faria tudo o que estivesse ao seu alcance para proteger esse lugar sagrado. Você se volta para agradecer a ela.*

*Ela já se foi, mas o fogo na lareira ainda queima.*

## Ritual: reacendendo sua chama interior

Às vezes, sentimos que nossa chama passou a arder de forma mais tênue. Sentimos cansaço, letargia e falta de inspiração. Áries é a centelha da vida, a força vital individualizada que magicamente se acende no início da primavera, logo quando parece que o inverno nunca mais vai acabar. Acenda essa vela a qualquer momento para lembrar a si mesma que a centelha da vida está dentro de você e só precisa ser reacendida. Para torná-la ainda mais potente, faça ou acenda essa vela durante a temporada de Áries, o equinócio da primavera ou quando a Lua estiver em Áries ou na fase Nova.

### Vela da energia de Áries para acender sua centelha

Pavio de cânhamo ou algodão
225 g de cera de abelha ou cera de soja (observação: a cera de abelha dará aroma natural de mel)
Caldeira dupla
⅓ de xícara de óleo de coco
40 gotas de óleos essenciais do elemento Fogo, como canela, gengibre, cravo, bergamota e cardamomo
Pote ou recipiente para a vela
Palito de madeira (*hashi*, espeto de bambu para churrasco etc.)

Meça o pavio de baixo para cima do recipiente, deixando cerca de 5 cm extras na parte superior. Derreta a cera em banho-maria até atingir aproximadamente 65 °C. Adicione o óleo de coco e os óleos essenciais. Deixe a mistura esfriar um pouco, mas não o suficiente para endurecer. Despeje, então, cerca de ⅓ no fundo do recipiente e fixe o pavio. Amarre a parte superior do pavio no palito e coloque o palito atravessado sobre a abertura do recipiente. Deixe esfriar até quase solidificar. Preencha o restante do pote com a mistura de cera e óleos levemente resfriada e deixe descansar por alguns dias antes de usar. Essa é uma vela de pote (ou seja, mantenha-a e queime-a dentro do recipiente).

## Reacendendo sua chama interior

Você precisará de uma Vela da Energia de Áries para Acender sua Centelha. Quando estiver pronta para acender a vela, antes de tudo, limpe o espaço e se aterre. Visualize uma pequena chama brilhando em seu plexo solar, com o calor se espalhando por todo o corpo. Reconheça-a como sua centelha de vida, a essência mágica que anima sua existência e jamais poderá ser verdadeiramente extinta. Lembre-se de que a luz que ilumina sua vida é a mesma energia que ilumina as estrelas e o Sol. É a fonte de toda luz, calor e crescimento, e a essência da própria vida. Sinta-se ligada a essa energia. Sua própria vida é uma manifestação divina dessa força vital única. Quando sentir a conexão, acenda um fósforo para acender a vela. Contemple a chama dela e inspire o aroma dos óleos essenciais do elemento Fogo com os quais você a criou. Declare em voz alta:

*O fogo que ilumina o Sol e as estrelas é o mesmo fogo que ilumina minha vida. Por meio desse gesto, invoco esse fogo, a energia vital divina, para que se acenda e se torne um brilho que me inspire e me sustente. Que essa luz sagrada ilumine meu caminho, traga-me inspiração e lance luz sobre minha paixão. Por meio desse gesto, reacendo minha chama.*

Coloque a vela em um altar ou espaço seguro e deixe que ela queime por alguns minutos enquanto medita sobre a chama. Quando sentir que o momento se concluiu, apague a chama com um apagador de velas.

## Ritual: mandala da Lua Nova

Áries está relacionado à Lua nas fases Nova e Crescente, momento de estabelecer novas intenções e de ter a coragem de recomeçar. A Lua Nova é um momento liminar no tempo e, assim como Áries, o primeiro signo, trata de possibilidades e potenciais. Às vezes, sem perceber, descobrimos que abrimos mão do nosso senso de identidade. Isso pode ocorrer por meio de um relacionamento prejudicial, de um emprego que nos suga e não permite que nossos verdadeiros talentos brilhem ou apenas por causa da vida cotidiana, na qual lidamos sempre com as necessidades alheias. A erosão do nosso senso de identidade pode acontecer devagar e de modo insidioso.

Podemos perceber que não sabemos mais sequer quais são nossas paixões, menos ainda as coisas de que simplesmente gostamos. Áries fala de recuperarmos essas paixões à nossa maneira. É um signo ligado à individuação, à autorrealização e ao autodesenvolvimento. É o conhecimento de que, antes de podermos ser úteis para qualquer pessoa ou coisa de forma significativa, devemos nos apoiar e nos nutrir. Devemos nos apresentar como de fato somos.

## Você vai precisar de:

Material de arte: canetas para quadro branco, giz pastel, caneta de tinta branca, cola e objetos pequenos e significativos
Cartas dos Arcanos Maiores do tarô
Sálvia para defumação e purificação
Vela de Áries (página 104) ou uma vela verde-clara
Papel
Caneta
Mandala: pedaço redondo de papel ou madeira, preto ou pintado de preto, com aproximadamente 40 cm de diâmetro

Encontre um lugar confortável para se sentar, seja no chão ou diante de uma mesa ou escrivaninha. Coloque o material de arte e as cartas perto de você para fácil acesso. Purifique e limpe seu espaço com sálvia. Aterre-se e procure se centrar. Deixe-se entrar em leve estado de transe. Acenda a vela e coloque-a perto de você, onde possa vê-la. Detenha-se um instante para refletir e, quando estiver pronta, pegue o papel e a caneta e escreva três coisas que a animam e entusiasmam. Em seguida, escreva três coisas pelas quais você lutaria. Por fim, escreva algo que faria se tivesse certeza de que teria sucesso.

Feche os olhos e peça uma mensagem a uma das deusas de Áries (veja as correspondências na página 107). Coloque as cartas de tarô viradas para baixo na sua frente e as embaralhe, até ter a sensação de conclusão.

Escolha em seguida uma carta que lhe chame a atenção e vire-a para cima. Há algo nela que a ajudará a recomeçar, algo de que você precisa saber para definir suas intenções iniciais. Existem cores ou símbolos que lhe chamam a atenção? Algo que precise largar ou trazer para sua vida? Independentemente de conhecer ou não o tarô, comece a fazer associações livres com o que vê na carta.

Quando estiver pronta, escolha aquilo que for necessário entre o material de arte e desenhe um símbolo na sua mandala que represente a mensagem que recebeu. Não é preciso saber desenhar, e, se quiser, pode escrever uma palavra que surja para você. Consulte o papel em que tinha escrito um pouco antes e desenhe ou escreva na mandala imagens ou palavras que tenham relação com o que havia escrito. Talvez algo totalmente surpreendente ou inesperado apareça. Continue. Experimente desenhar com a mão não dominante. Não censure nem julgue o que quer que esteja criando. Se desejar, pode incorporar pequenos objetos à mandala por meio de colagem; eles fazem parte do seu material criativo. Desenhe, pinte e crie nesse estado meditativo até que a mandala pareça completa. Pegue o papel em que escreveu e queime-o na chama da Vela de Áries, com segurança, sobre uma superfície à prova de fogo. Leve as cinzas para fora, de preferência quando houver vento, e deixe que a brisa da mudança as conduza. Lembre-se de que o ar alimenta o fogo, e fogo é transformação. Pegue a mandala e coloque-a em seu altar como lembrete de suas novas intenções.

## Correspondências de Áries

**Datas astrológicas:** 19 de março a 20 de abril

**Sabá:** equinócio de primavera (Ostara no Hemisfério Norte) e equinócio de outono (Mabon no Hemisfério Sul)

**Arquétipos da Deusa de Áries:** Macha, Banu Goshasp, Morrígan, Freya, Andraste, Pele, Linshui, Tripura Sundari, Scathach, Brunhilda, Yevdokia

**Casa:** I

**Elemento:** Fogo

**Modo:** cardinal

**Planeta:** Marte

**Cores:** vermelho, verde-claro

**Cristais:** heliotrópio, ágata de fogo, quartzo transparente, granada, espinélio vermelho, tectita

**Óleos essenciais:** canela, gengibre, cravo, bergamota, cardamomo, zimbro, hortelã-pimenta, sangue-de-dragão

**Partes do corpo:** cabeça, rosto

♉

# TOURO

Após o tumultuado estardalhaço do renascimento que começa em Áries, a vida já tem certa base e condições de prosperar, florescer e ser cultivada nos dias mais quentes. Já no Hemisfério Sul, temos a força para persistir e seguir adiante. Touro é um signo fixo de Terra, o que significa que incorpora o coração de uma estação (a primavera no Hemisfério Norte e o outono no Hemisfério Sul) e tem ressonância com o elemento Terra, fértil e sólido. Seu impulso já não é a simples sobrevivência; esta é substituída pelo desejo de moldar, nutrir e desenvolver. Touro está alinhado com a arte do cultivo. A vida nova que começou no equinócio de primavera se fortalece e se enraíza, e a benevolência da estação agora também dá origem a um novo conceito: o prazer. Touro está intimamente ligado ao desfrute dos prazeres terrenos. Leva a sexualidade ardente de Áries um passo adiante e cultiva o aspecto sensual do sexo. E não é apenas no sexo que a apreciação de Touro pelo sensual surge. Massagem, boa comida, bons vinhos, tecidos luxuosos e apreciação quase sublime da beleza são todos abrangidos pelo arquétipo de Touro.

Touro é o construtor, o modelador, o jardineiro, o criador. A ideia de valor é exemplificada por Touro, em referência às riquezas da terra, que podem ser traduzidas em recursos, entre os quais o dinheiro. Touro anseia por segurança, estabilidade, abundância e contentamento. Não consigo deixar de pensar na carta da Imperatriz no tarô quando medito sobre o arquétipo de Touro, em particular na imagem pintada por Pamela Colman Smith no tarô Waite-Smith. A Imperatriz nela é voluptuosa, deitada com languidez em um trono de almofadas suntuosas, o que significa seu vínculo com a riqueza e a beleza. A terra abundante que ela preside é ricamente fértil, com trigo maduro em primeiro plano, uma floresta fechada e selvagem atrás dela e um riacho que nutre tudo. A pedra em forma de coração que constitui a base do trono tem inscrito o símbolo de Vênus, planeta associado a Touro.

O festival de Beltane, que ocorre em meados da temporada de Touro, destaca os temas taurinos da sensualidade e abundância, bem como a beleza da natureza no auge do florescimento.

## A mulher de Touro

A maneira como a mulher de Touro expressa seu planeta regente, Vênus, pode se manifestar de várias formas. Comumente, ela estará ligada à beleza, aos prazeres terrenos, ao conforto e à segurança, mas o modo como essas qualidades se expressam em cada taurina pode ser muito diferente. Por um lado, há a mulher de Touro que incorpora o arquétipo de Vênus da maneira óbvia e esperada. Essa é a mulher que se preocupa bastante com a aparência física e dedicará muito tempo a se mimar em um *spa*. Ela adora belos tecidos e considera etiquetas caras um investimento em qualidade. Para ela, lençóis de alta contagem de fios, um bom carro e uma casa luxuosa são garantias de estabilidade.

No entanto, ela não é exuberante ou espalhafatosa na apreciação pelas chamadas coisas mais refinadas da vida. Apenas valoriza qualidade e nomes veneráveis que resistiram à prova do tempo, seja em relação a roupas, a carros ou a uma linha de cuidados com a pele. A busca pela beleza e pelo prazer é parte importante de seu estilo de vida, o que, de muitas maneiras, a define, e, embora seja fácil rotular seu amor pelo luxo como superficial ou materialista, ela consegue explicar essas tendências da maneira mais prática e razoável possível. No fundo, a mulher de Touro acredita que a aparência vale algo no mundo material em que vivemos. Ela sabe que a beleza pode ser uma mercadoria e, ao contrário de muitas mulheres, não tem escrúpulos quanto a isso. Para ela, isso é apenas bom senso e realismo saudável. Embora, de fato, aprecie todos os luxuosos ornamentos e rituais de beleza, ela pensa que, se alguém deseja ter uma vida segura e confortável, é preciso trabalhar com os presentes dados pela Deusa. A mulher de Touro supõe que apresentar sua melhor faceta a fará subir mais rápido na escala profissional. Também pondera que é sensato se apresentar de maneira hiperfeminina, venusiana, para ajudá-la a encontrar um parceiro digno. Ambas as ambições, segundo ela, ajudarão a satisfazer à sua necessidade de segurança.

Outra encarnação comum da mulher de Touro pode parecer exatamente o oposto. No entanto, veremos, ao considerar em mais detalhes, que existem paralelos ocultos entre as duas. Essa mulher também se encontra profundamente ligada à ideia da terra e ao plano material em que vivemos – Touro é, afinal, um signo de Terra e, portanto, está alicerçado no tangível. A taurina aprecia o conforto, a qualidade e uma habilidade manual sólida, e também tem conexão intrínseca com a música, a arte e a beleza em todas as formas.

Contudo, esse segundo tipo de mulher de Touro quase sempre revira os olhos diante de símbolos de *status* mais frívolos. É uma criatura da Terra de maneira direta e visceral, e podemos encontrá-la, com frequência, com as mãos na terra, cuidando do jardim. Essa é a mulher que pode ser apaixonada por medicina fitoterápica ou por fazer as próprias velas de cera de abelha. Não importa se mora na cidade ou no campo; ela compreende a importância da terra e é atraída pela sensualidade prática de cultivar e criar. Se mora na cidade, é provável que acalente o sonho de morar em um paraíso rural; a ideia de criar cabritinhos, construir a própria cabana e viver em meio a um silêncio abençoado a mantêm sã. Essa mulher de Touro pode cultivar ervas na beirada da janela do apartamento e sonhar com o dia em que terá o próprio jardim. Pode se contentar, por enquanto, em ter uma pequena quantidade de galinhas nos fundos da casa ou sair da cidade sempre que possível para acampar nas montanhas e respirar ar fresco. Pode ser ecologista ou defensora das propriedades curativas da medicina ayurvédica. Seus sentidos são extremamente desenvolvidos, mas, em vez de se sentir atraída por lençóis de *designer* e vinhos caros, prefere roupas de cama sustentáveis, feitas de lã de cordeiro, e o vinho orgânico caseiro da vinha de um amigo. Embora ambos os tipos de mulheres de Touro compartilhem o amor por conforto material, a maneira como cada uma cultua a Deusa é bem diferente.

Independentemente dessas diferenças, porém, a maioria das mulheres de Touro é prática, confiável e preocupada com a estabilidade, buscando a paz e frequentes momentos de solitude. Devido à natureza fixa do signo, a maioria delas prefere avançar devagar ao tomar uma decisão importante ou assumir um compromisso. Essa não é uma mulher que se lança de cabeça em qualquer coisa, ignorando as consequências. Também é famosa pela tenacidade obstinada e pela aversão a mudanças repentinas. Embora seja lenta para se irritar e possa ser um modelo de paciência, sua reação pode ser assustadora quando algo a incomoda.

É no amor e nos relacionamentos que podemos ver muitas dessas qualidades taurinas de forma mais vívida. Afinal, sua regente é ninguém menos que Vênus, a própria deusa do amor. A mulher de Touro é uma alma romântica e, como criatura sensual por natureza, luz de velas, música, vinho, flores e ambientação são afrodisíacos para ela. Ela aprecia todos os ornamentos do romantismo, talvez porque os veja como símbolo de valor. Para a mulher de Touro, é óbvio que o amante que se esforça para ser romântico considera que ela vale esse esforço, e também ela, por sua vez, pode ver o amante como alguém em quem vale a pena investir. Para Touro, o conceito de valor é um tema subjacente que se manifesta de várias maneiras. Provas de amor e carinho tocam o coração dessa mulher. Sendo signo de Terra, ela aprecia objetos físicos reais que simbolizem afeto ou compromisso. Dependendo da mulher de Touro em questão, isso pode ser um pequeno bibelô antigo, um liquidificador potente ou um fabuloso anel de diamantes. Gestos práticos de amor também são bastante valorizados, especialmente se tiverem relação com seu senso de segurança. Para certa mulher de Touro, o gesto que selou o acordo foi o namorado quitar todas as suas dívidas. Para ela, esse foi o símbolo máximo de amor: prático e incrivelmente romântico. Isso significa que ele estava comprometido com ela e disposto a provar isso de maneira tangível.

Touro é, no entanto, reconhecidamente lento quando se trata de assumir compromissos. A mulher de Touro quer ter certeza absoluta antes de tomar uma decisão que pode mudar sua vida. Lembre-se de que Touro não se adapta com facilidade a mudanças, mesmo quando são potencialmente positivas. Ela é paciente e prefere levar o tempo necessário, seja para ter relações íntimas com alguém ou para começar um relacionamento. Todavia, uma vez que entrega seu coração e assume um compromisso, Touro é fiel e estará lá para o amado nos bons e maus momentos. De fato, não há parceira ou companheira mais comprometida que uma mulher de Touro.

A mulher de Touro não costuma ter tendência a explosões emocionais, exceto em casos bem raros. Se perceber uma ameaça a algo ou a alguém que ela considera seu, aí, sim, seu temperamento temível pode explodir. Touro tem inclinação possessiva, e, se a taurina encontrar sinais de que você a está traindo, cuidado. É claro que ela o ama, mas o mais importante é: como você se *atreve* a fazer algo que ameace a paz e a estabilidade de seu lar feliz? Se suas ações deixarem claro que o contentamento dela está sob ameaça ou que uma mudança qualquer pode ocorrer no relacionamento... cuidado. Como a mulher de Touro quase não se irrita, pode ser chocante e assustador testemunhar essa irritação. Ao contrário de Áries, cujo temperamento se inflama e se acalma com rapidez, a natureza fixa de Touro pode significar que levará bastante tempo para ela se acalmar.

Sexualmente, a mulher de Touro é uma parceira sensual e terrena que aprecia todas as nuances da intimidade. Embora, em geral, não possa ser considerada excêntrica ou particularmente aventureira em matéria de sexo, para ela não faltam paixão ou sutileza. Ela envolve por completo os cinco sentidos e se deleita na genuína alegria de incorporar a natureza terrena da deusa Afrodite. Por ser uma criatura tão voltada para os sentidos, a ambientação é especialmente importante para ela durante o sexo. Para a mulher de Touro, o sexo é um sacramento da Deusa, e criar um espaço sagrado é crucial. A boa iluminação (à luz de velas, lâmpadas de sal ou pisca-piscas de Natal) prepara o cenário. Música suave. Incenso. Roupas de cama confortáveis, agradáveis ao toque. Pontos extras para óleo de massagem perfumado, petiscos ao lado da cama e vinho. Embora a mulher de Touro aprecie um quarto bonito para explorar seus desejos, também gosta, de vez em quando, de encontros ao ar livre, na floresta, em um campo tranquilo ou em uma manta numa praia isolada. Para ela, o sexo pode ser ardente, erótico e lânguido, mas nunca vulgar ou desleixado. Não se pode fazer sexo de qualquer jeito com uma mulher de Touro.

Sendo Touro um signo fixo de Terra, sua nativa pode ser considerada a mais orientada para a terra de todos os signos de Terra, e, como tal, tem relação profunda com recursos em geral, os frutos da terra e, é claro, dinheiro. O dinheiro, afinal, é símbolo de recursos. Touro não pode ser considerado o mais ambicioso dos signos, mas a mulher de Touro tende a ser bastante perspicaz em questões financeiras. Para ela, ter o suficiente é questão de bom senso. Ela pode não ter aspirações de ficar extremamente rica, mas se preocupa com conforto, estabilidade e segurança financeira, talvez mais que qualquer outro signo. O termo *pé de meia* talvez tenha sido cunhado por uma taurina. E, embora em geral não seja um tipo alfa de ambição, ela é pragmática e astuta. Escolherá com cuidado um trabalho no qual saiba que pode progredir. Pode começar ganhando salário mínimo, com um título pouco impressionante, mas tem perspicácia para avaliar se um trabalho valerá a pena no longo prazo e, com paciência, dará um passo de cada vez, até estar em posição segura em relação a salário, seguro-saúde e plano sólido de aposentadoria. Não é incomum que mulheres de Touro já comecem a se preocupar com a aposentadoria por volta dos 20 anos. Touro é atraído por várias áreas, mas pode trabalhar contente em qualquer uma delas, desde que ganhe bem. No entanto, devido à conexão com Afrodite, muitas mulheres de Touro são atraídas por carreiras em finanças, beleza, moda ou artes. Elas podem ser curadoras em uma galeria de arte, *designers* de interiores, musicistas, artistas, empreiteiras imobiliárias, corretoras de imóveis ou esteticistas. Outra direção de carreira é a das terapias corporais e holísticas. Como Touro está associado ao corpo, a mulher de Touro pode se tornar uma excelente massoterapeuta, acupunturista, instrutora de yoga, instrutora de dança ou naturopata. Sua conexão com a terra pode levá-la a adotar uma profissão que lhe dê a oportunidade de trabalhar de perto com ela, como agricultura orgânica, produtos naturais, fitoterapia, construção com materiais naturais ou ecologia.

Muitas mulheres de Touro têm relação inata com a espiritualidade da terra e não raro são chamadas a explorar um caminho pagão ou druídico, ou, então, ensinamentos de sabedoria xamânica. A capacidade delas de vivenciar as energias da terra de maneira direta as conduz com frequência além das camadas de dogmas. Touro tem apreciação descomplicada da espiritualidade da natureza e a capacidade de senti-la no corpo sem precisar analisar nem rotular a conexão que vivencia. Para essas mulheres, um simples ato de jardinagem pode ser uma experiência sagrada. Um passeio na floresta e ouvir a voz das árvores deixam-nas com sensação de encantamento diante do incrível poder da Fonte.

## Arquétipo orientador da Deusa: Afrodite Pandemus

Cada era trouxe uma nova encarnação de Afrodite, que incorpora os ideais sexuais femininos em constante mudança. Os exemplos da deusa do amor foram muitos, desde as curvas cheias da mulher renascentista até a forma feminina da era vitoriana, apertada por espartilhos e com antinatural cintura de ampulheta. Apenas nos últimos cem anos, o ideal sexual feminino mudou inúmeras vezes, trazendo as linhas esbeltas que exemplificaram a nova liberdade da mulher dos anos 1920, personificada pela atriz Clara Bow, enquanto os anos 1950 trouxeram o retorno das curvas suaves e arredondadas de Marilyn Monroe. Os tempos contemporâneos apresentaram um novo ideal feminino, popularizado por celebridades como Kim Kardashian, que apresenta uma forma quase impossível de alcançar sem intervenção – seios grandes, cintura fina e quadris cheios são promovidos pela cultura *pop* e pela mídia como a nova forma ideal. Ao longo da história, a expressão cultural do arquétipo de Afrodite sempre refletiu os costumes culturais, as tendências e as políticas do *zeitgeist*.

Afrodite é a mais bela de todas as deusas do panteão olímpico e tem a capacidade de fazer os outros se apaixonarem por ela, muitas vezes para o próprio prejuízo deles. Ela preside a atração sexual e a sedução, estando ligada ao irresistível sentimento da paixão. Embora se apaixonar por outra pessoa seja uma expressão óbvia da influência de Afrodite, apaixonar-se por um projeto criativo, uma ideia ou qualquer coisa que nos arrebate também está sob a mesma égide. O poder impressionante de Afrodite pode ser vivenciado na inspiração ao olhar um belo pôr do sol, ao contemplar uma obra de arte ou ser profundamente tocada por uma peça musical.

Apesar de ser casada com o deus coxo da forja, Hefesto, Afrodite se entrega a muitos casos amorosos com Ares, Hermes e os amantes mortais Adônis e Anquises, entre outros. Também tem muitos filhos, de diferentes amantes, o que ressalta seu caráter de deusa da fertilidade. Afrodite desfruta de liberdade particular no Olimpo da qual as outras deusas não partilham: nenhum deus masculino reprime, analisa ou pune seu comportamento, o que dá a entender que ela acolhe e assume por completo seu poder, sua individualidade e sua sexualidade.

Embora muitos estejam familiarizados com a deusa Afrodite e seus diversos mitos, nem todos sabem que existem, na verdade, duas versões distintas (embora relacionadas) da deusa. A primeira, com a qual muitos têm familiaridade, é a Afrodite que ficou famosa por causa da pintura *O Nascimento de Vênus*, de Botticelli. Essa é Afrodite Urânia, ou "Afrodite Celestial". Na história de sua origem, Cronos castra o pai, Urano, e joga os órgãos genitais dele no mar. Afrodite nasce da espuma do mar que surge desses órgãos genitais e chega à costa em uma concha de vieira como deusa completamente adulta. Afrodite Urânia está associada às formas abstratas de amor não físicas e "superiores".

A segunda Afrodite, aquela que tem ressonância mais próxima com o arquétipo de Touro, é filha de Zeus e Dione. É conhecida como *Afrodite Pandemus*, ou "Afrodite comum a todo o povo". É a deusa terrena, sensual e fértil relacionada ao desejo e ao prazer do amor físico. Afrodite Pandemus era a protetora de cortesãs, hetairas e hierodulas. Na Grécia Antiga, as mulheres tinham poucos direitos e eram consideradas propriedade dos homens. A mais alta classe de cortesãs gregas, *hetairas* ou "companheiras femininas", eram um grupo à parte de mulheres pagas pelo seu tempo, não especificamente pelo sexo. As hetairas frequentavam eventos com os clientes e eram versadas nas artes da conversa e da música. Diferenciavam-se das classes mais inferiores de profissionais do sexo pelo fato de terem certa escolha em relação a quem aceitariam como cliente. Muitas vezes, em vez de receberem pagamento direto pelos serviços, recebiam presentes e favores. Além disso, a reciprocidade na relação entre cliente e profissional às vezes era implícita; assim, "por não serem óbvias [...] essas prostitutas de alta classe mantinham uma ficção de respeitabilidade que aumentava a demanda por sua companhia".[15] Elas também faziam companhia a diversos amantes influentes e tinham acesso a espaços que outras mulheres não podiam frequentar. A *hierodula*, por outro lado – termo que se traduz mais ou menos como "escrava sagrada" –, era outra classe de prostitutas que não desfrutava dos mesmos direitos, privilégios e estima das hetairas. Embora seja tentador acreditar em um mundo antigo romantizado, no qual a prostituição era sempre uma comunhão sagrada entre sacerdotisa e adorador, é importante lembrar que, apesar de ter havido uma classe de mulheres que se envolvesse nesse nível, também havia outra na qual elas eram vendidas como escravas em bordéis, nos quais não estavam por escolha ou por motivos espirituais. Devemos recordar que todo arquétipo tem sua sombra.

Vários templos e santuários eram dedicados a Afrodite Pandemus na Grécia Antiga. Alguns dos mais notáveis estavam na cidade de Corinto, na

---

[15] Debra Hamel, *Trying Neaira: The True Story of a Courtesan's Scandalous Life in Ancient Greece*. New Haven, CT: Yale University Press, 2003, pp. 12-3.

ilha de Citera e na ilha de Chipre. No livro *Worshipping Aphrodite*, a autora Rachel Rosenzweig escreve: "O tema comum em sua adoração era a unificação: entre noivas e noivos, entre prostitutas e clientes".[16] O festival de Afrodísia era realizado em homenagem a Afrodite Pandemus a cada verão. A rosa vermelha, a pomba, a maçã, a murta, o pardal e a romã são considerados sagrados para Afrodite.

Para muitas mulheres, uma sexualidade saudável e bem resolvida é uma busca contínua, repleta de desafios tanto em nível pessoal quanto coletivo. Podemos ter uma história de trauma sexual. Talvez estejamos nos recuperando de um coração partido. Podemos estar envelhecendo e questionando nossa vigência em uma supercultura que não valoriza as mulheres mais velhas. Todas as mulheres estão sujeitas a um bombardeio de expectativas culturais e estereótipos que nos fazem questionar, em algum momento da vida, se somos boas o suficiente ou se estamos sobrando. Comparamo-nos a ideais impossíveis e a construções contraditórias, muitas vezes retocadas digitalmente. Se uma mulher toma posse da própria vida sexual, é rotulada de promíscua. Se não está interessada na tendência sexual atual, não é apenas puritana; está se iludindo e só precisa ser mais aberta – "Vamos lá, todo mundo está fazendo!". A pornografia na internet prejudicou mulheres e homens, apresentando uma caricatura grotesca que, com frequência, não tem nada a ver com prazer e tudo a ver com a normalização da dominação e da degradação. Somos pressionadas a ter "mente aberta" diante do que os outros querem e temos menos espaço para refletir sobre o que queremos.

Devemos garantir a nós mesmas o espaço, o tempo e a permissão para nos curar e descobrir nossa sexualidade; para recuperar uma relação com o corpo que nós mesmas definirmos. Assim como Afrodite, precisamos reivindicar o prazer como direito natural e abrir o coração para o amor-próprio e a verdadeira liberdade sexual, à nossa maneira. Agora,

---

16 Rachel Rosenzweig, *Worshipping Aphrodite: Art and Culture in Classical Athens*. Ann Arbor: University of Michigan Press, 2004, p. 4.

mais que nunca, é importante para as mulheres rejeitarem os estereótipos e as expectativas patriarcais que continuam tentando moldar quem somos como seres sexuais. É hora de rejeitar essas construções falsas e misóginas que nos diminuíram. Diga não à vergonha de ser promíscua, à vergonha do corpo e à homofobia. É fundamental celebrar quem somos e recuperar a alegria natural de nosso corpo. É hora de forjar uma relação de incorporação radical com nossa própria definição de prazer e beleza.

## *Pathwork*: encontro com a deusa do amor

*Você está caminhando sozinha em uma praia. As estrelas brilham acima de você, e a Lua alcança a fase Cheia no signo de Touro. O céu encontra-se iluminado por um azul profundo, e o horizonte ainda guarda os resquícios do ouro rosado do pôr do sol. Você ouve o som suave e cadenciado das ondas ao alcançar a costa e anda na orla, onde o mar encontra a areia. A água está inesperadamente quente. A brisa suave se intensifica e brinca com seu vestido leve, convidando-a a desfrutar de seus carinhos por todo o corpo. Você corre os olhos pelo entorno e percebe que tem esse lugar mágico só para si, até onde a vista alcança. Tira o vestido diáfano, caminha até uma rocha e o estende nela. Para um pouco para se espreguiçar e inclina a cabeça para trás, em êxtase. Sentimentos de genuína alegria e absoluta segurança a percorrem. Uma sensação eletrizante de liberdade toma conta de você por saber que ninguém a observa.*

*Você nota uma estreita fenda na face do penhasco à beira-mar e vê a pálida luz lunar iluminando um caminho rocha adentro. Decide ver para onde esse caminho a levará. Uma pequena pomba branca passa voando, dando-lhe a impressão de conduzi-la a um suave clarão ao longe. Você segue a pomba, e o caminho a leva a uma gruta secreta. O topo está aberto para o céu, e o luar reluz nesse mundo oculto. Não há sinal da pomba, mas você vê uma bela mulher vindo devagar em sua direção. Ela avança com languidez, sorrindo para lhe dar as boas-vindas. Longos cabelos cor de canela caem em ondas voluptuosas sobre as generosas curvas douradas de seu corpo. Há um brilho incandescente ao redor; embora o luar dance sobre a água cintilante e as paredes rochosas, você se dá conta de que o brilho vem de dentro dela. Aos poucos, vai percebendo que é a própria deusa Afrodite que está diante de você. De repente, lembra-se de que você também está despida. Instintivamente, faz um movimento para cobrir a própria nudez.*

*Ela sorri, ligeiramente surpresa com sua modéstia, e olha no fundo dos seus olhos. "Por que se cobriria? Você é bela. Todas as mulheres são feitas à imagem da Deusa. Você não me honra ao se esconder e ocultar o poder de sua beleza feminina."*

*Você deixa os braços penderem com suavidade na lateral do corpo e respira fundo, longa e lentamente. Embora não esteja acostumada a ficar nua diante de alguém que acabou de conhecer, vai descobrindo um crescente senso de liberdade ao relaxar o corpo, balançando-o com gentileza na cadência do oceano enquanto respira, inspirando e expirando. Para dentro. E para fora. Sente as camadas de proteção com as quais se envolveu ao longo dos anos caírem dos ombros, uma a uma. O sentimento de vergonha em relação a seu corpo, por não corresponder a um ideal socialmente construído, se desvanece vagarosamente. Memórias de desilusões amorosas e amores não correspondidos se soltam e escorregam com tanta facilidade quanto uma peça de roupa que já não serve mais. Medos e bloqueios sobre se conectar com os próprios desejos sexuais derretem, depois se soltam e fogem para longe. Você sente um calor no chakra sacral que se espalha por todo o útero, descendo até a vulva. Esse calor delicioso começa a se movimentar em uma espiral suave, subindo por cada um dos seus centros de energia, até você sentir o topo da cabeça formigar.*

*Você abre os olhos bem devagar e se vê contemplando a piscina diante de si. Ao seu lado está Afrodite em todo o esplendor. Você percebe que a luminosidade dela se estende, envolvendo-a em seu brilho. Ela fala para o seu reflexo na água: "Veja: quando se despoja de todas as projeções do mundo exterior, você é a Deusa. Assim como eu, deve ter a ousadia de não corresponder às expectativas alheias. Faça as próprias escolhas. Nutra seu corpo como o templo do amor que ele é. Satisfaça aos seus sentidos e sinta-se à vontade na própria pele. É hora de reivindicar seu direito natural ao prazer à sua maneira e honrar-se como filha de Afrodite. Ao fazer isso, você me honra, e as bênçãos que concedo às minhas filhas são enriquecedoras e abundantes. Volte para o mundo com minha bênção e saiba que, ao me honrar e se honrar, sempre caminharei ao seu lado".*

*O reflexo desaparece devagar, e uma pequena pomba branca voa de volta pelo caminho através da rocha. Ao olhar para cima, vê a Lua brilhando sobre você, banhando-a em um mistério transcendente. À direita da Lua Crescente, outra luz surgiu, tão brilhante quanto a da Lua. Você percebe que é Vênus, a estrela vespertina. Vênus e Lua cintilam lado a lado, juntas, no signo de Touro.*

## Ritual: cerimônia de dedicação a Afrodite

Este ritual de purificação e regeneração foi elaborado para marcar o início de um novo relacionamento com seu corpo e seu eu sensual.

### Água Sagrada de Afrodite (sais de banho)

Este elixir aromático pode ser usado como esfoliante à base de sal ou, no ritual a seguir, adicionado ao banho como a Água Sagrada de Afrodite. O sal marinho não só é fator de proteção e purificação antigo e venerado, mas também sagrado para Afrodite e associado a seu nascimento proveniente do mar.

#### Você vai precisar de:

2 xícaras de sal marinho
3 colheres de sopa de bicarbonato de sódio (purificador de aura)
Um pequeno punhado de pétalas de rosa secas

Óleos essenciais:

10 gotas de absoluto de rosa

4 gotas de *ylang-ylang*

2 gotas de jasmim

Pote de vidro tipo Mason

Pequena pedra de quartzo rosa

Misture todos os ingredientes em uma tigela de metal ou vidro. Visualize Afrodite e suas qualidades enquanto cria a mistura. Peça a bênção dela para se alinhar à sua verdadeira beleza, curar um coração partido ou reconquistar sua relação com o prazer. Transfira a mistura para um pote de vidro tipo Mason e adicione o quartzo rosa. Você pode colocar o pote em uma janela ou varanda e deixar que a luz da Lua Crescente ou Cheia o energize durante a noite. O momento mais potente para se alinhar com Afrodite é quando Vênus está visível no céu, seja como estrela matutina ou como estrela vespertina. Se puder encontrar um momento em que a Lua e Vênus estejam em conjunção (no mesmo signo e grau – consulte um *planner* astrológico), melhor ainda. Outro momento poderoso para fazer e consagrar esse elixir é quando a Lua estiver em Touro ou em Libra.

## Cerimônia de dedicação a Afrodite

Defumação (cedro ou sálvia)

Quartzo rosa ou cobaltocalcita (pedra de Afrodite)

Concha do mar

Rosa vermelha

Água Sagrada de Afrodite

Iconografia de Afrodite

Vinho ou suco de uva

Vela rosa

Música de percussão (tente alguma de Layne Redmond)

Roupas antigas das quais você não se importa de se desfazer ou joias antigas que já é hora de deixar para trás

Saco de papel
Roupão bonito e macio ou roupas novas que representem o próximo capítulo de sua vida

Em primeiro lugar, recomendo enfaticamente limpar seu banheiro! Assim como em qualquer outro ritual, preparar um espaço sagrado é o primeiro passo. Defume o local e monte um pequeno altar para Afrodite ao lado de sua banheira, sobre uma mesinha. As cores para a decoração podem ser tons suaves de rosa e verde, associados à deusa do amor. No altar, coloque uma única rosa em um vaso, um pedaço de quartzo rosa, uma concha, a Água Sagrada de Afrodite, a imagem dela e um cálice de vinho.

Apague as luzes e acenda a vela. Encha a banheira. Coloque a música e deixe-se entrar em leve estado de transe. Dance se sentir vontade. Reserve um momento para recordar e nomear com clareza coisas, pessoas e situações que a fizeram se sentir "inferior" – qualquer coisa ou pessoa que tenha tirado um pouco de sua confiança na própria sensualidade. Comece a tirar as roupas peça por peça. A cada roupa que retirar, declare em voz alta:

*Suas palavras não me definem.*
*Suas ações morrem na vinha.*
*Isso não me serve mais.*
*Meu prazer é coisa minha.*

Sinta a sensação de remover energeticamente o que já não lhe serve mais.

*Por meio desses gestos, rejeito o peso das projeções e rejeições e do abuso de outras pessoas. Por meio desses gestos, recuso todas e quaisquer mensagens culturais que me inferiorizem.*

Pegue as roupas ou as joias antigas e coloque-as em um saco de papel. Feche-o e nunca mais o abra. Coloque-o do lado de fora da porta do banheiro e feche a porta ao passar por ela.

Entre no banheiro de novo. Agora você está nua. Livre. Pegue os sais de banho da Água Sagrada de Afrodite, que estão sobre o altar, e despeje-os na banheira. Mexa a água com a mão até sentir que todos os sais foram dissolvidos. Levante-se e pare um instante, contemplando sua bela nudez no espelho. Você é feita à imagem da deusa e é linda. Volte-se para a água. Diga em voz alta:

*Esta é a água que cura.*
*Esta é a água que purifica e regenera.*
*Esta água é a fonte da deusa Afrodite,*
*e sou feita à sua imagem.*
*Dedico minha sensualidade e confiança sexual a ela, aqui e agora.*
*Que eu renasça, enquanto o passado é purificado.*

A água na qual está prestes a entrar é sagrada. Esta é a Água Sagrada de Afrodite, e você está sendo batizada mais uma vez, a partir desse momento. Agora, dedique sua beleza feminina e sexualidade à deusa. Entre na banheira, feche os olhos e mergulhe a cabeça na água purificadora. Sinta a água renovando-a – passando pelos cabelos, percorrendo cada centímetro da pele, limpando o rosto. Tire a cabeça da água para respirar, abra os olhos e repita a afirmação anterior. Tome um gole de vinho após cada afirmação, para selá-la. Quando terminar, despeje o vinho restante na banheira como oferenda à deusa.

Levante-se da água, como Afrodite emergindo do mar. Você está renascida, pronta para recomeçar de um lugar mais forte, mais claro e mais confiante. Vista o roupão ou as roupas novas que escolheu como símbolo da conexão recém-formada com seu eu de Afrodite. Quando estiver pronta, pegue o saco com as roupas ou joias antigas e deixe-o em uma instituição de caridade. Resista à tentação de olhar dentro dele. Sinta a energia que essas roupas antigas simbolizavam deixando sua vida para sempre. Uma ótima maneira de dar continuidade a esse ritual é olhar todas as suas roupas e cosméticos, descartando, presenteando e doando qualquer coisa que seja antiga, rasgada ou não se ajuste mais à pessoa que você está se tornando. Saia e compre algumas coisas novas e bonitas. Você merece e é digna disso.

Alinhar-se com Afrodite significa honrar a si mesma como mulher sensual, bela e poderosa. Reserve um tempo para se mimar. Cuide da aparência e desfrute da sensação nova de confiança ao reivindicar seu direito de ser bela. Embora Afrodite prefira tecidos que proporcionem sensação agradável na pele, como seda e veludo, ela também adora algodão orgânico, cânhamo, fibra de bambu e outros tecidos naturais de textura grossa. Se seus cabelos estão ficando grisalhos, faça a manutenção das raízes ou deixe crescer tudo e assuma seu tom prateado com orgulho. E, apesar de Afrodite adorar se vestir bem e todos os acessórios femininos, como cosméticos, joias e roupas deslumbrantes, você não precisa corresponder a essa ideia de feminilidade para canalizar a energia dela. Vista-se com as roupas que aprecia e lhe caiam bem. Mantenha o cabelo cortado com regularidade em estilo que a favoreça e hidrate a pele. Todas nós podemos consumir alimentos nutritivos e cuidar da pele. E todas nós também podemos nos beneficiar de prazeres deliciosos e sensuais de vez em quando, como uma sobremesa favorita, uma massagem, um copo de vinho ou novas almofadas para o sofá. Se você honrar Afrodite, ela a abençoará com sensação de bem-estar e confiança que vai enriquecer todos os aspectos de sua vida.

## Correspondências de Touro

**Datas astrológicas:** 20 de abril a 20 de maio

**Sabá:** Beltane no Hemisfério Norte e Samhain no Hemisfério Sul

**Arquétipos da Deusa de Touro:** Afrodite Pandemus, Afrodite, Vênus, Lakshmi, Gaia, Annapurna, Mara, Zemyna, Dea Nutrix, Ixcacao, Abundia, Mokosh, Xochiquetzal

**Casa:** II

**Elemento:** Terra

**Modo:** fixo

**Planeta:** Vênus

**Cores:** verde-esmeralda, rosa, cores da terra

**Cristais:** esmeralda, quartzo rosa, cobaltocalcita (pedra de Afrodite), calcita verde, quartzo-enfumaçado, dioptase, turmalina verde, rodonita

**Óleos essenciais:** rosa, sândalo, vetiver, *ylang-ylang*, jasmim

**Partes do corpo:** garganta, pescoço

♊

# GÊMEOS

Quando o Sol faz a transição de Touro para Gêmeos, os novos ritmos da vida começam a se tornar evidentes. O compasso suave e o cultivo nutritivo de Touro se enraizaram e agora buscam se expandir e avançar para o mundo. No norte, brotos verdes inquisitivos se estendem em direção ao Sol e flores coloridas começam uma comunicação animada com as abelhas. No sul, os ventos já começam a ser sentidos. Gêmeos é um signo mutável de Ar, o que significa que é um signo de transição – liga uma estação à próxima (a primavera em transição para o verão, no Hemisfério Norte, e o outono para o inverno, no Hemisfério Sul) e está associado ao elemento objetivo e comunicativo do Ar. Durante a temporada de Gêmeos, toda a natureza caminha inexoravelmente em direção ao próximo ponto de virada sazonal: o solstício de verão ou de inverno. Em consonância com essa mudança como um tempo de vir a ser, Gêmeos tem relação com as qualidades de curiosidade, versatilidade e transformação. O tema da borboleta saindo do casulo é uma metáfora apropriada para esse signo.

O planeta associado a Gêmeos é Mercúrio, versão romana do deus mensageiro grego Hermes. Hermes era uma divindade andrógina e um psicopompo associado à transição que guiava as almas recém-falecidas para a vida após a morte, além de ter a capacidade mágica de se deslocar entre o mundo dos seres humanos e o mundo divino. Era um mediador, um xamã com duplo espírito, que podia mudar de forma, sendo considerado o deus dos viajantes e dos ladrões. Tem relação com os conceitos de oratória, poesia, magia, alquimia e literatura, e, assim como Gêmeos, está associado ao arquétipo do *puer aeternus* (eterno jovem). Hermes incorpora também o arquétipo do *trickster*: ele é travesso, brincalhão e astuto, mas igualmente sagaz e, às vezes, enganador.

Gêmeos tem ressonância com os arquétipos do Metamorfo, do Contador de Histórias e do Caminhante entre os Mundos, não raro desviando de definições ao dançar nos espaços liminares entre uma coisa e outra. Trata-se de um signo que vivencia diferentes *personas* e perspectivas; brinca com ideias, palavras e papéis de gênero; e, ao fazer isso, questiona crenças arraigadas.

O arquétipo de Gêmeos também está associado à alquimia e à magia, em particular à magia das palavras. Até pouco tempo atrás, a maioria das pessoas no mundo ocidental não sabia ler nem escrever. A palavra escrita era domínio quase exclusivo dos eruditos. Durante grande parte da história, ser mulher e letrada era sinônimo quase certo de uma vida dedicada às ordens religiosas. As palavras encontram-se ainda no cerne do lançamento de feitiços e rituais, bem como no núcleo de afirmações, cânticos e mantras. São partes fundamentais de nossos ritos de passagem ao longo da vida, além de símbolos energéticos que podem moldar e transformar nossa realidade, tanto pessoal quanto coletiva. Moldam nossas percepções e criam novas formas de energia. Podem curar, elevar, iluminar e confortar. E também enganar, incitar e distrair.

## A mulher de Gêmeos

Assim como o aroma inebriante da flor de macieira na brisa da primavera, a mulher de Gêmeos é, muitas vezes, uma criatura evasiva. É sociável o bastante, detendo-se para participar de conversas animadas e reunindo perspectivas multifacetadas de tantas fontes quanto possível. Tem curiosidade genuína sobre todos. Quer ouvir sua história e compreender seu ponto de vista. Também costuma ser descontraída, sem julgar as pessoas, e flerta com todos, não importando o gênero. No entanto, caso você tente prendê-la, fazê-la escolher um lado ou comprometê-la com algo que a limite de alguma maneira, ela será tão efêmera quanto um arco-íris de primavera. A mulher de Gêmeos precisa de liberdade para conhecer e explorar, para experimentar diferentes máscaras e perspectivas do mesmo modo que outros signos experimentam roupas. Faz parte de sua natureza brincar com possibilidades e imaginar novos paradigmas. Ela é a *puella aeterna*, a eterna jovem, e, muitas vezes, mantém esse espírito jovial ao longo de toda a vida. Pode, de fato, se casar, ter os próprios filhos e acabar por se comprometer com uma carreira, mas sempre conservará a inquisitiva *joie de vivre*.

Como Gêmeos é sintonizado com o reino da mente, a mulher desse signo costuma apresentar amor pelas palavras e a capacidade de usar a linguagem como forma de arte. Livros, literatura e poesia são, com frequência, da sua paixão, que começa na infância e continua ao longo da vida. Essa é a mulher que, quando menina, divagava durante a aula escrevendo poesias nas margens do caderno ou podia ser encontrada escondida em um canto da biblioteca, enfeitiçada pelas páginas de uma história. Ela mesma, em geral, é talentosa como escritora. Muitas vezes, encontrará inspiração e consolo por meio de diários ou talvez tenha o próprio *blog*. Provavelmente, vários deles.

No entanto, a mulher de Gêmeos dificilmente poderá ser acusada de ser sedentária. Quando não está direcionando a mente ativa para a leitura e a escrita, é tão animada e mutável quanto o mercúrio. Às vezes, a necessidade constante de estímulo e a curiosidade insaciável a fazem se sentir pouco centrada. A natureza mutável de seu signo pode atraí-la para várias direções ao mesmo tempo, e ela pode cair no amadorismo, experimentando um pouco disso e um pouco daquilo, mas nunca por tempo suficiente em qualquer coisa, para, de fato, adquirir profundidade. Pode descobrir que sabe um pouco sobre muitas coisas, mas apenas em nível superficial. Às vezes, geminianas precisam ter cuidado para não se apresentar como especialista em determinado assunto, quando, na verdade, tem apenas conhecimento rudimentar sobre o tema.

Como Gêmeos está associado ao sistema nervoso, a constante pressão e atração de inúmeras energias podem ser exaustivas se não forem intercaladas com certo tempo de inatividade. Haverá ocasiões em que a mulher de Gêmeos se sentirá à beira da loucura. Ela pode se sentir superestimulada, como se tivesse tomado muito café – nervosa, sem foco, emotiva demais e até irritada. É fundamental que reserve, com regularidade, tempo para cuidar de si mesma e evitar o esgotamento. Muitas vezes, o que ela mais precisa é de um descanso da tagarelice incessante de sua mente ou de uma pausa das conversas do mundo cotidiano: um intervalo em chamadas telefônicas, mensagens e *e-mails*. A mulher de Gêmeos se beneficiará se inserir em sua vida jejuns tecnológicos periódicos para recarregar as baterias psíquicas. E, embora a ideia possa lhe parecer bem estranha, um retiro de meditação silenciosa também pode ajudá-la a repor as energias. Como Gêmeos é um signo de Ar, meditações que se concentrem na respiração costumam ser úteis. O canto é outra boa opção, pois está associado à comunicação e à voz. O yoga *yin* e o *tai chi* podem ser ainda alternativas para as geminianas encontrarem seu fluxo e equilibrarem a energia.

Outro desafio para Gêmeos, relacionado à sua vívida imaginação e ao dom para tecer histórias, é a tentação ocasional de ser ambígua. Devido à capacidade de olhar para quase qualquer coisa com variedade multifacetada de percepções, a verdade pode ser subjetiva. Talvez ela tenha se metido em alguma encrenca e queira encobrir seus rastros. Talvez seu amor por intrigas a tenha levado a falar fora de hora – em outras palavras, a fofocar –, e isso a tenha colocado em maus lençóis. Às vezes, ao agir com o lado sombrio de seu signo, a inclinação de Gêmeos para jogos mentais pode se transformar em aptidão para a astúcia e o jogo duplo. No entanto, com suas impressionantes habilidades verbais, a mulher de Gêmeos, em geral, consegue se safar de quase qualquer situação. A propensão a enxergar a vida através de uma lente abstrata pode fornecer justificativas aparentemente racionais para comportamentos prejudiciais e desconectá-la do senso de empatia. Se isso acontecer, é importante que use seus talentos para ver a perspectiva do outro, de modo a fazer seu coração e sua mente voltarem a trabalhar em sintonia.

Quando se trata de amor e relacionamentos, a zona erógena mais significativa de Gêmeos é a mente. A mulher de Gêmeos se intriga com facilidade por amantes psicologicamente complexos e criará uma narrativa cativante sobre alguém por quem se sinta atraída que rivalize com a mais descritiva análise de personalidade. Não importa questioná-la sobre se suas fantasias têm raízes na verdade. Com brilho sedutor no olhar, ela responderá de forma descontraída aos amigos mais pragmáticos: "Mas imagine se fosse verdade?". Essa é a mulher que verá um sujeito bonito, mas enigmático, abastecendo o carro e, antes que perceba, terá tecido uma narrativa deslumbrante sobre como ele é, na realidade, um aristocrata azarado vindo de uma terra distante em busca do amor perdido. Então ela sairá do carro e lhe dará seu número de telefone com uma piscadela cativante e um sorriso. Para uma geminiana, a tendência ao flerte é inofensiva e inocente, uma brincadeira para manter as coisas interessantes. As mulheres desse signo, sendo um pouco fadas por si sós, também se encantam por contos de fada da vida real e podem acreditar mesmo que *O Príncipe Sapo* é baseado em uma história verídica. Mais uma vez: quem somos nós para dizer o que é verdade? Não é tudo relativo?

Às vezes, o charme vibrante e a curiosidade, aliados à sua afinidade por ver o que deseja, podem deixar a mulher de Gêmeos em apuros. Ela se diverte até que outra pessoa chame sua atenção, e nesse ponto seguirá outro caminho. Pretendentes que não compreendem essa vivacidade natural podem entender os jogos dela de forma literal, sentindo-se terrivelmente decepcionados quando percebem que isso é algo que a mulher desse signo faz com todo mundo. Ela não quis machucar ninguém e, além disso, argumenta, foi tudo apenas uma brincadeira. Geminianas também estão abertas a conhecer pessoas por meio de encontros *on-line*. A internet é um paraíso para esse signo, com a oportunidade de conversar com um número ilimitado de pessoas fascinantes de todos os cantos do mundo; isso satisfaz à sua necessidade de estímulo mental e de variedade, sem envolvimento emocional.

Apesar de toda paquera descontraída, a mulher de Gêmeos também se apaixona e é capaz de assumir compromisso. No entanto, será preciso alguém que consiga manter o interesse dela, alguém tão multifacetado quanto ela e que não tente cortar suas asas. Ela se dá bem com um parceiro que também seja um amigo, alguém com quem possa se divertir e que compartilhe sua curiosidade insaciável pela vida. Se o parceiro estiver disposto, algumas geminianas podem prosperar em um relacionamento aberto. Além disso, sua sede por vivências, variedade e novas experiências pode ser um componente constante em um relacionamento com compromisso, impedindo que as coisas se tornem monótonas. Gêmeos não tende a sentir ciúme com tanta facilidade quanto alguns outros signos e não tem a mesma propensão ao envolvimento emocional que Câncer ou Escorpião podem ter. Como os outros signos de Ar, Libra e Aquário, às vezes tem a tendência de abstrair ou intelectualizar o amor, preferindo não se sobrecarregar em termos emocionais.

Sexualmente, esse signo tende a ser experimental. A mulher de Gêmeos anseia por variedade e, muitas vezes, se envolve em experiências sexuais apenas pela novidade. Pode desejar conhecer qualquer coisa uma vez, apenas para ver como é. As mulheres desse signo têm a capacidade de separar e arquivar racionalmente quase qualquer experiência como "interessante", por exemplo: "Já estive lá, já fiz isso. Talvez não queira fazer de novo, mas foi *interessante*". Gêmeos também costuma preferir evitar a definição de sua sexualidade em termos binários. Não importando se se identifica como *queer*, heterossexual ou de alguma outra maneira, a geminiana não gosta de ser rotulada. Claro, ela terá suas preferências, mas rotular a sexualidade é limitar sua experiência, e vivenciar tudo o que a vida tem a oferecer é o que essa mulher está aqui para fazer.

Como já foi dito antes, a mente é o maior estímulo para as geminianas. Erotismo, um olhar sugestivo ou uma pergunta intrigante chamarão sua atenção. Elas também podem apreciar jogos de interpretação ou de poder, desde que sejam divertidos e envolventes, mas não tão intensos. É evidente que nem todas as mulheres de Gêmeos são tão voltadas à experimentação assim. Existem aquelas que têm expressão sexual mais tradicional. Mas não se engane: a fantasia, em geral, estará em jogo de alguma maneira. Talvez ela esteja lendo um livro ou assistindo a uma série que a atrai, e elementos dela encontrarão caminho para a mente, tornando o sexo ainda mais fascinante.

A mulher de Gêmeos é uma pessoa comunicativa por excelência e se destaca em carreiras nas quais possa se envolver em troca constante de ideias, perspectivas e pontos de vista. Precisa de um trabalho que a estimule mentalmente, no qual a mudança seja constante e a mantenha alerta. O gênio imaginativo e a sede de conhecimento a levam a explorar muitos caminhos, e, às vezes, ela pode ser a proverbial "faz-tudo". Também pode ser uma estudante vitalícia, cujos interesses mudam ao sabor das vontades e das fascinações do momento. As nativas de Gêmeos acham difícil se comprometer com uma única carreira ou área de estudo quando tantas alternativas encantadoras as chamam. Mudam de ideia com frequência e precisam de uma carreira que incorpore essa necessidade de variedade e emoção. Algumas áreas em que a mulher de Gêmeos pode se destacar e satisfazer à sua necessidade de diversidade são escrita, jornalismo, atuação, promoção, radiodifusão, ensino, oratória, relações públicas, linguística e tradução, para citar algumas. Ela tem dom para criar redes de contato e se conectar, podendo brilhar em uma carreira de marketing e vendas. Também pode ser excelente diretora de criação ou porta-voz sagaz, pois tem o talento de criar burburinho e fazer as pessoas comentarem. Seu dom para *brainstorming* e facilitação no ambiente de trabalho mantêm as coisas em movimento. Ela tem, ainda, olhar aguçado para tendências e parece intuir qual será a próxima grande novidade. Geminianas se saem bem ao reunir seus muitos interesses e talentos para criar uma carreira dinâmica que alimente a necessidade delas de variedade e as mantenha longe do tédio.

Algumas se sentem bem contentes ao trabalhar em dois ou mais empregos. A repetição e o isolamento levam a mulher de Gêmeos a uma espiral de tédio, então é melhor para ela evitar empregos com essas características ou ela acabará desistindo deles.

No ambiente de trabalho, a geminiana é alguém que consegue lidar com várias atividades ao mesmo tempo, uma aprendiz rápida, astuta e encantadora. Em geral, é bem-vista pelos colegas, popular entre os clientes e conhecida pelo animado senso de diversão. No entanto, sendo as palavras uma das melhores capacidades desse signo, elas poderão ser usadas para diversão e lucro tanto de maneira positiva quanto negativa. Apesar de todo charme e sociabilidade, algumas geminianas podem ter uma pontinha de maldade que se manifesta de vez em quando. Podem apreciar uma provocação apenas para manter as coisas interessantes, e, dependendo da mulher em questão, isso às vezes pode acabar em fofocas.

Mesmo com toda essa imprevisibilidade, a mulher de Gêmeos é como um sopro de ar fresco. Ela nos ensina a magia de viver no momento presente e nos ajuda a enxergar a futilidade do apego, lembrando-nos da beleza da impermanência da vida. A sabedoria desse signo reside em sua capacidade de integrar as dualidades aparentemente díspares de razão e intuição, pensamento e sentimento, ação e idealização. A geminiana entrelaça o lado esquerdo do cérebro, analítico, ao lado direito, criativo e visionário, para criar uma nova magia.

## Arquétipo orientador da Deusa: Donzela Borboleta

A Donzela Borboleta, ou *Palhik Mana*, é proveniente da tribo indígena Hopi, das terras do Sudoeste americano. É uma *kachina*, ou espírito da natureza, que simboliza o renascimento (e, portanto, a transformação), a liberdade, o equilíbrio e a fertilidade. Na mitologia dos *pueblos*, as kachinas têm três aspectos: o próprio espírito da natureza; pequenas bonecas esculpidas que, segundo se acredita, carregam o espírito; e dançarinos que incorporam as kachinas em cerimônias espirituais. A Donzela Borboleta também simboliza a energia fértil da primavera.[17] Clarissa Pinkola Estés escreve que "A Donzela Borboleta é a força feminina fertilizadora. Transportando o pólen de um lugar para outro, ela faz a polinização cruzada, assim como a alma fertiliza a mente com sonhos noturnos, assim como arquétipos fertilizam o mundo cotidiano. Ela é o centro. Une os opostos ao pegar um pouco daqui e colocar ali. A transformação não é mais complicada que isso".[18]

Podemos equiparar o processo de transformação pelo qual a borboleta passa às mudanças que ocorrem em nossa própria vida. Tanto a borboleta quanto Palhik Mana nos ensinam que a mudança faz parte da vida e que devemos nos entregar e confiar no processo. Se você está em estado de profunda transição, se se encontra no casulo ou prestes a atravessar um limiar, saiba que esse estado sempre antecede a transformação e uma nova vida. Toda vida é cíclica, mas a vida das mulheres o é em particular. Talvez você esteja, neste momento, em um dos limiares de uma nova fase de vida. Talvez a mudança seja difícil do ponto de vista psicológico, emocional ou mesmo físico, e seja preciso integrar os novos aspectos daquilo em que está se transformando. Talvez esteja prestes a se tornar mãe pela primeira vez, e seu corpo, sofrendo mudanças. Ou pode estar no limiar da perimenopausa. Talvez tenha atingido a menopausa e esteja se perguntando o que essa grande mudança significará para você como mulher. A propósito, os chineses têm um nome maravilhoso para a mudança que chamamos de menopausa: *segunda primavera*. Esse é considerado um momento de regeneração para as mulheres, além de ser uma oportunidade de nova autoconsciência e crescimento pessoal.

A mensagem inspiradora de Palhik Mana é que sempre temos a capacidade de nos renovar, seja qual for a fase em que nos encontremos. Podemos nos reinventar, despertar mais uma vez e nos reimaginar em qualquer idade.

---

17 Patricia Monaghan, *The New Book of Goddesses and Heroines*. St. Paul, MN: Llewellyn, 1981; reimpr. 1997, p. 175.

18 Estés, *Women Who Run with the Wolves*, p. 211.

## *Pathwork*: criação de espaço para mudanças

Se há uma certeza na vida, é a de que a mudança é inevitável. No entanto, com frequência resistimos a ela, como se, com a mera força da vontade, pudéssemos impedi-la de acontecer. Aceitar as idas e vindas da vida exige coragem, fé e a sabedoria de se entregar. Duas das grandes lições de Gêmeos são cultivar a curiosidade e perceber que todos estamos em constante evolução.

*Você está caminhando por uma estrada empoeirada no deserto. Formações de rochas vermelhas se elevam até o céu azul brilhante ao redor, e o Sol brilha com intensidade sobre a terra escaldante. A trilha pela qual você anda reluz com uma variedade de seixos, pedras e cristais cor-de-rosa. Você já está caminhando faz algum tempo, e o calor do Sol é implacável. A trilha parece ter mudado, pois, quanto mais você caminha, mais tudo começa a parecer igual. Essa não é a mesma curva no leito do rio seco pela qual passou uma hora atrás?*

*Ao longe, você ouve um murmúrio. Para e olha para cima. Nuvens escuras se juntam, vindo em sua direção. Há uma quietude estranha, como se o ar tivesse parado de se mover e as criaturas dessa paisagem desértica tivessem, de repente, se tornado silenciosas. A luz é etérea, sobrenatural – uma luz onírica. Você está em um ponto de transição na vida e veio ao deserto em busca de ideias. Chegou ali à espera de uma mensagem, uma medicação desértica para saciar sua alma ressequida. E agora parece ter se perdido no caminho. O murmúrio se aproxima, e o céu escurece de maneira ameaçadora.*

*Um estalo repentino ressoa, e um raio ilumina o panorama ao redor. O céu se abre, e você se vê envolvida por uma chuva torrencial. Você avança, cambaleante, em busca de abrigo. À esquerda, identifica um caminho que parece levar a um aglomerado de rochas onde poderia se abrigar e esperar a tempestade passar. Há uma pequena abertura, e você se esforça para entrar. Surpreendentemente, o local é muito maior do que imaginava. Na verdade, você se encontra em uma grande caverna, com as paredes luminosas pintadas com representações de espíritos kachina. Quartzo e pedras preciosas brilham em toda parte para onde você olha. Um pequeno riacho subterrâneo corre por ali.*

*Você percebe que não está sozinha. Alguém mais parece estar procurando se proteger da tempestade. Uma jovem indígena, envolta em um cobertor bem colorido, está sentada encolhida diante de uma pequena fogueira. Ela olha para você, e você percebe que os olhos dela têm a mesma deslumbrante variedade de cores cintilantes que a do cobertor. "Você precisa ser paciente", ela diz. "Não pode obrigar a tempestade a passar antes que seja a hora, ou não haverá chuva suficiente para as novas flores. Precisa encarar a situação com leveza e se entregar a cada tempestade, a cada estação, tendo fé em que, a cada volta da Roda, cada passo a levará para onde precisa ir."*

*"Onde estou?", você pergunta. "Que lugar é esse?"*

*"Esse é o lugar dos sonhos", ela responde, "o lugar do vir a ser." Ela aponta um segundo cobertor dobrado ao lado do fogo; você tira as roupas molhadas e se envolve naquele calor e proteção. Mergulha em um sonho dentro de um sonho e ouve a voz suave dela falando com você ao longe: "De que você tem medo?".*

*Você reflete por alguns momentos. Por que foi parar ali? Por que veio ao deserto em busca de sabedoria? Você se recorda da sua vida quando estava desperta, mas ela parece muito distante. É tão abstrata nesse lugar de paz e refúgio! Refletir é como tentar agarrar fragmentos de um sonho. Você lembra vagamente que está enfrentando grandes mudanças no mundo lá em cima. Algo grandioso se transforma em sua vida, e você tem medo do que isso significará.*

Quais mudanças você está enfrentando agora? De que tem medo? Talvez esteja passando por um momento de metamorfose nos ciclos de seu corpo. Seu corpo está mudando, e você tem medo de como ele ficará ou de como se sentirá quando chegar ao outro lado. Talvez esteja em uma encruzilhada na carreira – talvez a empresa em que trabalha a tenha demitido ou você esteja prestes a arriscar e começar o próprio negócio, mas e se não der certo? Talvez seja seu relacionamento ou casamento que esteja em uma encruzilhada, e você não tem certeza de quem será se essa pessoa não estiver mais em sua vida. Não se levante do seu lugar de sonho; apenas se visualize de pé e caminhando até o riacho. Pegue cada um dos seus medos, deposite-os em uma das folhas secas que passam e observe-os flutuar um por um, com suavidade, devagar, para fora da caverna, para longe de sua visão.

*Palhik Mana diz: "A mudança é inevitável. Quando você abre mão do medo e se entrega, abre espaço para a curiosidade e se abre para possibilidades com as quais não havia sonhado. Embora a incerteza possa ser difícil, se confiar no processo, poderá aprender a dançar com as mudanças".*

*A jovem envolta no cobertor colorido se levanta e abre bem os braços. Um batuque grave e cadenciado, vindo da própria terra, parece marcar o tempo, enquanto ela dança ao redor do fogo, os braços estendidos se transformando em asas. Ela gira com alegria, saltitando e ganhando altura, e se transforma diante de você em uma bela borboleta. Sai da caverna com suas asas radiantes, liberta, livre. Você se levanta e a segue, piscando sob a luz deslumbrante do Sol. A tempestade passou, e gotas de água cintilam como diamantes nos novos brotos verdes e nas flores brilhantes que você não tinha notado antes. Uma borboleta-monarca equilibra-se no centro de uma flor de asclépia alaranjada e reluzente, voando depois para longe. Com um crescente sentimento de otimismo e leveza, você segue a borboleta, pronta para avançar rumo ao próximo capítulo de sua vida.*

## Ritual: resgate de energia

Nossa energia se manifesta de forma constante por meio de palavras e pensamentos. A energia que enviamos por interações *on-line*, na escola, no trabalho e nos relacionamentos às vezes fica "por aí". Acabamos nos sentindo esgotadas, emotivas ou desfocadas, e não sabemos por quê. A preocupação é um esgotamento de energia improdutivo, assim como recapitular de modo contínuo uma situação do passado que não podemos mais mudar. Podemos ter deixado nossa energia com outras pessoas em situações nas quais deixamos de nos manifestar, mas sentimos que deveríamos tê-lo feito. Muitas de nós deixamos a energia com amores antigos ou pessoas que nos traíram. Cada vez que os pensamentos se voltam para essas situações ou essas pessoas, emprestamos a elas um pouco de nossa preciosa força vital; se não a recuperarmos, ela poderá permanecer lá fora, acabando com nossas reservas.

Na era digital, o esgotamento de energia é pior que nunca, e pode parecer que todos querem um pedaço de nós – redes sociais, caça-cliques, anúncios, notícias falsas, notícias reais. A lista de coisas que tentam roubar nossa energia, desejando atrair nossa atenção, é interminável. Somando-se a isso, há ainda as interações cotidianas, e não é de surpreender que, às vezes, tenhamos dificuldade para nos concentrar. Embora essa perda de energia aconteça com todos, os signos mutáveis, em particular Gêmeos, podem ser os mais suscetíveis. Se tiver Gêmeos, Virgem ou Peixes muito fortes no mapa astral, poderá se beneficiar ao realizar, de tempos em tempos, esse ritual de resgate de energia, especialmente quando se sentir dispersa, desvitalizada ou distraída.

## Óleo Alquímico de Gêmeos

10 gotas de manjericão
3 gotas de toranja
3 gotas de néroli
3 gotas de vetiver
1 gota de hortelã-pimenta

A aromaterapia é uma forma de alquimia que tem verdadeira ressonância com Gêmeos. Esse signo não apenas está associado ao arquétipo do Alquimista, mas também é um signo de Ar, e todos os cheiros ocorrem porque moléculas flutuam pelo ar até seu nariz, sendo, então, captadas por receptores especiais que transmitem uma mensagem ao cérebro. Essa mistura alquímica invoca as vibrações geminianas. Use-a para se concentrar e obter clareza mental, aprimorar a comunicação e a adivinhação, deixar o passado para trás e acolher o momento presente, ver todos os lados de uma situação e se desvincular de energias emocionais pesadas.

O Óleo Alquímico de Gêmeos dá apoio especial a quem está passando por um período de transição. Também pode ser usado como oferenda sagrada à Donzela Borboleta ou a Hermes, sendo útil, sobretudo, para facilitar *pathworks*. Do ponto de vista astrológico, o momento mais propício para criar essa mistura é durante a temporada de Gêmeos ou quando a Lua está em Gêmeos, para aproveitar as energias quando estiverem no auge. É melhor também escolher um momento em que a Lua esteja Crescente, para obter a maior potência possível.

Você pode tentar, ainda, substituir o óleo de toranja pelo de bergamota. Como a hortelã-pimenta é forte, talvez seja bom começar com uma quantidade bem baixa. O total de gotas de óleos essenciais para essa mistura é 20. Você pode reduzir a receita pela metade, se necessário, e usar 10 gotas no total para experimentar uma quantidade menor, a princípio. Divirta-se com as proporções para ajustá-las com exatidão ao que deseja. O sentido do olfato é subjetivo, e cada pessoa terá sua preferência.

## Resgate de energia

Sálvia para defumação
Vela amarela
Óleo Alquímico de Gêmeos
Pena
Sino

Use roupas confortáveis e encontre um lugar onde possa ficar por vinte minutos sem ser incomodada. Se estiver dentro de casa, desligue todos os dispositivos elétricos e digitais do ambiente. Desligue também o celular. Limpe o espaço com sálvia. Unte a vela com o Óleo Alquímico de Gêmeos. Acenda-a. Aplique o óleo em si mesma, no plexo solar, no terceiro olho e nos dois punhos, uma gota em cada lugar. Aterre-se e se centre da maneira que preferir, realizando pelo menos três respirações completas de Savitri (consulte a página 79).

Quando se sentir intuitivamente pronta e relaxada, comece a localizar sua energia deslocada. Suba ao céu como uma águia e, pairando lá no alto, procure ver onde deixou fragmentos de energia. Alguns serão fáceis de encontrar, pois você sabe conscientemente que esteve obcecada por um antigo amor ou teve uma discussão recente com o parceiro. Outros lugares onde deixou sua energia estarão mais escondidos e serão menos fáceis de acessar, pois foram empurrados para o inconsciente e esquecidos. Não há problema se não se lembrar de todos eles. Na verdade, talvez isso seja algo impossível, já que parte de nossa energia é cedida mesmo antes de termos palavras para nomeá-la. Nomeie o que puder e reúna tudo o que vê.

Agora, concentre-se no plexo solar. Esse chakra (*manipura*) é o centro do poder pessoal. Também está relacionado à confiança, à clareza e à reunião e concentração de energia. Visualize um brilho dourado começando no plexo solar. Respire devagar e, enquanto o faz, imagine que, na inspiração, está trazendo a energia quente e revitalizante do Sol para o plexo solar. Pegue a pena e abane sua energia de volta para dentro de si mesma. Sinta o brilho dourado em seu centro se abrir e se espalhar por todo o corpo. Esse calor é a própria energia voltando para você de todos os cantos do universo – nomeados e não nomeados, lembrados e esquecidos.

Levante os braços e puxe a energia para o plexo solar. Declare em voz alta três vezes:

> *Por meio deste gesto, chamo de volta toda minha energia deixada com outras pessoas, em outros lugares e em outros momentos. Sinto-me plena, revitalizada e centrada.*

Sinta a energia retornando a você. Visualize essa energia restaurando-a e regenerando-a em todos os níveis. Quando estiver pronta e se sentir plena e inteira, abra os olhos, apague a vela e reserve alguns momentos para se alongar e retornar, com suavidade, a si mesma. Toque o sino três vezes para concluir o ritual e limpar o ambiente.

## Correspondências de Gêmeos

**Datas astrológicas:** 21 de maio a 20 de junho

**Sabá:** signo de transição entre Beltane e o solstício de verão, no Hemisfério Norte, e entre Samhain e o solstício de inverno, no Hemisfério Sul

**Arquétipos da Deusa de Gêmeos:** Donzela Borboleta/Palhik Mana, Sarasvati, Psiquê, Blodeuwedd, Melissa, Seshat, Etain, Niamh, Ismo, Cerridwen, Eris

**Casa:** III

**Elemento:** Ar

**Modo:** mutável

**Planeta:** Mercúrio

**Cor:** amarelo

**Cristais:** apatita, apofilita, ágata de renda azul, dumortierita, indicolita (turmalina), cianita, tanzanita

**Óleos essenciais:** manjericão, bergamota, toranja, vetiver, lavanda, néroli, hortelã-verde, hortelã-pimenta

**Partes do corpo:** mãos, braços, sistema nervoso

♋

# CÂNCER

A temporada de Câncer começa no limiar do solstício de verão ou de inverno. No norte, o Sol está no ponto mais alto no céu, e o mundo natural encontra-se voluptuoso, exuberante e fecundo. O solstício de verão é a culminação da estação crescente: a Donzela torna-se a Mãe. É um momento de maturidade e nascimento, e a plenitude da força vital está no auge. No sul, a insolação é reduzida, e recorremos aos nossos recursos internos, mais sutis. Câncer é um signo cardinal de Água, o que significa que é porta de entrada para um ponto de virada sazonal (o verão no Hemisfério Norte e o inverno no Hemisfério Sul), fazendo ressonância com o elemento intuitivo e empático da Água. Câncer incorpora o feminino arquetípico e tem relação com o arquétipo da Grande Mãe, o acolhedor útero que nutre, do qual todos viemos e para o qual todos voltaremos. A Grande Mãe é um dos arquétipos originais, sendo tão antiga e tão vasta em atributos que seria impossível falar tudo sobre ela em um só livro, quanto mais em um único capítulo.

Grande parte disso também vale para o signo de Câncer. Profundamente insondável, associado à memória ancestral e às raízes do subconsciente, Câncer é, em certo sentido, nosso lar espiritual, o lar ao qual todos inconscientemente anseiam retornar. Também é regido pela Lua, outro arquétipo inestimavelmente antigo. A Lua está ligada de forma intrínseca ao princípio feminino, à *anima*. Ela não apenas rege as marés do oceano, mas também cresce e diminui em sincronia com os ciclos de fertilidade femininos. Não é de surpreender que o signo de Câncer reja o estômago, os seios e o útero.

Como manifestação da Grande Mãe, Câncer está relacionado não apenas à ampla família da humanidade, mas também à família pessoal. Tribo, terra natal, raízes ancestrais, tradições culturais e herança psicológica são todos assuntos abrangidos por Câncer. Assim como as ideias de lar, refúgio, sustento e grupos a que pertencemos – nosso lugar no mundo mais amplo. Câncer é um signo mutável e, como as marés, move-se em ciclos de crescimento e declínio, alternando entre receptividade e plenitude emocional e recolhimento introspectivo. Essas mudanças internas frequentes às vezes fazem com que seus nativos se envolvam em sutis correntes emocionais, o que resulta em anseios melancólicos e uma visão interior que a pessoa é incapaz de expressar e acabam sendo chamados apenas de "melancolia". No entanto, como veremos, o arquétipo e a psique relacionados a Câncer são muito mais profundos que isso.

## A mulher de Câncer

Pergunte a uma mulher de Câncer por que ela está se sentindo pensativa e é provável que receba uma resposta vaga: "Não sei. Só me sinto estranha". Ela pode estar ensimesmada ou inquieta com uma preocupação ou um evento real, mas também é provável que não saiba mesmo. Parte disso se deve ao fato de ser regida pelas fases flutuantes da Lua, e outra razão é que seu subconsciente está sintonizado com as contracorrentes da memória ancestral que surgem sem aviso, arrastando-a para profundezas turvas e envolvendo-a em memórias nebulosas de gerações passadas. Quando ela toma consciência da voz dos ancestrais, pode encontrar grande cura e sabedoria em sua linhagem, o que também lhe proporcionará vislumbres úteis da origem de medos, padrões e impulsos infundados.

Devido à receptividade emocional e psíquica inata, a mulher de Câncer é uma canalizadora natural. Não são apenas os fragmentos de memórias ancestrais que a envolvem; ela também está profundamente sintonizada com os humores e sentimentos daqueles de seu círculo mais imediato. Embora sua consciência intuitiva extremamente aguçada a torne a mais empática das mulheres, a agente de cura mais talentosa e a mãe mais atenta, a lição silenciosa que acompanha essa aguda sensibilidade emocional diz respeito a impor limites.

A mulher de Câncer se preocupa profundamente com os entes queridos. É compassiva, leal e, muitas vezes, ferozmente protetora. Possui um poço de amor tão profundo e ilimitado quanto o oceano para os que fazem parte de seu círculo íntimo. É cuidadora nata e, quer seja mãe biológica, quer não, tende a assumir esse papel com amigos, família e companheiros de quatro patas. Embora essa qualidade em geral seja positiva e admirável, devemos lembrar que há sempre um lado sombrio em cada signo. O lado sombrio, no caso de Câncer, é o potencial de envolvimento excessivo. Às vezes, cancerianas se identificam de modo tão completo com o papel de cuidadoras ou protetoras que acabam ultrapassando, inconscientemente, todos os limites saudáveis dos entes queridos, tendo como resultado uma atmosfera de manipulação emocional que pode fomentar ressentimento e culpa. Embora nem todas sejam mães biológicas, é importante observar que irmãos, parceiros, amigos e colegas também podem ser afetados quando o lado sombrio desse arquétipo é ativado. Em defesa da mulher de Câncer, se isso ocorrer, ela, em geral, não está ciente do que está fazendo. Fica magoada e confusa quando um ente querido lhe pede que pare de se intrometer. Pedidos de espaço ou independência podem ser levados para o lado pessoal, como um ataque a seus esforços bem-intencionados. Afinal, do ponto de vista dela, ela só estava tentando ajudar. Pode, assim, sentir-se desvalorizada e alvo de ingratidão, e depois tende a se recolher por um tempo em sua concha.

Apesar das tempestades ocasionais que ocorrem devido à força das emoções, a mulher de Câncer é incomparável na arte de dar conforto. Naturalmente empática, pode se tornar agente de cura poderosa, que sabe, por intuição, o que é necessário para restaurar a integridade de alguém.

Essa capacidade é valiosa, quer ela seja psicoterapeuta ou terapeuta energética. Também é útil quando se encontra, como muitas vezes acontece, ouvindo os entes queridos e os colegas de modo compassivo, já que Câncer costuma ser o signo ao qual todos recorrem quando precisam de um ombro para chorar. A mulher de Câncer tem presença tranquilizadora, que, muitas vezes, é tudo de que as pessoas precisam para iniciar o processo de cura emocional. No entanto, para que você não comece a pensar que cancerianas são apenas almas maternas, tímidas e retraídas que tomam para si os problemas do mundo, lembremos que elas são, por natureza, cíclicas. Têm um dos melhores sensos de humor de todo o zodíaco, sem dúvida, e são engraçadíssimas. Adoram rir e podem deixar os amigos atônitos com suas imitações, observações perspicazes e histórias malucas, todas narradas em ritmo cômico perfeito. Sua visão e intuição lhes dão a capacidade (como se diz no *show business*) de interpretar uma plateia como profissional.

Se tiver a sorte de ser convidada para o santuário que é o lar da mulher de Câncer, verá por que esse signo se alinha ao conceito de refúgio. Cancerianas em geral são seletivas sobre quem é admitido em seu domínio privado, pois se trata de seu porto seguro, onde elas se protegem da severidade do mundo. Em casa, a mulher de Câncer está em seu elemento natural. Romântico e misterioso, seu refúgio, muitas vezes, é decorado com antiguidades, tapetes orientais e camadas de belos tecidos. Objetos sentimentais, lembranças e fotos são abundantes. A iluminação é de grande importância para criar a atmosfera desejada: luz de velas e lâmpadas a óleo vitorianas fornecem o clima que ela prefere. Em resumo, a casa da mulher de Câncer é como um paraíso boêmio, com várias referências ao passado. *Jazz* dos anos 1930, música clássica ou *folk* dos anos 1970 provavelmente fazem parte de sua coleção musical, em especial se ela tiver memórias afetuosas de ter escutado, na infância, certo gênero com a avó ou uma tia amada.

A comida é outro tema canceriano que será evidente em seu refúgio. Seu luxuoso lar é perfumado com especiarias culinárias exóticas e o aroma inebriante de algo maravilhoso borbulhando agradavelmente no fogão.

Muitas cancerianas são epicuristas. Claro, há algumas que não cozinham, mas nem por isso deixam de ter profunda apreciação pelo que é delicioso. Seja pedindo comida de restaurante ou convidando amigos para cozinhar enquanto ela serve o vinho, a boa comida, com certeza, será parte central do aconchego da mulher de Câncer. Para os poucos afortunados que cruzam a soleira de sua porta, ela é uma anfitriã incomparável, que gosta de fazer os entes queridos se sentirem em casa.

O aconchego protetor de sua casa também é o espaço em que invoca sua magia criativa, já que a imaginação rica e fértil dessa mulher pode voar sem impedimentos na privacidade de seu santuário. Câncer é um signo muito criativo, e, quer a canceriana canalize essa criatividade pela palavra escrita, por meio de tinta e tela ou com pedras e prata, é compelida a dar forma a algo, com visitas frequentes da Musa. Também costuma ser bastante criativa com seu guarda-roupa. Com sua imaginação romântica e seu amor pelo passado, pode ter certo gosto por roupas *vintage* e joias antigas. Qualquer coisa que tenha uma história capturará o coração da mulher de Câncer. Ela pode ter fetiche por espartilhos antigos franceses ou por sapatos dos anos 1950. Sendo colecionadora nata, cada peça que cobiça tem uma história para contar. Tem, ainda, a capacidade quase mágica de encontrar tesouros em lojas de segunda mão e brechós, e não raro possui talento notável para transformar algumas de suas descobertas. Pode ser bastante talentosa com agulha e linha, resgatando um pedaço de veludo antigo de um vestido especial e dando-lhe vida nova.

Não podemos falar sobre a importância do lar para a mulher de Câncer sem adentrar outro forte tema canceriano: a segurança, algo quase sagrado para ela. E, embora isso abranja a segurança de sua casa em si, também inclui a financeira. A mulher de Câncer tem instinto de proteção e não deixa nada ao acaso. Não é o tipo de mulher que, às vezes, se esquece de trancar a porta dos fundos, literal ou figurativamente. Pode ter um sistema de alarme instalado e não tem medo de defender a casa e os entes queridos, se necessário. É muito prática quando se trata de medidas de segurança doméstica. Se morar no campo, vai querer uma cerca e talvez um cachorro para alertá-la sobre possíveis intrusos e visitantes indesejados. Para as nativas de Câncer, nada é mais importante que a segurança do lar e dos entes queridos, com a segurança financeira vindo logo em segundo lugar. Independentemente do nível de renda, a canceriana, muitas vezes, é financeiramente astuta e toma medidas para garantir que, aconteça o que acontecer, ela ficará bem. Assim como a mulher de Touro, é provável que tenha uma reserva financeira secreta guardada para uma eventualidade. Para os gastos pessoais, é muito econômica, tendo aptidão natural para lidar com dinheiro.

A necessidade de segurança da mulher de Câncer também se aplica à área do amor e dos relacionamentos. Devido à sua sensibilidade emocional, ela pode ser cautelosa ao entregar o coração. Isso é particularmente verdadeiro se seu coração já foi partido no passado. Algumas se retiram para a segurança de sua concha por longos períodos após um relacionamento ter dado errado. Constroem uma fortaleza impenetrável ao redor e mantêm os prováveis pretendentes afastados, com uma máscara exterior de rabugice e severidade que contradiz as criaturas suaves e vulneráveis que são por dentro. Algumas afirmam que preferem ficar solteiras para sempre a se permitirem ser feridas de novo. Verdade seja dita, no fundo do coração, o que a mulher de Câncer mais deseja é um relacionamento profundamente apaixonado, comprometido e emocionalmente íntimo. Mesmo que não esteja se recuperando do fim de um relacionamento anterior, leva tempo para a canceriana desenvolver confiança antes de entregar o coração. Quando o faz, não há signo mais dedicado, leal e protetor que Câncer. Ela também é uma romântica nata. Nota as pequenas coisas que fazem o parceiro feliz e nunca esquece uma ocasião especial. Adora trocar bilhetes de amor e mensagens de texto e dar (e receber) lembranças sentimentais de afeto. E muitas mulheres de Câncer guardarão esses emblemas de amor pelo resto da vida. Minha boa amiga canceriana tem pastas de arquivo em ordem alfabética com recordações preciosas desde a adolescência e uma história encantadora para cada uma.

A mulher de Câncer, às vezes, tem valores antiquados em relação à ideia de cortejo. Não importa quão inovadora ou radical ela possa ser em outras áreas da vida, tem certas noções tradicionais que são inegociáveis. Aprecia a cortesia e o respeito e adora gestos românticos que lhe mostram quanto você se importa com ela: trazer suas flores favoritas, abrir a porta do carro, acompanhá-la até a porta dela quando estiver chovendo e ligar após um encontro. Também valoriza profundamente as pequenas coisas que lhe deixarão evidente que esteve prestando atenção nela. Se ela mencionou algo de que gosta muito seis meses atrás e você a surpreende trazendo-lhe tal coisa como presente, sem aviso prévio, terá marcado muitos pontos. Mesmo que esteja casada há anos, a canceriana ainda valoriza todas as pequenas gentilezas e jamais esquece uma única que seja.

Da mesma forma, ela também não esquecerá uma ofensa de qualquer tipo. Pode perdoar, mas a memória da mulher de Câncer é longa, e seus sentimentos, facilmente feridos. Nativos de signos mais enérgicos, como Áries ou Sagitário, podem nem perceber que magoaram uma canceriana. Ela espera que você saiba com exatidão o que disse ou fez que a feriu e ficará ainda mais magoada se você não tiver consciência disso. Se realmente a amasse, raciocina uma mulher de Câncer, você saberia. Ela precisa entender que nem todos estão tão sintonizados quanto ela, e que isso não indica falta de cuidado. Quando se sente insegura ou com os sentimentos feridos, a canceriana, às vezes, recorre a táticas passivo-agressivas, para mostrar com que profundidade sua negligência a afetou.

Mesmo nas fases iniciais de um relacionamento, há algumas mulheres de Câncer que já estão sonhando acordadas com o nome dos futuros filhos. Muitas delas, embora não todas, anseiam por ser mães. Elas podem ter sido a menininha feliz que passou inúmeras horas trocando a fralda da boneca, mal podendo esperar até ser grande o suficiente para tomar conta do irmãozinho mais novo. Claro, há algumas que não são atraídas pelo caminho da maternidade ou não podem dar à luz. O instinto maternal, nesse caso, se manifestará de outras maneiras. Talvez ela seja como mãe do parceiro. Talvez tenha animais de estimação que significam tudo para ela.

Outras ainda encontram uma saída para o instinto maternal como madrastas dedicadas, tias ou profissionais em uma carreira na qual possam satisfazer à necessidade de cuidar dos demais. O instinto de cuidado é profundo em Câncer, e muitas mulheres desse signo sentem que alguma coisa lhes falta na vida se não tiverem alguém ou algo para cuidar. A família é muito importante para a mulher de Câncer. Quer ela tenha vínculo amoroso com a família de origem ou não consiga sequer cogitar a ideia de voltar para casa em época de festas, a família nunca será um conceito neutro. Se seu relacionamento com a família for complicado ou tiver sido gravemente prejudicado, ela se concentrará em criar uma família de própria escolha.

Sexualmente, a mulher de Câncer é uma amante sensual e intricada, que sabe se conectar com o parceiro de modo quase mágico. A maioria das mulheres de Câncer leva tempo para construir uma relação de confiança, e ela florescerá em um relacionamento de compromisso no qual se sinta segura para explorar suas paixões. Para uma canceriana, no melhor dos cenários, o sexo é uma união extasiante, um encontro entre o sensual e o espiritual, um vínculo profundo e sobrenatural que a conecta a um oceano de alegria transcendental. O orgasmo pode ser avassalador como um tsunami, e a mulher de Câncer, às vezes, chora após o sexo, tomada pela vastidão e profundidade dos sentimentos que a envolvem. É atraída pela intensidade emocional que vivencia por meio da relação sexual, e, portanto, é importante que escolha os parceiros com sabedoria. Em geral, o sexo casual a decepciona, mas, nas raras ocasiões em que tenta uma conexão dessa maneira, ela não o esquecerá e é provável que vá querer criar vínculo mais profundo com a pessoa com quem o vivenciou. Quando se sente emocionalmente segura e confiante, a mulher de Câncer fica sintonizadíssima com sua natureza sensual e aprecia o dom de se sentir confortável na própria pele.

Cancerianas podem encontrar realização em diversas profissões. Seu aspecto de cuidado pode torná-las terapeutas talentosas, instrutoras de yoga inspiradoras, massoterapeutas, naturopatas ou médicas. Também podem ser brilhantes terapeutas de sistemas familiares ou assistentes sociais, e a conexão que têm com mulheres e crianças pode levá-las a trabalhar como doulas, parteiras ou educadoras de primeira infância. A compaixão inata também pode conduzir uma mulher de Câncer ao trabalho com animais, como veterinária ou protetora deles. Por outro lado, a afinidade com o lar e a comida pode abrir uma série de possibilidades que alimentarão sua alma, como *chef*, padeira, proprietária de restaurante ou bufê. Ela também se destacaria como arquiteta, decoradora de interiores ou no ramo imobiliário, ajudando outras pessoas a encontrar e criar seu ninho perfeito. Sua capacidade de fazer as pessoas se sentirem em casa também a torna uma atenciosa anfitriã de pousada ou facilitadora de retiros. O gosto pela história e o amor pelo passado podem levá-la a uma carreira fascinante como curadora de museu, negociante de antiguidades, proprietária de brechó ou professora de História. E, é claro, a imaginação inspirada da mulher de Câncer a tornaria talentosa em todas as áreas criativas. Em uma direção completamente diferente, o talento financeiro dela poderia torná-la uma investidora perspicaz ou consultora de negócios.

## Arquétipo orientador da Deusa: Deméter

Deméter chega a nós vinda do panteão grego. É a deusa de cabelos dourados associada à fertilidade da terra e ligada aos cereais e à colheita, indicando seu vínculo com a comida e o sustento. Sua equivalente romana é Ceres, da qual deriva a palavra *cereal*. Também está associada à ordem divina da natureza. No entanto, e talvez o mais importante, Deméter tem ressonância profunda com as qualidades essenciais de Câncer, sendo o arquétipo quintessencial da mãe.[19]

No principal mito de Deméter, sua amada filha, Perséfone, colhe flores com as amigas em um belo prado. Absorta e feliz em sua busca, é atraída

[19] Jean Shinoda Bolen, *Goddesses in Older Women*. Nova York: Harper Collins, 2001, p. 159.

por uma flor de narciso particularmente bela e se inclina para pegá-la. Nesse momento, o chão se abre sob ela, e Hades, deus do mundo inferior, surge das profundezas em sua carruagem dourada e a agarra pelo delicado tornozelo, arrastando-a para seus domínios, a fim de se tornar uma relutante noiva. Ela grita por socorro enquanto ele a leva embora. Momentos depois, não resta nenhum vestígio dessa cena violenta: os campos estão mais uma vez silenciosos, exceto pelo canto dos pássaros. A manhã se transforma em tarde, e a tarde se torna crepúsculo.

Deméter começa a se perguntar onde a filha poderia estar. Ela nunca se atrasa. Deveria estar em casa naquele momento. Deméter começa a se preocupar. Com uma tocha na mão para iluminar o caminho, ela parte em direção à mata para procurar a filha. Por nove dias ela a busca, sem tomar banho nem comer. Chama seu nome de modo frenético por montes e vales, sendo recebida pelo silêncio. A escuridão cai, e Deméter está fora de si. Em choque, o coração acelerado e os membros trêmulos de medo, ela se senta – cabeça nas mãos –, pensando no que fazer em seguida.

No décimo dia, Hécate – a sábia anciã e deusa das encruzilhadas – a encontra assim e lhe diz que ouviu algo, mas não viu o que aconteceu com Perséfone. Hécate e Deméter se aproximam de Hélio, deus onividente do Sol, para ver se ele testemunhou algo que seria de ajuda. Hélio tem pena de Deméter e responde que o próprio Zeus deu Perséfone a Hades como noiva, contra a vontade da moça. Deméter fica incrédula. Furiosa. Horrorizada. Ela suplica a Zeus o retorno da única e amada filha, mas ele a ignora.

Mergulhada em desespero, Deméter se disfarça de velha e cobre os cabelos brilhantes. Perambula por todo lugar, desolada, traída e em profundo sofrimento. Enlutada e deprimida, as plantações deixam de crescer. A terra antes abundante e fértil seca. Não há colheita. Seres humanos e animais começam a passar fome. Vestida com uma simples túnica escura, Deméter acaba vagando pelas terras de Celeu, rei de Elêusis, o qual a acolhe e a convida para se tornar a ama de seu filho, Demofonte. Para retribuir a gentileza do rei, Deméter decide tornar Demofonte imortal. Ela o alimenta em segredo com ambrosia e o coloca nas chamas do fogo do lar todas as noites como parte de um ritual transformador. Certa noite, a mãe de Demofonte, Metanira, flagra Deméter colocando o bebê no fogo e grita horrorizada. Embora essa interrupção detenha a transformação de Demofonte em deus, Deméter agora declara sua verdadeira natureza em toda sua glória. Ela endireita as costas, imponente, os cabelos dourados caindo sobre os ombros, e se revela como a deusa que é diante da casa de Celeu. Ordena que um templo seja construído para ela e depois se enclausura nele, mergulhada em profunda depressão.

Enquanto isso, a terra está estéril há muito tempo – tempo suficiente para que os deuses do Olimpo deixem de receber seus sacrifícios por muitas luas. Zeus é, por fim, persuadido a intervir e concorda em enviar Hermes, deus mensageiro, para resgatar Perséfone de Hades – desde que ela não tenha ingerido qualquer alimento do mundo inferior. No entanto, em sua partida, Hades oferece a Perséfone, às escondidas, sementes de uma romã, e, talvez para apaziguá-lo, ela come várias delas.

Perséfone retorna ao mundo superior, e Deméter se alegra ao se reunir com a bela filha. Em sua alegria, os campos são transformados mais uma vez em um verde exuberante, e os brotos se abrem, voltando-se para o Sol. É a primeira primavera. Correndo para a filha, aliviada, Deméter pergunta a Perséfone se ela provou algum alimento dos mortos. Como Perséfone ingeriu as sementes de romã, deve passar um terço do ano no mundo inferior com o marido e dois terços na terra com a mãe, o que explica a alternância das estações.[20] Quando chega a hora de Perséfone retornar para Hades, Deméter mais uma vez lamenta a perda da filha, e o inverno se instala: as plantas não crescem, e a terra fica estéril. No entanto, a cada primavera, Perséfone se reúne com a mãe, e Deméter, em alegria, abençoa a terra com fertilidade e renovação.

---

20 Diane J. Rayor, trad. ingl., *The Homeric Hymns*. Berkeley: University of California Press, 2004, pp. 17-34.

Deméter também oferece à humanidade o sustento espiritual conhecido como os Mistérios de Elêusis, ordem religiosa secreta que proporcionava aos iniciados a esperança de que a vida continua após passarem pelo reino terreno.

## *Pathwork*: confiança nos ciclos

A sabedoria de Câncer nos ensina que toda vida é cíclica. O crescer e o minguar da Lua, o fluxo e o refluxo das marés, o pôr e o nascer do sol, a virada da grande Roda do Ano – a mudança das estações que se reflete na história de Deméter e Perséfone. Sabemos com certeza que a primavera sempre segue o inverno. Há grande conforto em meditar sobre a natureza cíclica da vida. Podemos ficar tranquilas, pois o ditado "é sempre mais escuro antes do amanhecer" não é apenas clichê; é uma lei incontestável da natureza. Os Mistérios nos ensinam que, embora Deméter e Perséfone sejam mãe e filha, são também, simbolicamente, duas metades de um todo, estando inextricavelmente ligadas. Se esse conto instrutivo nos ensina alguma coisa, é não aceitar apenas os ciclos crescentes e decrescentes da vida, mas também manter a semente da fé de que a primavera sempre voltará – e, com ela, o renascimento e a plenitude.

*Você caminha por uma vasta planície. O inverno já dura muito tempo. Os campos estão nus, e o vento uiva melancólico pela paisagem sombria. Árvores sem folhas se agrupam como se tentassem se aquecer. A última colheita ocorreu há várias luas, e a terra está em sono profundo. Você treme sob a capa de lã. É fácil acreditar que, dessa vez, o inverno não terá fim. A chama da inspiração em você parece ter enfraquecido. Tem sido difícil trazer à tona sua centelha criativa, e seu otimismo natural é apenas uma lembrança. Você se sente emocionalmente exausta e distante de casa.*

*Ao longe, vê uma estrutura grande e é atraída para descobrir de que se trata. Conforme se aproxima, percebe que é um templo. Altas colunas de mármore branco guardam os degraus da entrada. Você sobe os degraus, olhando ao redor para ver se há alguém por perto. Tudo está em silêncio, e o local tem uma atmosfera desoladora. Você pensa que o templo talvez esteja abandonado, e sua curiosidade a leva a girar a maçaneta e entrar. No final de um caminho processional ladeado por oliveiras de galhos nus, você vê o que parece ser uma mulher envolta em um manto escuro. Ela está sentada em um trono decorado com feixes dourados de trigo e papoulas secas. Sua cabeça inclinada repousa sobre o braço, e você se pergunta se ela está dormindo. Ela faz um ligeiro movimento e levanta a cabeça, desviada de sua contemplação por sua presença. É uma mulher bonita, de meia-idade.*

*Ela olha para você e sorri com delicadeza. "Ainda não é a hora." Sua voz é suave, calorosa e acolhedora. Você sente um desejo repentino de subir para a segurança e o conforto dos braços dela. Como se ela lesse seus pensamentos, estende a mão, a palma voltada para cima, em um gesto de acolhimento, e a aconchega em seu abraço. Você se deixa apoiar no colo da deusa; fecha os olhos e encosta o rosto em seu peito. Como é bom se sentir acolhida! Sentir que está tudo bem e não há problema em apenas ser. Ela a balança com suavidade. Você está envolta em êxtase oceânico – um retorno à Fonte. Exalando o ar em profundidade, sua respiração se desacelera, harmonizando-se com a dela. Você se encanta com a certeza do ciclo da respiração. Inspiração. Pausa. Expiração. Pausa. Inspiração. É como a certeza das marés do oceano ou da virada das estações.*

*Deméter fala: "Tudo tem seu ciclo. Tudo tem seu tempo. O espaço entre as estações da vida é o mesmo que aquele entre as respirações. Uma pausa sagrada na qual se deve confiar que a primavera sempre sucede o inverno. O vazio sempre é seguido da plenitude. Uma vida nova surge inevitavelmente após a morte. Tudo o que precisa fazer é aprender a confiar. Onde quer que se encontre no ciclo, por mais sombrio que seja seu momento, lembre-se de que essa é a lei divina".*

*Você descansa assim por um bom tempo, curando-se e reunindo forças. Após certo período, por mais que adorasse permanecer ali para sempre, sabe, por intuição, que é hora de se levantar. Desliza do colo da deusa e se vira para lhe agradecer. Ela sorri, olha no fundo dos seus olhos e, então, para o horizonte, como se tivesse escutado algo. Seus olhos dançam.*

*"Chegou a hora." Ela se levanta do trono e deixa o manto escuro cair, os cabelos dourados despencando sobre os ombros. Ergue os braços em êxtase, palmas para cima, e as oliveiras ao longo do caminho processional explodem em delicadas folhas verdes. Seu rosto está radiante – expectante. Momentos depois, a porta se abre com ímpeto, e uma jovem adorável entra, deixando flores em seu rastro. Você sai em silêncio do templo para descobrir que a primavera voltou aos campos lá fora. O verdor da terra por fim retornou. Renovada e regenerada, caminha sob a gloriosa luz do Sol, pronta para recomeçar.*

## Ritual: sabedoria do armário da vovó

Tanto o arquétipo de Câncer quanto a deusa Deméter estão profundamente entrelaçados com o tema do sustento. Comida e culinária são mais que uma maneira de se alimentar; ligam-nos a histórias e tradições do passado, criando um elo direto com a sabedoria dos ancestrais, de feitiços sussurrados, há muito esquecidos. Cozinhar invoca os quatro elementos – Fogo, Terra, Ar e Água –, transformando, de modo mágico, uma coisa em outra. Câncer também está alinhado com o arquétipo da Grande Mãe, assim como com a memória ancestral, a linhagem e as raízes.

Embora muitas tradições e indivíduos honrem tanto os ancestrais masculinos quanto os femininos, a seguir apresento uma maneira simples de se conectar especificamente com a sabedoria das avós. Uso o termo *avós* aqui de forma intercambiável com *sua avó*, porque, embora você possa desejar reverenciar sua avó materna ou paterna propriamente dita, também pode optar por se lembrar das mulheres que vieram antes delas na linhagem familiar: bisavós ou mesmo aquelas que viveram tanto tempo atrás que o nome delas pode ter sido esquecido. Quem sabe você não sinta vontade de se aprofundar em sua genealogia com um dos *kits* de teste de DNA que se encontram agora bem disponíveis.

## Você vai precisar de:

Uma receita antiga de família (ou do local de origem de sua(s) avó(s))
Ingredientes frescos e orgânicos
Vela de cera de abelha (uma vela grossa de 2,5 cm ou uma vela votiva funcionarão bem)
Foto(s) de sua(s) avó(s)
Pequenas lembranças de sua(s) avó(s) ou do país ou local de origem dela(s)
Instrumento para inscrever na vela (por exemplo, caneta esferográfica sem tinta, espeto de metal pontiagudo, palito de dente etc.)
Papel
Caneta

Em primeiro lugar, encontre uma receita transmitida em sua família ou, se isso não for possível, uma receita de um prato do local de origem de seus ancestrais. Se, como ocorre com muitas de nós, sua linhagem remonta a vários lugares, escolha uma receita da cultura que tenha mais ressonância para você. Obtenha os ingredientes da maneira mais direta possível, por exemplo, em uma feira de produtores, escolhendo produtos locais, ou, se cultivar os próprios vegetais e ervas, melhor ainda. A exceção é qualquer ingrediente necessário para a receita que seja cultivado e colhido em outra parte do mundo.

Aterre-se e se centre da maneira que preferir. Torne sagrado o espaço em que vai cozinhar: defume-o, lave a louça, limpe os balcões e certifique-se de varrer o chão com plena atenção. Monte um altar para as avós em sua cozinha. Coloque a vela de cera de abelha e uma foto da(s) avó(s), no altar. Você também pode colocar no altar pequenos objetos que pertenceram a ela(s) ou estejam associados aos seus lugares de origem. Se tiver a sorte de ter uma tigela, uma panela, uma faca ou uma colher passadas por gerações, pode usá-las na cerimônia de culinária ou colocá-las no altar da cozinha como um talismã simbólico de suas raízes. Como oferenda, coloque também no altar uma pequena porção dos ingredientes que vai usar.

Sente-se em uma cadeira ou ajoelhe-se diante do altar e pegue a vela. Respire quatro vezes para se aterrar. Diga em voz alta o nome da(s) avó(s), para que ela(s) saiba(m) que não foi(ram) esquecida(s). Entalhe o(s) nome(s) na vela, acenda-a e a coloque de volta no altar. Convide sua(s) avó(s), para sua cozinha, com algumas palavras de reverência, como:

*Vovó, seja bem-vinda ao meu lar.*

Se quiser, pode pedir uma orientação específica a ela(s) sobre um problema que está enfrentando ou apenas se conectar com sua linhagem para poder extrair força e sabedoria dessas mulheres que já se foram. Pergunte:

*Honradas avós (ou o nome de sua avó),*
*de que preciso saber neste momento?*

Inicie conscientemente a preparação do seu prato. Deixe-se entrar em leve estado de transe, refletindo sobre os ingredientes que está utilizando. Visualize onde foram cultivados e colhidos. Veja a luz do Sol e a chuva nutrindo a semente do que você prepara nesse momento. Veja sua avó usando os mesmos ingredientes e seguindo uma receita semelhante. Com base no que sabe dela, reserve alguns momentos para imaginar ativamente sua vida: os aromas, os sons e o espírito do lugar e do tempo em que ela viveu.

Em seguida, direcione a atenção para a alquimia que é o ato de cozinhar: o calor e a mistura de ingredientes que transformam e criam magia. Enquanto estiver cozinhando, mexendo ou amassando, esteja atenta a uma mensagem. Não descarte o que chegar até você. Mantenha atitude de receptividade. Pode ser uma palavra, uma visão súbita ou uma imagem. Detenha-se um instante para anotá-la e coloque o papel no altar, para que possa voltar mais tarde e meditar sobre a mensagem que recebeu e o que ela significa para você em sua vida.

Sirva o prato para a família, a família do coração ou apenas para si mesma, como um momento de contemplação pessoal. Medite na ideia de que você é o elo vivo dessa cadeia e um dia será uma ancestral. Embora possa fazer esse ritual a qualquer momento, a temporada de Câncer, uma Lua Nova ou Cheia em Câncer ou qualquer momento em que a Lua esteja em Câncer são períodos particularmente poderosos para se conectar com a sabedoria das Avós.

## Ritual: clarividência na Lua Cheia

Embora a Lua seja o planeta regente de Câncer, o ritual a seguir pode ser realizado em qualquer Lua Cheia do ano, não importando o signo em que esteja. A fase Cheia da Lua é propícia a todas as formas de adivinhação, entre elas a clarividência pela fixação do olhar em objetos translúcidos ou reflexivos (*scrying*), pois é um momento associado à clareza de visão e à revelação. O *scrying* é a antiga arte de olhar para uma superfície para adivinhar o futuro ou obter *insights*, e a Lua Cheia costuma lançar luz sobre coisas que estavam ocultas de nossa consciência. A Lua Cheia ocorre quando o Sol e a Lua estão em exata oposição, e a Lua, do ponto de vista terrestre, encontra-se completamente iluminada. O signo astrológico de determinada Lua Cheia será, portanto, sempre oposto ao signo em que o Sol está no mesmo momento. Por exemplo, a Lua Cheia em Câncer acontece todo ano no final de dezembro ou nas primeiras três semanas de janeiro (quando o Sol está em Capricórnio, o signo oposto a Câncer). A Lua é considerada Cheia por três dias: o dia anterior a ela, o dia exato e o dia seguinte. Portanto, se não puder realizar esse ritual precisamente na Lua Cheia, não se preocupe. É útil observar em que signo a Lua Cheia está, pois você também pode se sintonizar com os temas desse signo e reconhecer as deusas orientadoras associadas ao signo que rege a Lua Cheia.

### Você vai precisar de:

Vara de defumação de artemísia
Jarra de água
Tigela grande escura
4 velas brancas
Um punhado de pétalas de flores secas (comestíveis, se planejar ingerir a água) ou folhas soltas de chá de ervas
Diário
Caneta

Encontre um lugar onde possa ver a Lua. É melhor realizar esse ritual ao ar livre, mas, se não for possível, ficar perto de uma janela também funciona bem. Abra espaço e faça o aterramento e o centramento da sua maneira preferida. Defume a área de trabalho com artemísia, erva há muito associada à profecia, à adivinhação e à visão psíquica. É fácil encontrá-la em lojas de produtos naturais.

Despeje a água na tigela. Acenda as velas. Coloque as pétalas ou ervas e a artemísia seca na água e mexa-a no sentido horário, até que o conteúdo se disperse. Sente-se confortavelmente diante da tigela e olhe para a água.

Suavize e torne a visão difusa semicerrando os olhos. Diminua o ritmo da respiração e relaxe, entrando em leve estado de transe. Observe as imagens e as formas que surgirem de maneira espontânea nas pétalas ou folhas. Não tente forçar as imagens ou controlá-las; apenas deixe que mudem e se transformem no que for. (Você já se deitou na grama e observou as nuvens em um belo dia de verão, apenas olhou as imagens em constante mudança? A ideia aqui é a mesma.) Faça essa observação até sentir que chegou ao fim.

Pegue seu diário e registre o que surgiu para você. Escreva palavras e pensamentos e descreva as imagens que notou. Você pode optar também por desenhá-las. Apague as velas. Pode, então, despejar a água e as pétalas ou folhas da tigela de clarividência como oferenda, ou colocá-las para se energizar à luz da Lua por algumas horas, lembrando-se de recolhê-las antes do nascer do sol. A água lunar se conserva na geladeira por até duas semanas. Você pode usar essa água energizada de várias maneiras: em um banho ritual, como libação, em uma receita ou em outros trabalhos cerimoniais. Seja criativa.

Após a clarividência na Lua Cheia, você pode querer tomar um banho; consulte "Banho para se aterrar e se centrar após um ritual ou uma adivinhação" (página 87). Se assim for, leve as velas para o banho e acenda-as com segurança ao redor da banheira enquanto se banha.

## Correspondências de Câncer

**Datas astrológicas:** 21 de junho a 22 de julho

**Sabá:** solstício de verão no Hemisfério Norte e solstício de inverno no Hemisfério Sul

**Arquétipos da Deusa de Câncer:** Abuk, Anahita, Atage, Ceres, Danu, Deméter, Holdja, Ísis, Ixchel, Kupala, Mãe Maria, Meskhoni, Parvati, Reia, Taweret

**Casa:** IV

**Elemento:** Água

**Modo:** cardinal

**Planeta:** Lua

**Cores:** azul, azul-piscina, verde-água, prata, cinza-claro

**Cristais:** todas as pedras da lua, calcita azul, calcedônia, larimar, morganita, selenita, estilbita, turmalina melancia

**Óleos essenciais:** sálvia esclareia, lavanda, camomila, erva-cidreira, sândalo, *ylang-ylang*

**Partes do corpo:** útero, seios, estômago, sistema reprodutivo feminino

♌

# LEÃO

Neste momento, no Hemisfério Norte, passamos pelo portal do solstício de verão, banhando-nos na plenitude da estação. A terra é generosa, abundante e reafirma a presença da vida. Leão é um signo fixo de Fogo, o que significa que ocorre no coração da estação (o verão no Hemisfério Norte e o inverno no Hemisfério Sul), sendo associado ao elemento Fogo, apaixonado e visionário. Piqueniques na praia, acampamentos nas montanhas, dias preguiçosos ao sol – a temporada de Leão é o momento de se reunir com a família do coração, desfrutando do fulgor do crepúsculo de verão. No Sul, no entanto, estamos ainda no inverno e precisamos da confiança para acreditar que mais uma vez o Sol renascerá com o festival das luzes de Imbolc. Rimos, dançamos, brincamos e celebramos a genuína alegria de estarmos vivos. Lughnasadh, ou Lammas, o primeiro dos três festivais da colheita, ocorre durante essa temporada no norte, e os mercados de agricultores ficam repletos de cerejas maduras, amoras suculentas e pêssegos deliciosos. Faz sentido que Lughnasadh seja também um momento tradicional para noivados e casamentos, dadas a fertilidade e abundância do mundo natural.

Refletindo a gloriosa fecundidade da estação, o propósito de Leão é *brilhar*. Não é coincidência que o Sol seja o planeta regente de Leão. O Sol, na astrologia, está associado ao senso único de si mesmo. Simboliza crescimento, criatividade, iluminação, força vital, vitalidade, a centelha divina e a capacidade de criar vida. Também corresponde à soberania, à realeza, à nobreza e à liderança, todas qualidades que o arquétipo de Leão emana. Embora haja inúmeras deusas associadas ao Sol, ele também tem relação com o Sagrado Masculino, ou o *animus* nas mulheres, o rei interior que age em nosso nome e atua no mundo exterior. O Sol simboliza, ainda, o processo misterioso que chamamos de individuação: tornar-se você mesmo por completo, além de detentora generosa do próprio poder. Essa é a busca de Leão.

Esse signo incorpora o arquétipo da Rainha (e do Rei), bem como o da Criança Divina, e tende a enxergar a vida como um drama épico, sendo a leonina a protagonista dessa história. Carl Jung, psicólogo suíço leonino, resume: "Assumi a tarefa de conhecer meu mito e a considerei minha tarefa principal".[21] A astróloga e autora Liz Greene afirma: "Leão, mais que os outros dois signos de Fogo, adora criar um mito sobre si mesmo".[22] Quer Leão alcance ou não a fama e a glória na busca por seu mito pessoal, anseia pelo reconhecimento de seus esforços. Gosta de ser notado por sua marca pessoal de criatividade e autoexpressão. Embora seja, de fato, parte da tarefa de vida dos nativos desse signo trazer seus dons criativos únicos para o mundo, quando se sentem inseguros isso, às vezes, pode se traduzir em autoengrandecimento e necessidade de validação. Felizmente para Leão, ele costuma ser abençoado com uma parcela de talento natural combinada com visão, coração e ambição – o que quase sempre leva ao sucesso. Esse signo também tem calor e charme em abundância, o que o torna bastante adorável para aqueles que têm sorte de fazer parte de sua vida.

---

21 C. G. Jung, *Collected Works of C. G. Jung, Volume 5: Symbols of Transformation*. Princeton, NJ: Princeton University Press, 2014, p. xxv.

22 Liz Greene, *Astrology for Lovers*. York Beach, MA: Weiser, 1989, p. 120. [*Os Astros e o Amor – Um Guia Astrológico Completo sobre Relacionamentos*. São Paulo: Pensamento, 2ª ed., 2021.]

## A mulher de Leão

Todos olham para ela quando entra em uma sala. Seja ela uma mulher de Leão "clássica" – dramática, extravagante e autoconfiante – ou uma das representações mais sutis desse signo, essa mulher tem dose inegável de magnetismo pessoal, tendo aquele quê especial que poderia ser chamado de "qualidade do estrelato". É verdade que muitas leoninas têm estilo pessoal que atrai a atenção, mas isso é apenas parte do pacote. Seu estilo é expressão de uma criatividade inata, do direito à autoexpressão que a própria Deusa lhe concedeu. O que ela escolhe para se adornar faz parte de seu processo criativo. Quer ela opte por *glitter* e brilho ou por tatuagens e *piercings*, seu estilo é a incorporação sagrada de quem ela é – parte essencial da exploração de seu mito pessoal e uma maneira de entrar em cena. Mesmo as mulheres de Leão mais discretas têm talento para o drama ou o romance e florescem diante de apreciação e reconhecimento. Embora isso possa parecer vagamente superficial ou mesmo narcisista, a validação que Leão busca tem propósito mais profundo. Devemos lembrar que parte do propósito da alma dessa mulher é a autorrealização, e, por meio da resposta do coletivo, algo de sua própria essência se reflete de volta para ela, aprofundando, assim, seu conhecimento do eu emergente.

No entanto, como em todos os signos, sempre há uma sombra. Apesar da aparente autoconfiança, a sombra de Leão é a insegurança: no fim das contas, a leonina não sabe se de fato está dando conta do recado. Quando a dúvida se instala, ela pode tentar, com ainda mais afinco, obter aprovação ou a confirmação de que é importante. Também pode exibir orgulho, arrogância ou presunção para compensar a autoestima vacilante. Pode se agarrar à validação externa e exibir comportamentos de carência acompanhados de histrionismo dramático. Pode se tornar competitiva. O lado sombrio da Rainha, então, se revela, e a natureza naturalmente calorosa e afetuosa de Leão é sobrepujada pela busca por reconhecimento.

A lição desse signo é confiar em si mesmo. A mulher de Leão precisa aprender a desenvolver autoconfiança real, que venha da essência de seu coração, em vez de depender apenas de fontes externas. Assim, ela poderá assumir seu lugar legítimo no trono como a Rainha Sábia, aquela que compreende que a soberania sobre si mesma é o objetivo final. Ao chegar a essa realização, ela irradia sua verdadeira natureza real, centrada em si mesma, conectada a seu coração e sendo fiel ao que acredita. Ela assume a responsabilidade da liderança e a veste com conforto e graça. Sente-se plena e é gentil. Isso é individuação ao estilo leonino.

Embora a ascensão pessoal da mulher de Leão à autossuficiência muitas vezes venha com a maturidade, existem várias áreas da vida que ela pode cultivar conscientemente para direcionar seu caminho para esse fim. A primeira é honrar o caminho de individuação por meio da expressão criativa. Ela deve reservar espaço para seus talentos criativos, seja qual for o meio escolhido. Quer opte por teatro, música, escrita, cozinhar, pintar, projetar ou criar o próprio negócio, faz parte do propósito de vida da mulher de Leão ser criadora. Não sou capaz de enumerar quantas vezes vi um potencial significativo de criatividade no mapa astral de uma mulher de Leão e tive a triste resposta: "Ah, não, não sou criativa. Não escrevo nem consigo desenhar nada além de bonecos de palito". O problema não está no fato de essas clientes não serem criativas, mas, sim, na definição delas de criatividade, que é muito estreita, fazendo com que acabem não se enxergando como tal.

Além disso, embora muitas mulheres de Leão não tenham problemas em acolher suas capacidades criativas e proclamá-las para o mundo, há outras que acham difícil aceitar que a criatividade é seu direito nato. Talvez a autoexpressão criativa não tenha sido valorizada quando eram crianças. Talvez tenham tido uma família que acabou apagando sua pequena centelha ao dar valor excessivo às realizações convencionais e mensuráveis no mundo exterior. Por exemplo, ela pode vir de uma longa linhagem de médicos, e, embora seu coração ansiasse por uma formação em escrita criativa, esperava-se que cursasse ciências em vez de artes na faculdade. Ou ela pode ter nascido em uma família muito prática, que considerava as atividades criativas boas como *hobby*, mas deixando claro que, para se dar bem neste mundo, ela precisaria de um trabalho "de verdade". Seja como for, a mensagem pode ter sido que as atividades criativas eram perda de tempo, de dinheiro, de esforço. O condicionamento familiar pode ser complicado. No entanto, a individuação diz respeito ao *seu* mito pessoal. Esta é a sua jornada, e nunca é tarde demais para seguir o caminho para o qual você nasceu.

Vamos ampliar a definição de criatividade. Criatividade é a imaginação personificada. É uma ideia original ou uma nova abordagem de algo que cria uma faísca. Essa faísca é uma nova vida. A criatividade, por certo, abrange todas as artes, desde música até dança, passando pela pintura, mas é muito mais que isso. Sempre que nos sentimos inspiradas e manifestamos algo tangível com base nessa inspiração, estamos sendo criativas. Pode ser qualquer coisa, desde reformar uma cadeira antiga até decorar a sala de estar. É pensar em uma nova solução para um problema antigo. Você pode ser uma contadora criativa. Pode ter talento para se vestir de forma criativa ou planejar uma festa perfeita. A mulher de Leão precisa ampliar bastante a definição de criatividade e dominá-la, seja qual for o modo com que se apresente. Precisa sair da zona de conforto e correr riscos que criem realidades novas e empolgantes. O segredo é que, quando elimina os obstáculos internos, a leonina abre espaço para algo que reafirma a vida, alinhando-se ao seu verdadeiro propósito. Ela, então, se sentirá satisfeita. Realizada. Radiante.

Outra maneira pela qual a mulher de Leão pode reivindicar a herança de autossuficiência é desenvolvendo a propensão para uma liderança inspirada. Tendo o Sol como planeta regente, muitas leoninas nascem líderes. E, embora isso possa se manifestar na liderança de outras pessoas, que são estimuladas por sua paixão e atitude proativa, também pode significar postura proativa em relação à própria vida. A mulher de Leão é agente de mudanças e também alguém influente. Tem ideia e, devido à natureza fixa do signo, em geral tem persistência para levá-la à fruição. Também tem carisma que faz os outros confiarem nela e desejarem apoiar suas ideias. Talvez seja a autoconfiança natural e o entusiasmo abundante que inspiram fé nos outros. Uma verdadeira líder desse signo parece ter o dom de fazer as pessoas ao redor se sentirem apreciadas e valorizadas. É generosa com seu conhecimento e incentivo, trazendo à tona o que há de melhor nos outros. Quando age com a essência do coração e fiel a uma visão benéfica para o coletivo, a mulher de Leão tem autoconfiança que emana o arquétipo da Rainha.

O terceiro caminho de autorrealização para Leão é alinhar-se a outro arquétipo associado a esse signo: a Criança Divina. Para Leão, brincadeiras, prazer, entretenimento e diversão são caminhos potenciais para a autorrealização. Se a mulher de Leão estiver se levando muito a sério ou se sentindo insegura e tiver caído na sombra da compensação e do autoengrandecimento, o antídoto é se ligar com o aspecto de Criança Divina de seu signo. Sintonizar-se com seu senso de admiração infantil e abandonar a pose cultivada com cuidado rejuvenescem a leonina. Brincar de se fantasiar ou permitir-se ser tola, não importando o que os outros pensem, pode ser terapêutico. E, com o amor de Leão pelo teatral e seu senso de diversão, não é surpresa encontrar leoninas em festas renascentistas e outros eventos de representação ao vivo (Larp). É claro que elas estarão interpretando rainhas ou personagens heroicas nessas situações.

O trabalho com a criança interior também pode ser útil para a mulher de Leão. Nem todas elas tiveram infância idílica, na qual eram adoradas. Algumas podem ter vivenciado traumas. Outras podem ter tido o espírito oprimido pelo peso das expectativas familiares, responsabilidades excessivas ou pais bem-intencionados que, por uma variedade de razões, pareciam nunca ter tempo ou energia suficientes para garantir que sua pequena leonina sentisse o devido apoio para brilhar. Isso, muitas vezes, é a raiz da necessidade de compensação na vida adulta. Sob cada ego inflado, há uma criança aterrorizada com o fato de não ser especial o bastante para receber o amor e a atenção de que precisa. A mulher de Leão pode precisar ser a mãe que ela não teve. Ela tem de estar presente para si, ser o próprio ponto de apoio. Talvez necessite escavar fundo para encontrar o reconhecimento dentro de si, não de maneira autoindulgente, do tipo "coma mais um doce", mas de maneira real, fundamentada, do tipo "sempre estarei aqui quando você precisar".

A mulher de Leão também carrega no coração a imagem do amor idealizado. É especialmente empolgante para ela se houver testes de devoção que amantes de coração nobre devem superar para cumprir sua conquista. Tristão e Isolda, Lancelote e Guinevere, Abelardo e Heloísa – de modo consciente ou não, essas histórias clássicas de amor estão impressas em sua psique e moldam as expectativas dela sobre o que significa se apaixonar. De fato, até a expressão *apaixonar-se* (em inglês, *fall in love*, que quer dizer, literalmente, "cair no amor") descreve a ideia de Leão sobre como o amor "deveria" ser sentido: perda total de controle, caindo de cabeça, sem se importar com nada; um "nós contra o mundo lá fora"; um amor romântico. Se ele é exatamente como nos filmes ou nos contos antigos, ou como nas palavras de poetas já falecidos, então é amor verdadeiro. As mulheres de Leão nascem românticas e, em uma era de relações casuais, valorizam a nobre ideia do cortejo. Na mente de uma leonina, um cortejo adequado coloca seu amor acima dos casos frívolos e do amor mundano do dia a dia que todos os outros vivenciam. Isso não significa que ela não exercite sua destreza sexual quando lhe convém – afinal, é uma caçadora – e não tenha apetite sexual formidável; mas, quando está mesmo interessada em alguém, anseia por momentos de intriga e drama, a tortura requintada que é a *saudade*. Altos e baixos eletrizantes apenas confirmam para ela que aquele amor é de verdade. É bem provável que a expressão *paixão avassaladora* tenha sido cunhada por uma amante de Leão, em um relacionamento repleto de todo o drama, tormento e provas de devoção que se poderia esperar. As mulheres desse signo, muitas vezes, se sentem atraídas pelos conceitos de almas gêmeas e único e verdadeiro amor.

Apesar de todo o amor dela por gestos grandiosos e declarações dramáticas, a mulher de Leão é também profundamente dedicada, calorosa e verdadeiramente afetuosa. Uma vez que se comprometa, as nativas desse signo estão entre as mais fiéis, colocando seu amor em um pedestal. Em troca, a leonina precisa de respeito, admiração e sentir-se valorizada. Não suporta a indignidade. É orgulhosa e de temperamento forte, e não tolera nenhuma forma de maus-tratos. Afinal, é uma Rainha. Mesmo em um relacionamento de longo prazo, ela não se contenta com uma rotina mundana ou monótona. Delicia-se com surpresas românticas e gestos que lhe mostrem que é ainda considerada a número um. Muitas leoninas desejam se casar quando encontram "a pessoa certa". Claro, o casamento deverá ser apropriadamente luxuoso, sem que se poupem despesas. Ou elas podem optar por um casamento mais simples, talvez em um cenário gracioso no campo, com toques pessoais criativos e o tipo de charme rústico que evoca a magia dos contos de fada.

A mulher de Leão tem muito carisma sexual e forte libido. É sexualmente confiante e pode ser dominante. Saber que é desejada tem efeito afrodisíaco para ela, e algumas leoninas gostam de fazer alguma espécie de *show* para mostrar quanto são sensuais. Outras apreciam se vestir e brincar de representar papéis como expressão de seu talento inato para a criatividade e o drama. *Lingeries*, perucas e fantasias fazem parte da diversão. A leonina pode ser aventureira no sexo, mas, em geral, não faz isso para agradar à outra pessoa; trata-se de parte de sua autoimagem de mulher *sexy* e desejável. Também pode ser bastante competitiva e, às vezes, participará de situações complexas que envolvam sexo, nas quais possa ser o centro das atenções. No entanto, as famosas garras de Leão podem aparecer se ela perceber que não é a estrela da sala. É bom avisar: o ciúme leonino é impressionante; é melhor não brincar com fogo.

Outro aspecto da natureza erótica de Leão se relaciona à sua afinidade por luxo e extravagância. Pétalas de rosa na cama, champanhe em um balde com gelo e um quarto de hotel cinco-estrelas são verdadeiros estímulos para algumas mulheres desse signo. Elas adoram ser levadas ao céu em grande estilo.

Com o formidável repertório leonino de inúmeras habilidades, capacidade criativa inata e ambição feroz, a leonina pode se dedicar a quase qualquer carreira e ter sucesso a ponto de receber o reconhecimento que tanto deseja. Não importam os caminhos que escolham explorar, muitas delas se tornam especialistas em sua área de atuação. Algumas chegam a alcançar a fama ou a excelência, pois, quando a nativa de Leão trabalha em consonância com seu coração, ela brilha. Pode ser uma estrela no ramo do entretenimento, seja como atriz, *performer* ou musicista, mas também brilhar no papel de diretora, promotora ou assessora de imprensa. Pode, ainda, trabalhar nesse setor como parte da equipe criativa, sendo maquiadora, cabeleireira, cenógrafa ou figurinista. Moda é outra área em que a mulher de Leão se destaca com frequência, e ela pode ser atraída por uma carreira bem-sucedida como *designer*, ilustradora, fotógrafa ou estilista. Com afinidade por crianças, brincadeiras e diversão, pode também prosperar como autora infantil, ludoterapeuta, criadora de livros de colorir ou desenvolvedora de jogos. E, é claro, suas capacidades criativas se adequariam bem a uma carreira em qualquer um dos campos criativos, como artes visuais, escrita, poesia, dança, terapia de artes expressivas, arte em tatuagens, planejamento de eventos ou *design* de interiores. Sua aptidão natural para a liderança faria da mulher de Leão uma excelente CEO ou uma brilhante diretora criativa.

## Arquétipo orientador da Deusa: Rhiannon

Entre as muitas deusas em diversas tradições mitológicas pelo mundo afora que exemplificam as características de Leão, Rhiannon, do *Mabinogion* galês, veio até mim durante uma meditação, enquanto eu escrevia este capítulo. Rhiannon não só é a deusa da soberania cujo nome significa "grande rainha", mas também está intimamente associada a cavalos (um animal solar) e tem inextricável relação com o simbolismo do Sol, algo que se depreende ao longo de suas histórias. Como veremos, ela apresenta, igualmente, várias outras correspondências com o signo de Leão: é estratégica, criativa, confiante e vive conforme dita seu coração.

O grandioso lorde Pwyll de Dyfed sai em uma manhã de verão e chega ao monte das fadas Gorsedd Arberth, onde, segundo a lenda, quem chegasse ali seria atacado ou testemunharia um prodígio. Pwyll, sendo grande herói e guerreiro, não tem medo e pensa que gostaria bastante de testemunhar um prodígio. Dá água a seu cavalo e aos cães que o acompanham, senta-se na macia grama verde e espera.

Logo, a mulher mais bela que já viu passa cavalgando devagar por ele em um cavalo claro. Está envolta em luz dourada e vestida com seda suntuosa da cor do sol, os longos cabelos loiros brilhando com incandescência sobrenatural. Pássaros voam ao redor, cantando as mais doces canções. Pwyll monta em seu cavalo e galopa atrás dela. Embora o cavalo da mulher esteja andando devagar, por mais que Pwyll galope atrás dela, ela se mantém alguns passos à frente, e ele não consegue alcançá-la. Por fim, após três dias de perseguição, Pwyll implora que ela pare para que possa lhe falar. Ela se volta para ele sorrindo e responde que, se tivesse pedido antes, ela teria parado com prazer, e ele, poupado seu cavalo.

A mulher se apresenta a ele como Rhiannon, filha de Heveydd Hen, rei do Outro Mundo. Informa a Pwyll que veio procurá-lo, pois ouviu falar de seus feitos, e decidiu que é o homem de seu coração. Embora esteja prometida a outro, ela não se casará com mais ninguém, a menos que Pwyll a rejeite, e veio em busca de uma resposta. Pwyll mal pode acreditar na boa sorte e declara que, se tivesse de escolher entre todas as donzelas do mundo, escolheria apenas ela como sua rainha. Satisfeita, Rhiannon afirma que, se é isso realmente o que ele sente, deve encontrá-la no palácio do pai dali a um ano, e eles se casarão.

Os dois se separam, e Rhiannon retorna ao seu reino sobrenatural. E, com certeza, eles anseiam mais e mais um pelo outro a cada dia que passa. Por fim, chega o momento, e Pwyll adentra o mundo das fadas para encontrar a noiva. Há grande júbilo nesse encontro. Uma festa magnífica é preparada, e Pwyll é calorosamente recebido. Após a festa, um jovem alto em trajes reais entra na sala. Ele se dirige a Pwyll, anunciando que veio lhe pedir um favor. Pwyll, sentindo-se eufórico de alegria no dia do casamento, responde que dará de bom grado tudo o que estiver ao seu alcance. Rhiannon solta um suspiro e olha para o marido, incrédula. O jovem olha fixamente para Pwyll, os lábios se curvando em um sorriso sádico, e lhe diz que veio pedir a mão de

Rhiannon. Rhiannon se volta para Pwyll e o repreende por falar de modo tão descuidado, explicando que aquele é o homem a quem estava prometida. Pwyll fica horrorizado com sua atitude tola, mas Rhiannon o leva para o lado e sussurra que encontrará uma maneira de resolver a situação. Ela concordará em se casar com o jovem dali a um ano, mas garantirá que o casamento não se concretizará. Entrega a Pwyll uma pequena bolsa, instruindo-o a estar mais uma vez no salão do pai dela dali a um ano e a trazer consigo a bolsa e também cem de seus cavaleiros mais confiáveis.

Um ano depois, enquanto Rhiannon está prestes a se casar, Pwyll aparece na festa de casamento disfarçado de mendigo; os cavaleiros permanecem escondidos no pomar. Ele tira a pequena bolsa que Rhiannon lhe confiou e solicita ao noivo que a encha com comida da mesa da festa. Como é o dia de seu casamento, ele concede o pedido, mas, não importa quanto alimento seja colocado nela, ela nunca se enche. Pwyll, então, o engana dizendo-lhe que deve pular em cima da bolsa, pois ela não ficará cheia até que um homem de nobre nascimento e riqueza pise nela e a declare cheia; então, a bolsa magicamente o engole. Pwyll chama os cavaleiros, e eles espancam o homem dentro da bolsa, até que ele implore por misericórdia e desista da pretensão de se casar com Rhiannon.

Pwyll e Rhiannon enfim se casam e partem para o reino dele, onde ela é recebida pelo povo como rainha. Generosa, ela presenteia os cortesãos com joias e adereços luxuosos, e ela e Pwyll vivem felizes juntos por dois anos.

No terceiro ano, Rhiannon por fim dá à luz um herdeiro muito esperado. Na noite do nascimento do filho, ela dorme ao lado do berço com seis criadas presentes. No meio da noite, uma das criadas acorda após ter adormecido durante sua vigília e descobre que o bebê desapareceu. Aterrorizada, ela e as outras criadas elaboram um plano para se protegerem da punição por tal negligência: matam um cachorrinho e esfregam o sangue dele nas bochechas e na boca de Rhiannon, acusando-a de matar o próprio filho. Quando ela acorda de manhã e descobre que o filho desapareceu, as criadas lhe dizem que lutaram contra ela a noite toda e que ela comeu o próprio filho. Rhiannon, generosa de coração, diz a elas que, se estão contando aquela história por medo da punição, ela as defenderia, mas as criadas mantêm a história falsa.

Embora os conselheiros insistam para que Pwyll se livre da esposa sobrenatural, Pwyll ama Rhiannon de todo o coração e se recusa a se divorciar dela. Em vez disso, ordena que Rhiannon cumpra uma penitência por sete anos. Todos os dias, ela deve se sentar em um assento próximo ao portão do castelo e contar sua história a cada pessoa que entrar. Ela também deve se oferecer para carregar o convidado para dentro do salão, levando-o nas costas, como se fosse um cavalo. Rhiannon suporta a penitência com graça e dignidade, e todos que chegam ao castelo ficam impressionados com sua coragem, vendo que é inocente. Assim, sua história se espalha por todo o reino.

Enquanto isso, um dos súditos de lorde Pwyll encontra um lindo bebê de cabelos dourados escondido no celeiro. Ele e esposa criam a criança como se fosse deles. À medida que o homem reflete sobre a triste história da bela Rhiannon pagando penitência por um crime que provavelmente não cometeu, observa com atenção o menino em desenvolvimento e percebe que a criança que está criando se assemelha, de maneira extraordinária, a Pwyll. Ele leva o menino ao palácio, e há grande regozijo no país. A punição de Rhiannon chega ao fim, e ela é inocentada, ficando com o filho. O reino desfruta de prosperidade e felicidade por muitos anos, e seu filho cresce, tornando-se um grande herói.[23]

As associações de Rhiannon com o arquétipo de Leão são abundantes. Além de ser tanto rainha quanto deusa da soberania, ela também é deusa solar – e o planeta regente de Leão é o próprio Sol. Ecoando ainda mais os atributos de Leão, ela é confiante e audaciosa, escolhendo com quem se casaria, apesar de já estar prometida a outro – portanto, tem iniciativa. Também está ligada à ideia de amor verdadeiro e à busca de estar com o amado contra todas as probabilidades – outro tema leonino. Rhiannon não

---

[23] Charlotte Guest, trad. ingl., *The Mabinogion*. Londres: J. M. Dent & Sons, 1906; Nova York: Dover, 1997, pp. 1-15.

é uma pessoa submissa e demonstra sensibilidade arrojada quando repreende Pwyll em duas ocasiões: primeiro, por não pedir a ela que pare e fale com ele; segundo, quando Pwyll, de modo tão tolo, promete qualquer coisa ao convidado indesejado em seu casamento. Ela não fica trêmula de pesar, mas, sim, elabora um plano. É proativa e visionária. Rhiannon também corresponde à generosidade inerente a Leão: dá presentes exuberantes ao povo de Dyfed e depois se oferece para defender as criadas se elas contarem a verdade. Por fim, embora precise cumprir penitência por um crime que não cometeu, não se faz de vítima; apenas permanece fiel a si mesma e suporta a situação com a cabeça erguida e a integridade intacta. Em consonância com a natureza fixa de Leão, Rhiannon exibe perseverança e fé no amor e na vida, mesmo nos momentos mais sombrios. Chame por Rhiannon quando precisar de confiança extra para agir em uma situação ou quando for necessário recarregar a autoestima e falar sua verdade.

## *Pathwork*: o presente de Rhiannon

*Os primeiros raios rosados da alvorada iluminam o céu, e a escuridão aveludada da noite cede lugar a tons suaves de um cinza-perolado e um azul mais profundo, enquanto o Sol está prestes a despontar sobre o horizonte leste. Você esteve fazendo vigília durante a noite nesta encosta gramada para ver o nascer do sol e, de sua posição elevada, vê a paisagem verde ondulante que se estende para longe em todas as direções. Sua vitalidade e confiança têm diminuído nos últimos tempos, e sua chama interior parece mais as brasas de um fogo moribundo. Você parece estar enfrentando um obstáculo após o outro e veio aqui para avaliar a situação.*

*Os pássaros começam sua canção matinal de cortejo, e é como se o tempo tivesse parado neste momento liminar entre a noite e o dia. Algo chama sua atenção à esquerda, e você percebe um movimento atrás das aveleiras. Uma mulher em um cavalo branco surge de trás da sebe, banhada no brilho sobrenatural do Sol nascente. Por um momento, você fica atordoada ao ver alguém cavalgando tão cedo. Saúda-a em voz baixa, e ela para, vira-se e depois cavalga devagar em sua direção. Você percebe que essa não é uma mulher comum que realiza uma tarefa matinal. Ela tem a pose de uma rainha, com sua seda resplandecente, a cabeça erguida e os cabelos ruivos como aura deslumbrante ao redor. A luz dourada parece emanar tanto dela quanto do nascer do Sol que se aproxima. Ela sorri e se inclina para lhe estender a mão. Você lhe dá a mão, e a deusa Rhiannon a puxa para cima do cavalo, na frente dela.*

*Juntas, vocês cavalgam para o outro lado do monte, onde se deparam com um velho espinheiro retorcido que guarda a entrada para uma fenda na colina. A árvore está decorada com todo tipo de oferendas: fitas, cristais cintilantes amarrados em cordões, retalhos de tecido envelhecido que devem ter sido deixados ali há anos. Você sente a necessidade de deixar a própria oferenda ali e desce do cavalo, aproximando-se da árvore. Revira os bolsos em busca de algo para oferecer, mas eles estão vazios. Volta-se para Rhiannon, que desmontou e agora está a seu lado. Seus olhos são âmbar à luz do amanhecer iminente. Ela desamarra da cintura um saquinho dourado de veludo e o coloca em suas mãos.*

*"Isto contém sua centelha, seu fogo interior sagrado – cuide bem dele. Enquanto se lembrar de que, por mais escura que seja a noite, o Sol sempre nascerá, seu coração nunca estará vazio. Enquanto mantiver a fé e permanecer fiel ao próprio coração, sempre me farei presente para você. Enquanto falar sua verdade e agir quando necessário, sempre terá a soberania de si mesma", diz ela. Salta para cima do alto cavalo branco e dá um deslumbrante sorriso de despedida, cavalgando em direção ao brilho ofuscante do Sol que acabou de nascer.*

*Você coloca a mão no saquinho e retira dele um pedaço de citrino. Ergue-o à luz dourada, e ele explode em um arco-íris de cores. Você retorna com a cabeça erguida, pronta para enfrentar o novo dia com sua centelha reacendida e a certeza de que recebeu a soberania da própria Rainha da Terra.*

## Ritual: desperte sua rainha interior

Leão tem relação com o arquétipo da Rainha: esse signo tem núcleo interno de força e autoestima, soberania pessoal e disposição para buscar os próprios interesses. Olhe seu mapa astral e observe em qual casa o Sol está posicionado; essa área da vida é aquela em que você tem o potencial de brilhar e onde pode ser necessário despertar sua rainha interior para assumir seu poder com generosidade e confiança em doses equivalentes. Pode ser interessante cultivar os assuntos dessa área da vida, pois ela representa o domínio em que você provavelmente alcançará reconhecimento especial, amor e abundância.

### Incenso Leonino da Rainha do Sol

1 parte de cada:
Olíbano
Canela
Gengibre
Laranja doce

### Bolsa mágica de Rhiannon

A bolsinha mágica que Rhiannon dá a Pwyll é semelhante ao talismã mágico que salva o dia na hora mais crítica. Curiosamente, belas bolsas ornamentadas eram oferecidas quase sempre como presentes de casamento nos primórdios da Idade Média, do noivo para a noiva. É bastante apropriado que Rhiannon dê o saquinho a Pwyll, não o contrário, dada sua personalidade corajosa e expressiva. Você pode comprar uma bolsa pequena ou encontrar algum tecido de sua preferência para costurar uma. Cores de tecido que se associem à simbologia do Sol são as mais adequadas: dourado, amarelo, vermelho e laranja. O branco também está relacionado à simbologia de Rhiannon. Você pode, ainda, decorar sua bolsinha com um símbolo, pintado ou colado, que esteja alinhado a Leão ou a Rhiannon: um cavalo, pássaros, o símbolo de Leão, o glifo astrológico do Sol, um coração ou uma coroa. Tenho um brinco redondo de cobre, do tamanho de uma moeda de um dólar, com cavalos celtas em relevo, que colei na minha bolsinha de Rhiannon como peça central. Para obter melhores resultados, confeccione sua bolsa de Rhiannon durante a temporada de Leão ou quando a Lua estiver nesse signo. Energize-a colocando-a sob os raios plenos do Sol por três dias, se possível. Essa bolsa mágica é um lembrete de que, a todo momento, você carrega consigo tudo de que precisa. Mantenha-a em seu altar ou use-a em cerimônias pessoais.

## Desperte sua rainha interior

Capa ou outra peça de vestuário com capuz
Pequena vela cônica dourada ou amarela
Incenso Leonino da Rainha do Sol
Papel
Caneta
Bolsa mágica de Rhiannon
Símbolo de soberania: colar ou anel

Lembre-se de que as nativas de Leão adoram um drama. Também gostam de se divertir e tornar as coisas especiais. Para este ritual, qualquer esforço extra na decoração do espaço faz parte de focar as energias. Dê o melhor de si. Monte seu altar com símbolos da Rainha. Cubra-o com cores solares: dourado, amarelo, âmbar. Você pode incorporar, ainda, roxo às cores do altar, já que o roxo simboliza a realeza desde os tempos romanos. Use algo que a faça se sentir ainda mais majestosa, talvez uma capa ou outra peça com capuz.

Entalhe na vela um símbolo que tenha a ver com Leão. Acenda-a. Medite enquanto olha para a chama e visualize como seria se você fosse dona do seu poder. Sinta o calor e a iluminação da chama transferirem-se para o chakra do plexo solar, o centro do poder pessoal, e depois para o coração. Sinta esses dois centros de poder conectados – o coração e a vontade. Escreva três coisas que faria se agisse como Rainha da própria vida. Declare-as em voz alta e, em seguida, passe o papel pela fumaça do incenso três vezes. Dobre-o com cuidado sete vezes e coloque-o em sua bolsa de Rhiannon. Lembre-se: essa bolsa está impregnada com a magia do Outro Mundo e contém tudo de que você precisa. Pegue o anel ou colar e passe-o pelo incenso três vezes, para consagrá-lo, declarando em voz alta:

*Este anel/colar é símbolo externo da minha soberania interior. Por Rhiannon, por Maeve, por Morrígan, eu me alinho com a rainha interior e assumo meu poder concedido pela deusa para governar minha vida com graça, dignidade, amor e compaixão. Que assim seja.*

Coloque o anel ou colar, tire o capuz e levante-se. Feche o círculo e agradeça às divindades invocadas. Embora você possa usar o colar ou o anel durante todo o tempo, se preferir, use-o por pelo menos três dias e depois guarde-o na bolsa de Rhiannon durante o tempo necessário para aumentar sua autoconfiança ou quando precisar agir e invocar suas qualidades de liderança.

## Correspondências de Leão

**Datas astrológicas:** 23 de julho a 22 de agosto

**Sabá:** Lughnasadh/Lammas no Hemisfério Norte e Imbolc no Hemisfério Sul

**Arquétipos da Deusa de Leão:** Rhiannon, Bastet, Sekhmet, Rainha Maeve, Olwen, Morrígan, Durga, Cybele, Hathor, Qudsu, Amaterasu, Saule

**Casa:** V

**Elemento:** Fogo

**Modo:** fixo

**Planeta:** Sol

**Cores:** dourado, amarelo, vermelho, laranja, âmbar

**Cristais:** cornalina, citrino, danburita, rodocrosita, rubi, pedra do sol, olho de tigre

**Óleos essenciais:** benjoim, canela, olíbano, noz-moscada, laranja, limão, gengibre, tangerina

**Partes do corpo:** coração, coluna, parte superior das costas

♍

# VIRGEM

Os dias festivos e ensolarados de Leão dão lugar à segunda das estações liminares. Virgem é o verão fazendo a transição para o outono no Hemisfério Norte e para a primavera no Hemisfério Sul, e essa energia está indelevelmente impressa no arquétipo, que cede lugar à natureza de Mercúrio na personalidade virginiana. Agora há um sutil brilho dourado sob o verde exuberante que predominou nos últimos meses. Virgem é um signo mutável de Terra, o que significa que conecta uma estação à próxima e se manifesta como o elemento Terra, sendo prático e realista. O arquétipo desse signo está relacionado à preparação para a colheita. Iniciamos, assim, a tarefa de separar os grãos da palha em nossa vida. O que vamos colher? O que devolveremos à terra para ser usado como adubo composto para as colheitas do próximo ano? É um período natural para ponderar e avaliar, peneirar e classificar. A temporada de Virgem costuma ser equiparada ao momento em que fazemos a limpeza depois das festas em Leão. É verdade que, nessa época do ano, muitos de nós se preparam para voltar à escola ou ao trabalho após desfrutar dos prazeres do verão no Hemisfério Norte ou para reordenar a vida e as rotinas com o gradual aumento das horas de exposição solar. Há uma explosão simultânea de atividade e organização metódica, assim como uma sutil introspecção, enquanto nos preparamos para as noites mais longas que estão por vir.

Virgem se relaciona ao arquétipo da deusa virgem, e, por mais que ela seja dedicada às pessoas que fazem parte de sua vida, parte específica da psique desse signo sempre permanecerá inalterada pelas opiniões ou influências dos outros. Virgem incorpora o aspecto da sacerdotisa purificada por si mesma e dedicada a maneiras práticas de servir à Deusa. Para Virgem, o corpo é verdadeiramente um templo, e rituais diários e práticas espirituais a conectam à sabedoria inata do corpo, permitindo-lhe cultivar profunda reverência pelos ciclos da natureza. Virgem se alinha ao arquétipo da Curandeira e a aspectos do Xamã. Também evoca o tema da Sábia que vive em uma casa na floresta, criando elixires curativos e remédios à base de ervas com o que cresce em seu bem cuidado jardim.

Servir é uma prática espiritual para Virgem. Parte de seu propósito de vida consiste em melhorar, purificar e edificar coisas, não correndo para resgatar quem está em perigo, como Áries, nem sendo heroína, como Leão, mas sendo útil. Virgem tem ressonância com o arquétipo espiritual e focado, porém humilde, do mestre zen. Esse antigo ditado zen resume a abordagem de Virgem tanto para a vida quanto para sua espiritualidade pessoal: "Antes da iluminação, corte lenha, carregue água. Após a iluminação, corte lenha, carregue água". Em essência, o significado desse provérbio é acolher com atenção até mesmo as atividades mais comuns da vida como parte integrante da iluminação espiritual; não há separação entre a praticidade da vida diária e o que é espiritual. Virgem evoca a tranquila contemplação da vida monástica e está ligado à carta de tarô O Eremita. Isso não significa que esse arquétipo esteja destinado a passar a vida sozinho, mas que é criterioso sobre quais influências e indivíduos deixará entrar em seu mundo. O signo de Virgem está ligado inextricavelmente ao conceito de limites pessoais e não tem medo de dizer não ao que não lhe faz sentido.

## A mulher de Virgem

A mulher de Virgem nasce sob um dos signos mais incompreendidos do zodíaco. Ao contrário do que diz a cultura popular da astrologia, ela não é chata nem puritana. Para ser sincera, essa mulher, muitas vezes, tem sensualidade terrena que rivaliza com a de Escorpião. Também é muito inteligente e tem mente analítica, características que estão longe do estereótipo monótono de Virgem mencionado quase sempre na internet. Parte da razão para sua reputação injusta vem do mal-entendido do símbolo de seu signo: a Virgem. Quando retirado do contexto de seu significado mítico original de "inteira em si mesma", a Virgem evoca visões de uma mulher inexperiente, rígida, puritana e desconectada de sua natureza sexual. Há muitas deusas virgens em várias tradições mitológicas. Entre as notáveis deusas virgens do panteão grego estão Ártemis, Atena e Héstia. A característica principal das deusas virgens é que elas não se casavam nem tinham filhos. Na sociedade patriarcal da antiga Grécia, as mulheres eram consideradas propriedade dos homens e não faziam parte da vida social. O papel principal delas na vida era gerar e criar os filhos do marido. Ser uma deusa virgem, não submissa a qualquer autoridade masculina, significava ter um tipo de liberdade desconhecido pela maioria das mulheres mortais. Por não se ocuparem com os assuntos relativos à procriação e ao casamento, ou com as distrações do amor romântico, essas deusas incorporam uma infinidade de outras características, como independência, estratégia e autogovernança. Portanto, vamos redefinir o significado da palavra *Virgem*, para que fique mais próxima de sua definição original. Isso não significa que as mulheres de Virgem não possam ter filhos ou casamentos bem-sucedidos, mas essas coisas não são a única medida de sucesso para elas nem necessariamente a força motriz em sua vida. Elas são donas de si: completas, autossuficientes, autônomas.

A mulher de Virgem é perfeccionista e sabe que tudo (incluindo ela mesma) pode melhorar. Muitas virginianas dedicam grande quantidade de tempo e energia na busca por autodesenvolvimento, frequentando aulas, *workshops* e *webinars* à procura de aprimoramento. Virgem tem olhar perspicaz para detalhes, e, se algo estiver fora do lugar em sua vida ou em seu ambiente, isso não escapará de sua atenção. O antigo ditado "Deus(a) está nos detalhes" é como um mantra para a mulher de Virgem. Sua conexão com a colheita, em particular quanto ao aspecto de separar os grãos da palha, dá a ela uma mente analítica que enxerga com clareza o que é útil e o que é excessivo ou perda de tempo. Ela está sempre aprimorando suas habilidades, seu trabalho e a si mesma. O trabalho alquímico de simplificar, elucidar e moldar a psique tem raízes na relação com Mercúrio, seu planeta regente, cuja divindade é associada à alquimia e à magia, entre outros atributos. Por Virgem ser um signo de Terra, canaliza a energia de Mercúrio de maneira prática, constantemente aperfeiçoando, polindo e ajustando, o que faz parte do propósito espiritual mais elevado desse signo.

A saúde é uma área da vida pessoal na qual a mulher de Virgem é bastante propensa a se aprimorar e na qual ela pode ser mais obsessiva, como prevê o estereótipo associado a seu signo. Seja ela ou não profissional da área de saúde ou cura, a virginiana costuma ser especialista em tudo o que diz respeito à saúde, de Ayurveda a vitaminas. Pode ser também leitora compulsiva de rótulos dos produtos e, em geral, conhece as origens exatas do que decide colocar no corpo. Conhece a loja de alimentos naturais como a palma da mão e, muitas vezes, segue uma dieta especial, estando sintonizada com o corpo e com o que ele precisa para funcionar de maneira ideal. É defensora de alimentos integrais e práticas agrícolas orgânicas e não transgênicas – faz pesquisas e lhe contará tudo o que você possa querer saber sobre esses assuntos. A maioria das virginianas também é muito sensível e não suporta substâncias químicas agressivas nos produtos de cuidado com a pele, de limpeza ou móveis. Prefere o que é puro e natural e fará de tudo para garantir que ela e os entes queridos tenham apenas as melhores roupas para vestir, as roupas de cama mais confortáveis e alimentos orgânicos. A mulher de Virgem também é frequentadora assídua de academias ou estúdios de yoga, e não raro agenda sessões de massagem e acupuntura para manter o corpo funcionando como uma máquina bem ajustada. É provável que tenha sido uma virginiana que cunhou a frase "Um grama de prevenção vale um quilo de cura".

Raramente falta um plano à mulher de Virgem, e você nunca a ouvirá dizer: "Vamos ver como vai ser" ou "Vamos improvisar!". Ela é obcecada por ordem e detesta improvisos, espontaneidade ou descuido. É naturalmente organizada e sente tranquilidade e realização ao ticar itens de sua lista de afazeres. Tem talento para a organização e pode transformar, de modo mágico, até mesmo o ambiente mais agitado em uma engrenagem que funcione com suavidade. Para Virgem, o ato de preparação é semelhante à realização de um ritual sagrado que afastará o caos. Na verdade, as mulheres desse signo sentem-se atraídas por formas práticas de rituais; isso as ajuda a se concentrar e a entrar em estado meditativo. Seja ao realizar um ritual diário de cuidados pela manhã, antes de sair de casa, ou acendendo incenso e colocando sua música favorita para limpar a cozinha, Virgem transforma as tarefas cotidianas em uma forma de arte.

A mulher de Virgem é muito observadora e enxerga o mundo sem ilusões românticas que obscureçam sua visão. Para alguns, sua avaliação direta e realista pode parecer fria ou repleta de julgamento, mas para ela é uma abordagem eficiente e lógica da vida. A virginiana tem faculdades superdesenvolvidas para o pensamento crítico e é acusada quase sempre de ser cética. Não é uma mulher que aceitará algo sem ter feito uma pesquisa ou a devida análise, seja um caminho espiritual ou uma apólice de seguro. Não é crédula e raramente é ingênua. Para uma virginiana, se algo parece bom demais para ser verdade, em geral não é verdade. Ela não é propensa a fantasias que resultem em ócio ou delírios escapistas, em parte porque os considera perda de tempo, mas também porque se entregar a opioides psicológicos a distrairia do verdadeiro trabalho de aprimorar algo a ponto de atingir seus altos padrões.

A nativa de Virgem é extremamente inteligente e, pelo fato de ser regida por Mercúrio, muitas vezes tem o vocabulário necessário para expressar sua perspicácia. Incorpora todas as aulas de autoaperfeiçoamento e *webinars*, classificando as informações em um panorama formidável. É capaz e eficiente e costuma ter um repertório de capacidades que, por vezes, passa a impressão de que ela é sobre-humana, fazendo os outros signos se sentirem menos "adultos" com ela por perto. No entanto, tem ótimo senso de humor, embora, em geral, seja atraída pelo humor sarcástico ou observacional. Ela própria é engraçada, mas cuidado – sua precisa habilidade de notar sutilezas a respeito dos demais combinada com uma mente crítica podem trazer desconforto a certas pessoas. Lembre-se de que um dos aspectos de Mercúrio é o da divindade travessa, e esta pode conceder uma capacidade com as palavras que rivaliza com a dos melhores comediantes de *stand-up*.

Cada signo tem sua sombra, é claro, e Virgem não é exceção. O lado sombrio desse signo se manifesta quando suas inclinações naturais são levadas ao extremo. Quando a virginiana se sente sobrecarregada ou desequilibrada, seu pensamento crítico pode se voltar para dentro e se transformar em dúvidas a respeito de si mesma. Algumas mulheres de Virgem são autocríticas ao extremo e podem sofrer com problemas de imagem corporal. Podem se concentrar em um detalhe específico de sua aparência e se preocupar com isso de modo obsessivo, a ponto de procurar cirurgia plástica para "corrigi-lo". Na busca pela perfeição do corpo, algumas virginianas se esforçam impiedosamente na academia para atender a um padrão que só pode ser alcançado com os retoques de Photoshop. E, na busca pela perfeição no trabalho, podem cair em esgotamento, propondo-se um esforço impossível, sem conseguir atingir seus padrões, que são praticamente intangíveis.

Episódios de dúvida sobre si mesma também podem transformar sua mente maravilhosamente analítica em ferramenta de autodepreciação, levando à ansiedade e a pensamentos obsessivos. Embora pessoas de qualquer signo possam sofrer de transtorno obsessivo-compulsivo, a mulher de Virgem pode ser especialmente predisposta a essa tendência. Em um esforço inconsciente para analisar, organizar e controlar o ambiente, a virginiana, às vezes, desenvolve rituais que aliviam a ansiedade, como verificações repetitivas, contagens e ordenações, quando se sente sobrecarregada. Apesar de Virgem ser um signo de Terra, também é um signo mutável, e tem a tendência de se desequilibrar, dispersar-se ou ficar ansioso quando está em desequilíbrio. O sistema nervoso sensível da mulher de Virgem se beneficia muito da meditação de atenção plena, de exercícios de aterramento e do direcionamento de sua necessidade ritualística em uma prática diária consciente. Meditação, boa alimentação, evitar estimulantes e usar essências florais, como o Rescue, de Bach, também podem ajudar. Fazer listas pode tirar os pensamentos da mente e deixás-los no papel, sendo um procedimento útil que ajudará a mulher de Virgem a encontrar momentos de relaxamento. Além disso, ela também pode fazer uso das qualidades de seu signo oposto, Peixes, e trabalhar de modo consciente na arte de deixar para lá o que não pode controlar. As virginianas devem lembrar que a tarefa de entrelaçar sombra e luz equivale à plenitude.

O discernimento natural da nativa de Virgem é mais evidente na área do amor e dos relacionamentos. Semelhante às deusas virgens, fazer parte de um casal, em geral, não é sua principal motivação. Na maioria das vezes, ela tende a abordar o amor com os olhos abertos e sem projeções ou ilusões românticas. É muito difícil seduzir uma mulher de Virgem ou deixá-la encantada. Ela é bastante equilibrada no romance e pode parecer distante, a princípio. Também é sensata e equilibrada quando se trata de relacionamentos, e, para ela, estes raramente são baseados apenas em atração romântica. Enquanto outros signos podem suspirar por amores ousados, mas inatingíveis, ou passarem de um relacionamento sério a outro, só para não ficarem sozinhos, muitas mulheres de Virgem se contentam em viver uma existência plena por conta própria, até encontrarem alguém com quem um relacionamento faça sentido. Quando ela acha alguém com quem considera se comprometer, é uma parceira dedicada e envolvida, demonstrando afeto por meio de gestos úteis e práticos que evidenciam quanto ela se importa com o outro. Não é inclinada a demonstrações públicas de afeto e pode se sentir constrangida com provas grandiosas de devoção. Virginianas são parceiras que dão apoio, às vezes até demais. Suas ideias bem-intencionadas sobre como o parceiro pode melhorar em algum aspecto da vida podem ser consideradas sinais de controle ou crítica, em particular por signos mais independentes.

No sexo, a mulher de Virgem é uma amante proficiente em matéria de técnica. Contrariamente à reputação injusta de pessoa recatada, a atenção aos detalhes e o desejo de ser *expert* em tudo o que faz muitas vezes a tornam uma parceira sexual brilhante. O que pode lhe faltar em criatividade ou em paixão desenfreada ela compensa com técnicas e posições que podem surpreender até os signos mais apaixonados. Sua saúde sexual é meticulosa, e, se o relacionamento for recente, não se surpreenda se ela esperar até que você volte do médico com um atestado de saúde antes de dormir com ela. A afinidade da mulher de Virgem com o elemento Terra também significa sintonia com sua natureza sensual, pois não é estranha ao reino físico e aos assuntos do corpo. Para ela, o corpo é, de fato, um templo, e não raro ela se orgulhará de estar saudável e em boa forma, cuidando de si de maneira criteriosa. Algumas dessas mulheres fazem de sua fisicalidade e atratividade sexual parte de sua arte e elevam o padrão a um nível totalmente novo. Entre as virginianas notáveis que derrubaram o estereótipo da bibliotecária reprimida estão Beyoncé, Raquel Welch, Salma Hayek, Cameron Diaz, Sophia Loren e Greta Garbo. No entanto, longe de serem recatadas ou deusas do sexo, a maioria delas tem atitude muito objetiva em relação ao sexo e aos assuntos do corpo. Não é a sensualidade luxuriante de Touro ou o apelo sexual fervilhante de Escorpião – apenas genuinidade, naturalidade e descomplicação.

Por outro lado, existem algumas para as quais o sexo não é fator central de sua existência. Assim como as deusas virgens, elas podem ser autocontidas. Podem até não ser virgens, mas independentes e, muitas vezes, concentradas em outras áreas da vida – elas apenas têm outras prioridades. Podem escolher o celibato consciente por períodos breves ou longos enquanto se concentram internamente e encontram seu caminho para a realização e o despertar. Algumas mulheres de Virgem são atraídas por um caminho espiritual no qual o corpo como templo significa autopurificação e dedicação a um modo de vida que pode excluir o sexo casual. Elas também podem optar por evitar álcool, tecnologia ou alimentos como carne e açúcar para facilitar ainda mais a conexão com o ponto de quietude interior. O mosteiro zen, certos caminhos que envolvam yoga, o convento cristão ou outras formas de estudo espiritual em reclusão podem ser o chamado ao qual responderão.

Os conceitos de meio de vida correto e trabalho significativo são partes essenciais do propósito de vida de uma virginiana. Ela tem, ainda, a necessidade inata de servir de maneira que contribua para o bem maior. Embora como funcionária seja confiável e humilde, mantendo padrões impecáveis, o conceito de serviço é facilmente mal compreendido. O desejo de uma mulher de Virgem em servir não significa que ela queira, literalmente, ser serva, embora a astrologia antiga e muitas colunas de astrologia popular por certo pareçam pensar que esse é o papel dela no zodíaco. Acredito que é hora de atualizar isso, assim como é hora de atualizar a noção ultrapassada de que é difícil ser mulher de Áries, porque ela tem capacidades naturais de liderança. A ligação arquetípica de Virgem com o serviço remonta às virgens vestais da Roma antiga. Por mais de mil anos, essas sacerdotisas eram escolhidas entre seis e dez anos de idade para servir à deusa Vesta, cuidando da chama sagrada que garantiria a continuidade do império. Como Vesta era a deusa do lar, as vestais eram, em essência, as guardiãs sagradas do lar para toda Roma. Entre suas outras funções estavam a preparação de alimentos rituais, a conservação de objetos sagrados no santuário e, talvez o mais importante, cumprir o voto de castidade. Embora os termos do contrato indicassem que deveriam permanecer celibatárias por trinta anos em serviço à deusa, elas desfrutavam de privilégios pouco comuns às mulheres da época. Por um lado, como eram consideradas casadas com Roma, não estavam sob o controle de um pai ou marido. Podiam possuir bens e eram protegidas pela lei. No entanto, se se suspeitasse ou se comprovasse que uma vestal tinha perdido a virgindade, ela seria punida com severidade e, em alguns casos, enterrada viva pela transgressão, pois era considerado um tabu derramar o sangue de uma sacerdotisa de Vesta.

Em termos de vocação, a sensibilidade precisa e o olhar aguçado da mulher de Virgem fazem dela uma excepcional editora de texto, revisora, pesquisadora, estatística, analista de sistemas ou auditora. Essa mesma atenção meticulosa aos detalhes também a torna cirurgiã brilhante. Com aa excepcional capacidade organizacional, muitas vezes é assistente executiva bastante procurada ou pode direcionar esse superpoder para uma carreira bem-sucedida ao ajudar os outros a limpar e a organizar a bagunça deles. Por outro lado, a conexão com o corpo abre caminho para carreiras nas artes da cura, como ensinar yoga, herbalismo, fabricar produtos naturais e fazer trabalhos práticos de cura, como massagem ou acupuntura. Além disso, ela pode encontrar uma carreira satisfatória em saúde e medicina como naturopata, nutricionista, instrutora de *fitness*, médica ou veterinária. Também pode se tornar educadora sexual prática e realista. O respeito de Virgem pela natureza pode levá-la a um estilo de vida holístico e direcionar seus talentos para a vida no campo, a agricultura orgânica, o paisagismo, o cuidado de animais, a apicultura e a horticultura. Virginianas também são artesãs excepcionais. Seja qual for a técnica que as atraia, elas têm atenção aos detalhes, bem como paciência e busca pela perfeição que resultam em trabalhos artesanais de alta qualidade e bastante solicitados. O que quer que a mulher de Virgem faça, ela faz bem-feito, e, muitas vezes, eleva sua atividade a um nível completamente novo de perfeição. Depois de encontrar sua vocação, ela se alinha tão completamente ao seu trabalho que ele se torna sinônimo de sua identidade.

Virginianas tendem a trabalhar bem sozinhas, sob mínima supervisão. Mesmo que faça parte de uma equipe, a mulher de Virgem precisa de solidão para se concentrar. Por esse motivo, destaca-se em situações profissionais nas quais possa preservar e controlar a qualidade e o ambiente de trabalho. Muitas mulheres de Virgem apreciam ambientes de trabalho silenciosos, onde possam se concentrar na tarefa em mãos. Um espaço de trabalho tranquilo também as ajuda a manter a ansiedade sob controle. Elas podem trabalhar felizes nos bastidores ou em alguma função de apoio. Não precisam ser o centro das atenções ou receber glória pessoal por seu trabalho, mas apreciam atitude de respeito.

## Arquétipo orientador da Deusa: Héstia

Héstia é uma das três deusas virgens do panteão grego, sendo a primeira filha de Cronos e Reia. Tanto Poseidon quanto Apolo a desejam, mas, com a bênção de Zeus, ela rejeita ambos os pretendentes e escolhe, em vez disso, a virgindade eterna, evitando, assim, a rivalidade entre os dois deuses. Em gratidão por manter a paz, Zeus honra Héstia tornando-a uma das divindades mais importantes da Grécia Antiga: cada lar e cada templo teriam um altar dedicado a ela, e ela seria reverenciada com as primeiras oferendas de qualquer sacrifício. Héstia incorpora o próprio fogo do lar e, como tal, é o centro da vida familiar. Embora o fogo do lar seja local de encontro e forneça calor e os meios para cozinhar alimentos, também é um altar: abriga o fogo sagrado que representa a alma da casa e o círculo mais íntimo do santuário. Em tempos posteriores, a equivalente romana de Héstia, Vesta, também foi a deusa do lar. Seu fogo perpétuo era conservado pelas virgens vestais e considerado o coração e o lar coletivo de toda a cidade.

Havia inúmeros rituais associados a Héstia. Mudar para uma casa nova, um casamento ou consagrar o nascimento de uma criança eram ocasiões sempre acompanhadas por rituais que invocavam as bênçãos de Héstia. Quando uma nova colônia era construída, o fogo era retirado do fogo central do lar da cidade anfitriã para acender e abençoar a nova vila. Quando uma mulher se casava, sua família acendia uma tocha com o fogo do próprio lar e acendia o primeiro fogo na casa do novo casal. Evidenciando o uso mágico ou ritualístico do fogo do lar, em *O Grande Livro dos Mitos Gregos*, Robert Graves fala sobre o vínculo entre a Grande Deusa do Mediterrâneo e o monte de carvão ou lareira. Ele descreve como uma profetisa entrava em transe inalando a fumaça de grãos de cevada, cânhamo e louro, os quais eram aquecidos sobre o fogo para produzir visões.[24]

---

24 Robert Graves, *The Greek Myths*, ed. rev. Harmondsworth, UK: Penguin, 1960, *e-book* em PDF, cap. 20.

Embora Virgem seja um signo de Terra e Héstia seja associada ao Fogo, existem vários paralelos entre esse signo e essa deusa. O mais óbvio é que ambos se identificam com o arquétipo da Virgem. Ambos são autocontidos e independentes, sem necessidade ou desejo de glorificação pessoal. Em *Goddesses in Everywoman*, a autora dra. Jean Shinoda Bolen se refere a Héstia como "Héstia, Deusa do Lar e do Templo, Sábia e Tia Solteira", todos epítetos apropriados para o arquétipo de Virgem.[25] A propensão de uma nativa de Virgem para trabalhar nos bastidores sugere uma qualidade de modéstia ou humildade compartilhada por Héstia. A síntese que Héstia faz entre o mundano e o sagrado, representados pelo fogo do lar, ecoa a propensão da virginiana em encontrar sustento espiritual no cotidiano – tanto Héstia quanto Virgem têm associação com os rituais da vida diária. E, por fim, Héstia e Virgem compartilham a capacidade de criar e manter limites pessoais. Virgem é conhecida pela capacidade de dizer não, de estabelecer limites em qualquer situação que não funcione para ela. Da mesma maneira, Héstia recusou as investidas de Poseidon e Apolo, escolhendo a virgindade eterna como caminho.

## *Pathwork*: o lar de Héstia

A primeira vez que encontrei Héstia, estava na fase de integração do meu retorno de Saturno. Havia me libertado de um casamento abusivo e reconstruía minha vida do zero. Era época da Lilith Fair, no final dos anos 1990, e sentia o apoio silencioso e carinhoso da música e da poesia femininas que caracterizavam aquele período. Mais que isso, sentia que havia cruzado um limiar para um lugar de paz e solidão: uma incrível sensação de estar sozinha ou imersa em uma unidade. Não havia ninguém para agradar. Nenhuma bagunça para limpar e nenhuma necessidade de pisar em ovos. Eu era completamente autossuficiente, e meu tempo, preenchido com as tarefas cotidianas tranquilizadoras de colocar minha casa em ordem à

[25] Jean Shinoda Bolen, *Goddesses in Everywoman*. Nova York: Harper & Row, 1984, p. 111.

minha maneira. Quando reflito sobre aquele tempo agora, ele brilha com magia tranquila e sensação centrada de serenidade.

*Você está caminhando por uma paisagem urbana ruidosa e movimentada, tentando, em vão, abafar a cacofonia dos vendedores ambulantes, o estrondo dos carrinhos de rodas e o empurra-empurra dos transeuntes. A desarmonia e a aspereza combinam com seus nervos agitados, e você anseia por um momento de alívio do tumulto, tanto interno quanto externo. À sua frente, vê o que parece ser um templo. Embora não saiba se tem permissão para entrar, arrisca e abre a porta em silêncio, atravessando o limiar e fechando a porta atrás de si.*

*De imediato, o caos do mundo exterior desaparece, e você se encontra em um santuário calmo, com iluminação suave. O silêncio é reconfortante, e você solta um suspiro de alívio enquanto uma sensação de tranquilidade a envolve. O sutil aroma de incenso natural perfuma o ar. Você respira devagar por alguns momentos, cada inspiração isolando as distrações do mundo exterior e levando-a mais fundo na direção de seu centro. Você corre o olhar pelo entorno e percebe que há uma ordem neste lugar de serenidade silenciosa: o piso de pedra foi varrido com cuidado, e o espaço não tem obstruções, exceto por uma cadeira de madeira com uma almofada branca perto do fogo e um altar simples diante da lareira. Sobre o altar, há uma vasilha de argila que contém várias e pequenas tochas apagadas.*

*A lareira redonda encontra-se no centro do santuário, com um pequeno fogo brilhando entre brasas. Devagar, com reverência, você se aproxima do fogo da lareira e se ajoelha diante dele. O fogo é acolhedor. Não é formado por labaredas crepitantes; é um fogo constante e reconfortante que parece ter presença própria. Como gesto de respeito, você se sente inspirada a cobrir a cabeça com o capuz da vestimenta que usa e dedica alguns momentos para contemplar as chamas dançantes.*

*Conforme você se permite entrar em leve estado de transe, uma voz parece vir do próprio fogo. É a voz de uma sábia anciã que se comunica com você: "As três tarefas diante de você agora são simples em natureza, mas de grande importância. A primeira é aprender a encontrar a calma interior para enfrentar qualquer tempestade. Seu fogo interno se fará sempre presente. Você só precisa buscá-lo. A segunda tarefa é lembrar que você é inteira e completa exatamente como é. E a terceira é honrar os próprios limites, ser verdadeira consigo mesma, sem a necessidade de aprovação dos outros. Sempre é possível entrar no templo e fechar a porta atrás de si, encontrando refúgio e sustento interior. Meu fogo pertence a todos que o procuram. Você pode levar uma brasa consigo para iluminar seu caminho e, se se lembrar das minhas palavras, não permitirá que elas se desvaneçam".*

*Você se curva e agradece a Héstia, a deusa do lar. Pega uma tocha, a acende no fogo da lareira e, em silêncio, volta ao mundo com a sensação recém-descoberta de tranquilidade e foco.*

## Ritual: separando as sementes

Virgem nos ensina o valor de classificar, selecionar, peneirar e avaliar as coisas na vida para que possamos purificá-las, priorizá-las e crescer como indivíduos plenamente realizados. A separação de sementes é um tema arquetípico comum na mitologia e nos contos de fada. O conto russo "Vassilisa, a Sábia", também conhecido como "Vassilisa, a Bela" e "Vassilisa, a Valente", conta a história de uma filha enviada à floresta para enfrentar a feroz Baba Yaga e trazer fogo para a lareira da casa. Uma de suas tarefas é separar sementes de papoula em meio à poeira. Na mitologia grega, Afrodite também dá a Psiquê a tarefa impossível de peneirar e separar uma variedade de sementes. E, na versão dos Irmãos Grimm de "Cinderela", a madrasta malvada joga uma tigela de lentilhas no fogo e atribui a ela a tarefa de separá-las das cinzas, só para impedi-la de ir ao baile.

Em nível arquetípico, a separação das sementes é o primeiro passo rumo ao movimento de progresso e crescimento psíquico. As sementes simbolizam potencial e possibilidade, e, quando dedicamos tempo para separá-las, decidimos o que é importante, o que é essencial em nossa vida e o que é dispensável. Em *Mulheres Que Correm com os Lobos*, a dra. Clarissa Pinkola Estés resume lindamente a dimensão arquetípica da separação das sementes: "Assim como Vassilisa, precisamos ordenar nossos agentes psíquicos de cura, ordenar, e ordenar para entender que o alimento para a psique também é remédio para a psique, e extrair a verdade, a essência, desses elementos para o próprio sustento".[26]

## Óleo Purificador de Héstia

1 parte de cada:
Alecrim
Cânfora
Eucalipto
Folha de louro

## Separando as sementes

Óleo Purificador de Héstia
Pequena vela de cera pura de abelha
Uma variedade de sementes: arroz, feijão, lentilhas, milho etc. (escolha dois ou mais tipos, dependendo do que estiver organizando em sua vida)
Papel
Caneta
Instrumento para escavar

26 Estés. *Women Who Run with the Wolves*, p. 100.

Antes de tudo, limpe seu espaço queimando o Óleo Purificador de Héstia. Aterre-se e se centre. Unja a vela com o Óleo de Héstia e a acenda: este é o fogo do lar dela. Medite olhando para a chama e encontre seu centro. Espalhe as sementes no chão à sua frente, ou em um altar, ou em uma mesa. Quando estiver pronta, pegue o papel e a caneta e escreva dois ou mais títulos de categorias. Cada tipo de semente simboliza uma categoria. Você pode escrever "Colher" e "Largar" ou ser mais específica, dependendo do que estiver organizando. Escreva as especificidades de cada categoria. Quando estiver pronta, invoque Héstia e diga:

*Héstia, senhora da pureza, da integridade e dos limites pessoais,*
*ajude-me a separar as sementes em minha vida.*
*O que colher e o que largar e devolver*
*à terra para que possa ser reciclado.*
*Que minha vida seja delineada pela ordem divina.*

Classifique as sementes com atenção, formando montes. Cada semente representa um potencial, uma possibilidade ou uma realidade em sua vida. Agradeça o que estiver colhendo e o que decidir continuar nutrindo. Reflita sobre o que vê agora que precisa ser devolvido à terra ou integrado de novo à psique; sonhos, planos e esperanças que reconhece que precisam ser reciclados para que algo novo possa nascer. Leve as sementes para serem recicladas e vá para fora enterrá-las, a fim de que a deusa as transforme em algo novo. Lembre-se: nada é desperdiçado, apenas transformado. Pegue as sementes da colheita e das possibilidades e coloque-as no altar como lembrete do que é verdadeiramente importante em sua vida neste momento. Não apague a vela; deixe-a arder com segurança. Agradeça a Héstia sua sabedoria.

É melhor realizar esse ritual durante a temporada de Virgem, quando a Lua estiver em Virgem ou na fase Minguante.

## Correspondências de Virgem

**Datas astrológicas:** 23 de agosto a 22 de setembro

**Sabá:** signo de transição entre Lammas e o equinócio de outono no Hemisfério Norte e entre Imbolc e o equinócio de primavera no Hemisfério Sul

**Arquétipos da Deusa de Virgem:** Héstia, Vesta, Astraea, Hou Ji, Inari, Austeja, Airmid, Frigg, Iden-Kuva, Pszeniczna-Matka, Baculbotet

**Casa:** VI

**Elemento:** Terra

**Modo:** mutável

**Planeta:** Mercúrio

**Cores:** branco puro, verde, marrom, cores terrosas, cinza, ouro velho (a cor dos campos durante a temporada de Virgem, no Hemisfério Norte)

**Cristais:** amazonita, axinita, quiastolita, jaspe, peridoto, madeira petrificada, vesuvianita

**Óleos essenciais:** olíbano, hortelã-pimenta, cânfora, eucalipto, cipreste, alecrim, zimbro

**Partes do corpo:** sistema digestório, sistema nervoso, baço

♎

# LIBRA

Corvos negros pontilham o céu de centáurea-azul, e folhas contornadas a ouro proporcionam deslumbrantes contrastes. As manhãs estão perceptivelmente mais frescas agora, e à noite nos aconchegamos em nossos suéteres favoritos e acendemos as primeiras fogueiras na lareira. O tempo de transição de Virgem dá lugar à próxima mudança sazonal, e, em um momento de equilíbrio perfeito entre luz e escuridão, o equinócio de outono, no norte, e de primavera, no sul, anunciam a temporada de Libra. Libra é um signo cardinal de Ar, o que significa que é a porta de entrada para um ponto de virada sazonal e se relaciona com o elemento Ar, imparcial e objetivo.

O equinócio de outono é a Segunda Colheita. No norte, a terra está em abundância máxima, e reunimos cestas de maçãs, colhemos uvas e celebramos esse período de fartura com jantares aconchegantes à luz de velas. No âmago, o arquétipo de Libra trata de equilíbrio. No sul, os ventos arrefecem e tornam-se mais amenos e agradáveis. No entanto, na jornada para alcançar esse equilíbrio, Libra aprende a arte sutil de reconciliar contradições – a capacidade de abrir espaço e ver todas as facetas de determinada situação. Libra é construtor natural de pontes, conector, pacificador. Muitas vezes, ouvimos falar de Libra como indeciso ou oscilante, incapaz de escolher um lado. Isso ocorre porque a sua tarefa é alinhar as coisas, ser objetivo e encontrar um terreno comum.

Para Libra, a busca pela simetria se estende a todas as áreas da vida. O arquétipo de Libra tem ressonância com a proporção áurea – a relação perfeita entre duas proporções. Desde relacionamentos interpessoais até a relação entre linha e cor ou forma e função, os librianos são artistas, e sua mídia é a vida. Muitos deles são atraídos de alguma forma para as artes, e seu olhar para proporção, equilíbrio e beleza se manifesta no artista visual, no *designer*, no arquiteto e no curador. E, é claro, o planeta regente de Libra é Vênus, a deusa do amor e da beleza, o que sublinha ainda mais a conexão com a beleza, a arte e os relacionamentos. Libra está ligado a Vênus no aspecto de Afrodite Urânia, ou "Afrodite Celestial", associada aos princípios "superiores" do amor: um amor elevado, espiritual, intelectual, diferenciado do amor físico e terreno de Afrodite Pandemus. Se você acha que o arquétipo de Libra parece bastante abstrato, tem razão. Libra é o único signo que não é simbolizado por um animal ou um ser humano, mas, sim, por um objeto. O símbolo desse signo é a balança da justiça, e, em essência, ele está alinhado com os conceitos democráticos de igualdade e justiça. Embora Libra seja um signo social e esteja intrinsecamente associado à ideia de relacionamento, tem um aspecto de imparcialidade racional e lógica. No âmago, o libriano é um idealista.

## A mulher de Libra

A mulher de Libra pode viver em uma contradição. Por um lado, é a personificação do que associamos, por estereótipo, ao feminino: encantadora, graciosa e elegante. Por outro, também pode ser um dos signos mais orientados para o sucesso e estratégicos do zodíaco. E, embora seja naturalmente romântica, também pode ter medo profundo do compromisso. Está sempre tentando equilibrar e alinhar todos os fatores de seu mundo para encontrar um fugidio estado de harmonia. Nem muito nem pouco disso ou daquilo. A mulher de Libra é um pouco como Cachinhos Dourados, procurando o mingau perfeito. Criar paz e harmonia está no cerne desse signo, mas, às vezes, na busca por esse ideal, a balança cuidadosamente equilibrada pode se inclinar para um lado ou para o outro e derrubar o carrinho de maçãs.

Libra é um signo social. É o ponto evolutivo em que a alma atingiu um lugar onde olha além do próprio desenvolvimento e reconhece que, onde há um "eu", também há um "outro". Se Áries, como primeiro signo, trata do nascimento e da nutrição do eu, Libra trata do "nós" – a vontade de formar parcerias e encontrar maneiras mutuamente benéficas de abordar a vida. Libra trata da arte sutil de equilibrar as necessidades "suas e minhas" e encontrar um propósito comum. Em outras palavras, esse signo tem preocupação intrínseca em construir relacionamentos de todos os tipos, e, na busca pela harmonia, conquistou reputação bem-merecida de ser amigável, cooperativo, fácil de lidar e justo. A mulher de Libra tem, de fato, boas intenções. No entanto, quando age por meio da sombra, veremos que, na busca por manter a paz, o equilíbrio cultivado com cuidado pela libriana nem sempre é o que parece. Manter a paz pode ser um trabalho árduo. Como todos nós temos projetos diferentes, opiniões diferentes, maneiras diferentes de pensar como a vida deveria ser, é inevitável haver atrito em qualquer relacionamento; faz parte da vida. No entanto, como a libriana é idealista, não concorda necessariamente que isso precise ser assim. Pensa que, se depender dela, não haverá necessidade de atrito. Ela suavizará as coisas, apaziguará e encantará. Mostrará seu sorriso mais doce e manterá suas opiniões e seus sentimentos para si mesma para não complicar a situação.

Claro, isso pode ser chamado de codependência. Na busca por paz e harmonia a todo custo, a libriana pode ser uma pessoa que diz sim a tudo. Em certo sentido, é uma tática de sobrevivência. Em algum momento, ela aprendeu que dizer às pessoas o que elas querem ouvir pode manter as coisas funcionando sem percalços. Sorrir sempre e ser conciliadora são atitudes que podem manter todos felizes, e ninguém fica bravo. Mas há um preço a pagar, e, por ironia, são a desarmonia e o conflito interno. Para onde vão todos esses sentimentos reprimidos? São relegados à sombra da psique, onde podem se transformar em ressentimento. E, por sua vez, o ressentimento pode se transformar em comportamento passivo-agressivo e em raiva que explode em momentos terríveis com pessoas que não a merecem. A mulher de Libra precisa de aprovação, talvez mais que qualquer outro signo, e, às vezes, tem uma face que mostra ao mundo – a mulher calma, perenemente alegre, que nunca se abala – e outra que só mostra àqueles que ela conhece melhor. Talvez sinta que é seguro desabafar com as pessoas mais próximas e, por fim, libera todos esses sentimentos contidos que esconde com tanta cautela por trás da *persona* pública. No entanto, a mulher de Libra também é conhecida por abrir um sorriso agradável diante de discórdias nos relacionamentos pessoais, às vezes recorrendo a comportamentos secretos e passivo-agressivos em uma tentativa equivocada de manter a paz. Quando se sentem realmente desequilibradas, em vez de enfrentar um problema de frente, algumas mulheres desse signo podem até recorrer a táticas manipulativas para manter a fachada de razão e compostura, ao mesmo tempo que fazem a outra pessoa parecer a vilã.

A libriana precisa se lembrar de que a busca pela harmonia começa em si mesma. Em vez de sublimar as próprias opiniões, necessidades e desejos, precisa seguir o exemplo de Áries (seu signo oposto). Áries trata de estabelecer limites claros e expressar a própria verdade, não importando quantas situações desconfortáveis isso possa causar. Em todo caso, a mulher de Libra pode aprender a expressar com clareza as próprias necessidades e opiniões, o que, por ironia, contribuirá significativamente para ajudá-la a encontrar a paz e a harmonia interpessoal que tanto deseja.

Apesar de todo o encanto, ela pode ser uma das mulheres mais ambiciosas do zodíaco. Tem mente estratégica e forma persuasiva de lidar com as palavras. É, de fato, uma pessoa voltada para os demais e tem talento maravilhoso para lidar de modo elegante até mesmo com as situações mais difíceis. Como signo cardinal, extrovertido, a mulher de Libra, em geral, terá um plano de ação. Muitas atingem o nível de sucesso financeiro desejado com relativa pouca idade (Vênus rege os recursos e a riqueza), e já trabalhei com muitas librianas que são CEOs, chefes e gerentes. As capacidades interpessoais de Libra são superlativas, e já foi dito mais de uma vez que Libra pode ser o punho de ferro na luva de veludo. A libriana consegue realizar coisas de forma diplomática e amigável, e as pessoas, em geral, ficam felizes em fazer o que ela pede. Ela também tem senso inato de justiça que pode colocá-la à frente de outros líderes. Abomina a injustiça e trabalhará duro para garantir que seus funcionários e colegas sejam tratados com respeito.

Sendo regidas por Vênus, as mulheres de Libra têm afinidade com a beleza em todas as formas. Elas mesmas, em geral, estão impecavelmente arrumadas e não pensam duas vezes em passar uma tarde no *spa*. Para elas, é tempo bem gasto. Sabem que se sentem bem quando estão com boa aparência e nunca hesitam em gastar dinheiro com roupas ou cosméticos. Para elas, trata-se de necessidade, não luxo, já que se mimar eleva sua autoestima. Raramente a libriana sai de casa sem estar tão bem-vestida quanto possível. Lembre-se de que Vênus está associada aos conceitos de valor e dignidade – a libriana investe em si mesma porque isso aumenta seu valor próprio. Ela também acredita, com firmeza, que, se você se esforçar, as pessoas a tratarão melhor. Pensa que, ao apresentar seu melhor lado, parecerá bem-sucedida e, portanto, atrairá melhores oportunidades. Costuma, ainda, ter boas maneiras: em geral, é cortês e fala bem. Muitas librianas não suportam nada ou ninguém deselegante ou vulgar – têm sensibilidade refinada e apreciam as amenidades de uma companhia educada e amigável. Não raro, têm o que seria chamado "beleza elegante" em vez da sensualidade terrena de Touro, outro signo regido por Vênus. Pense na elegante e sofisticada pose de Grace Kelly, que tinha Vênus em Libra, ou em Dita Von Teese, a estrela do burlesco que figurou em muitas listas de mais bem-vestidas, introduzindo uma estética polida e refinada ao seu estilo *vintage* clássico. Mesmo as mulheres de Libra não adeptas de cosméticos e adornos pessoais (há algumas) têm estilo que, embora despojado, sempre parece impecável.

A apreciação da mulher de Libra pela beleza se estende a cada elemento de sua vida. Mesmo que seja jovem e ainda esteja em ascensão, haverá certo estilo evidente em seu ambiente. Mesmo que tudo o que ela possui seja de brechó ou reciclado, ela tem olhar artístico e a capacidade de encontrar peças esteticamente agradáveis. Seja o estilo dela boêmio, *vintage* ou contemporâneo, ela tem um jeito de organizar o espaço para que pareça ter sido estilizado para uma sessão de fotos de revista. Também é atraída pelo romantismo e, com frequência, tem amor genuíno e apreço pelas artes, como a literatura, a música e a poesia. Pode ter uma coleção de gravuras favoritas na parede ou peças originais criadas por ela mesma ou pelos amigos artistas. Ela própria costuma ter algum talento artístico, e, quer lide com palavras, argila ou tela e tinta, Libra é o signo da Artista.

Devemos lembrar que a mulher de Libra está aqui para aprender sobre relacionamentos; é parte significativa de seu propósito de vida. Seria de imaginar que, para ela, o comprometimento e o "felizes para sempre" seriam tudo. Afinal, ela é uma romântica nata e, provavelmente, precisa de companhia mais que qualquer outro signo. No entanto, a libriana também pode ser indecisa quando se trata de compromisso. Como bom signo de Ar, ela adora a *ideia* do amor. Gosta de pensar nisso, planejar, ler artigos sobre isso e do conceito de duas pessoas vivendo um sonho juntas. Adora ser cortejada e aprecia todos os pequenos rituais envolvidos nisso – flores, restaurantes agradáveis, gestos de carinho. Acredita em noções como amor verdadeiro, o príncipe encantado e almas gêmeas. Como é encantadora e atraente, não lida com escassez de pretendentes. Talvez aqui esteja o problema: ela tem muitas opções! Como escolher alguém? E se uma pessoa melhor aparecer assim que ela fizer a promessa de amor eterno? O compromisso, em geral, prevalece no fim. Afinal, Libra é o signo do "nós". A mulher de Libra precisa de um parceiro atraente, que cheire bem e do qual possa se orgulhar. Boas maneiras e apreço pela cultura serão definitivamente uma vantagem. Por outro lado, ela também precisa de um parceiro inteligente, romântico, justo e equilibrado em relação à própria vida.

Por mais que a mulher de Libra adore ser devidamente cortejada e adorada, pode perder o interesse se alguém a perseguir com muita intensidade. Em alguns casos, as mulheres de Libra podem se envolver na dança do relacionamento de idas e vindas, o que também pode ser chamado de esconde-esconde ou perseguição. Um relacionamento de idas e vindas é contraproducente e emocionalmente exaustivo, sendo uma das razões pelas quais, às vezes, elas levam tanto tempo para se comprometer. Claro, por baixo dessa dança está o medo da intimidade: por mais que a libriana ame o amor e deseje companhia, às vezes sabota os relacionamentos de modo inconsciente, quando as coisas começam a ficar muito intensas. Quando, por fim, encontra a pessoa certa, compromete-se cem por cento e, em geral, deseja o casamento. Libra é, afinal e por excelência, o signo do casamento e da parceria. Uma vez comprometida num relacionamento, é uma parceira fiel, envolvida e afável, que sabe como manter o romance vivo.

Assim como com os outros dois signos de Ar, Gêmeos e Aquário, o sexo é mais um estímulo mental para a libriana. Ela é brincalhona, tem imaginação vívida e aprecia o uso da fantasia no sexo. Para ela, as fantasias sexuais, muitas vezes, são preferíveis a realmente colocar em prática as cenas que imagina. Algumas apreciam o estímulo mental por meio de histórias eróticas, poesia e estímulos visuais, mas eles devem ser elegantes e, de forma alguma, grosseiros ou vulgares. A libriana adora todos os elementos da sedução refinada e precisa de um ambiente bonito, luz de velas, música suave e conversa íntima para entrar no clima. Tem inclinação por *lingerie* cara, que sempre será elegante, bonita ou *vintage* – nunca brega. Algumas mulheres de Libra, dada a criatividade, conseguem transformar em arte o ato de fazer amor.

Com suas capacidades excepcionais de lidar com pessoas, talento artístico e ambição, há uma variedade de carreiras nas quais a mulher de Libra se destaca. Embora seja independente e não tenha medo de tomar a iniciativa, a libriana precisa trabalhar com outras pessoas para alcançar seu melhor desempenho. Ela brilha nos relacionamentos pessoais, e sua aptidão para trabalhar com gente faz dela terapeuta de primeira linha, em especial conselheira de casais. Seu interesse em relacionamentos e sua inclinação para o romance podem levá-la a uma carreira como planejadora de casamentos, oficiante ou celebrante profissional. Ela também sabe trabalhar em equipe, e sua personalidade afável e a elegância sob pressão são vantagens em qualquer ambiente corporativo ou algum outro que exija trabalho em equipe. A mulher de Libra brilha em qualquer papel que utilize seu charme natural e seu carisma: ela seria perfeita em um cargo de promoção ou como porta-voz e rosto de uma empresa. Também se destacaria na área de vendas, talvez em uma indústria de alto padrão, em que sua elegância seria uma vantagem.

Como alternativa, as capacidades de liderança da mulher de Libra, combinadas com sua personalidade carismática, poderiam levá-la a uma carreira na política. Por ter sede de justiça, aliada a uma mente racional e ao dom da comunicação clara, ela também se destacaria como advogada, negociadora, conciliadora, diplomata ou juíza. Seria igualmente eficaz como defensora pública ou ativista de justiça social, dada sua propensão para o jogo limpo e a igualdade. A ligação de Libra com a beleza e as artes abre uma série de outras possibilidades. A libriana pode direcionar seu talento artístico natural para uma variedade de áreas, dependendo de seus interesses. Entre algumas possibilidades estão *design*, artes plásticas, *merchandising*, fotografia, arquitetura ou decoração de interiores. A ligação de Libra com a beleza e os adornos pessoais a torna perfeita para qualquer campo correlato, como arte capilar e maquiagem, estética, representação de cosméticos e *design* de moda.

## Arquétipo orientador da Deusa: Lakshmi

Embora Libra esteja associado ao planeta Vênus, especificamente no aspecto de Afrodite Urânia, é claro que há diversas deusas que correspondem a cada signo em diferentes culturas e panteões. Enquanto eu escrevia este capítulo, a deusa indiana Lakshmi surgia tanto em minha meditação quanto em pequenas sincronicidades ao longo do tempo em que estava imersa em Libra. Por exemplo, após passar por uma transição profunda nos últimos três anos, incluindo duas mudanças que exigiram que muitos dos meus pertences preciosos fossem colocados em armazéns, fiquei encantada ao, enfim, desembalar minhas caixas restantes e encontrar uma pequena estátua de Lakshmi que me foi presenteada há muito tempo por uma querida amiga. Também entre meus tesouros recuperados estava uma pintura que fiz de Lakshmi para uma exposição de arte inspirada em deusas, em 2008, que eu não conseguia encontrar havia anos!

Lakshmi tem verdadeira ressonância com muitos dos atributos de Libra. É a deusa indiana da beleza e da abundância e está ligada ao amor e ao casamento, todas características que definem Libra. Lakshmi é esposa e companheira do deus Vishnu, o Preservador. Quando Vishnu veio à Terra como Rama e depois como Krishna, Lakshmi também desceu e se juntou a ele como esposa de Rama, Sita, e depois como esposa de Krishna, Rukmini.[27] Isso dá a entender que ela não é apenas uma deusa da riqueza e da prosperidade, mas também do amor, da devoção e do casamento, os quais podem ser descritos, de maneira convincente, como formas de abundância. Em "Lakshmi: Hindu Goddess of Abundance", Constantina Rhodes afirma que Lakshmi e Vishnu "constituem o casal divino por excelência". Além disso, acrescenta: "É a imagem unificada de Lakshmi e Vishnu que também estabelece o paradigma para a noiva e o noivo na cerimônia de casamento hindu".[28] O arquétipo de Libra, tendo a conexão com os relacionamentos e o casamento como tema central, reflete esse aspecto essencial de Lakshmi.

Lakshmi é uma das divindades mais populares do panteão hindu. Quase toda casa e empresa têm uma estátua ou imagem em sua homenagem.[29] Ela é venerada o ano inteiro, mas recebe homenagens especiais durante os

---

27 Steve Rosen. *Essential Hinduism*. Santa Barbara, CA: Praeger, 2006, pp. 72, 136, 163.

28 Constantina Rhodes, "Lakshmi: Hindu Goddess of Abundance". *In*: *Goddesses in World Culture*, v. 1, org. Patricia Monaghan. Santa Barbara, CA: Praeger, 2011, p. 5.

29 *Ibid*. *Invoking Lakshmi*. Albany: SUNY Press, 2010, p. 26.

festivais de Navaratri e Diwali, o Festival das Luzes. Diwali é um momento de alegria e abundância, de se reunir e celebrar. Antes do festival, as pessoas limpam suas casas minuciosamente e preparam seu espaço para receber Lakshmi. Luzes e lâmpadas são acesas em sua homenagem para celebrar sua chegada e dissipar a escuridão. O Diwali ocorre durante a Lua Nova, em geral em outubro, que é a temporada de Libra.

Em sua iconografia, Lakshmi é representada como uma bela mulher de expressão serena, em geral vestida com um requintado sári vermelho e dourado ou magenta. A maioria de suas imagens a mostra elegante, sentada ou em pé sobre uma flor de lótus rosa, adornada com joias e cercada por símbolos de prosperidade e abundância, como moedas de ouro e tigelas de frutas maduras. Algumas de suas representações a mostram sendo banhada com suavidade por um par de elefantes alegres, indicando sua encarnação como deusa da fertilidade, bem como seu papel de provedora de riqueza e abundância.[30] O lótus tem muitas camadas de simbolismo na mitologia oriental. Suas raízes chegam ao fundo da água lamacenta, enquanto a flor se abre limpa, pura e majestosa no mundo superior, sugerindo o equilíbrio entre o fértil inconsciente que se canaliza para a manifestação e a beleza no mundo consciente. A flor da consciência é literalmente alimentada pelas ricas profundezas ocultas logo sob a superfície.

A mitologia hindu é muito complexa. O Batimento do Mar de Leite é um tema comum que surge em muitas histórias envolvendo diferentes divindades e tem uma história longa e complicada. Segundo a lenda, Lakshmi fica irritada com a arrogância do deus Indra e deixa a terra. Com vários outros tesouros maravilhosos, ela é descoberta muito tempo depois, quando o mar se agita. Diz-se que, ao reaparecer, escolhe Vishnu como companheiro divino e se dedica a ele para sempre. Constantina Rhodes escreve sobre as "quatro riquezas" ou os "quatro significados" da vida associados a Lakshmi. Afirma: "Vamos considerar as quatro categorias a serem abordadas para viver uma vida equilibrada: (1) *kāma*, ou

---

30 *Ibid.*, p. 26.

prazer e satisfação; (2) *artha*, ou prosperidade material; (3) *dharma*, ou conduta virtuosa e relacionamentos harmoniosos; e (4) *moksa*, ou libertação espiritual".[31] Isso sugere que, para viver uma vida de abundância e riqueza em todos os níveis, é preciso estar atenta ao equilíbrio, o que, é claro, também é um tema de Libra. Lakshmi é uma manifestação divina da energia *Shakti*, o Sagrado Feminino, e é dito que todas as mulheres são uma encarnação de Lakshmi.[32]

Embora Lakshmi pertença a um panteão completamente diferente, há correspondências interessantes entre ela e Afrodite. Diz-se que Lakshmi surge do Batimento do Mar de Leite em um lótus rosa. Da mesma forma, Afrodite nasce da espuma do mar e flutua até a praia em uma concha de vieira. Quando Lakshmi surge do Mar de Leite, escolhe o Senhor Vishnu como companheiro divino, o que nos lembra Afrodite e seu hábito de escolher os próprios amantes. Outra correlação entre as duas deusas é a prole. Lakshmi, na encarnação como esposa de Krishna, Rukmini, dá à luz Pradyumna, que, segundo algumas versões do mito, é a reencarnação do deus do amor e do desejo, Kama, enquanto Afrodite é mãe de Eros, outro deus do amor e da atração sexual.[33]

## *Pathwork*: encontro com a deusa da abundância

*Você nota uma mudança no ar. Um único pássaro dá início a sua canção matinal, e tons suaves de rosa e violeta tingem o azul profundo do céu, que começa a clarear. A poeira das estrelas brilha no horizonte, e você fica maravilhada ao ver uma estrela brilhante cintilando no ponto leste. Percebe que ela é Vênus em forma de estrela da manhã, maior, mais brilhante e mais bela que todas as outras estrelas no céu.*

---

31 *Ibid.*, pp. 30-1.

32 *Ibid.*, p. 26.

33 *Ibid.*, p. 32.

*Você começa a caminhar em direção às colinas baixas de onde ela parece surgir. Segue um caminho musgoso entre as árvores floridas e ouve, ao longe, o som suave da água corrente. Encaminha-se na direção do som. O Sol nasce, e ao redor tudo é tocado pela cor dourada. Uma brisa suave e morna extrai das flores um aroma inebriante, e cada flor é mais exótica, mais bela que a anterior. Você se inclina para escolher a flor mais notável que já viu e a coloca nos cabelos, inspirando uma fragrância mais doce e complexa que qualquer perfume. O aroma a envolve, e você se sente transportada para um estado mais profundo de transe, mas com a consciência ainda mais aguçada.*

*O caminho se abre, e você se encontra parada à beira de uma piscina natural. A superfície dela, levemente ondulada, reflete o rubor das nuvens que se espalham pelo céu. Uma pequena cascata alimenta a piscina, borbulhante e alegre, caindo sobre as pedras como o som de risos prateados ou as notas de uma cítara reluzente. No centro da piscina, você vê um grande lótus cor-de-rosa; aninhada com elegância entre suas pétalas voluptuosas está uma bela mulher sentada na postura de lótus, os olhos semicerrados e um sorriso sereno brincando nos lábios. Está resplandecente em um sári de seda magenta, a pele dourada brilhando sob o Sol da manhã, que apenas toca a borda das colinas distantes. Joias cintilam ao redor de seu pescoço, punhos e tornozelos. Você se ajoelha em reverência, sabendo que Lakshmi, a deusa da abundância, da beleza e do amor, está diante de você.*

*Ela levanta os olhos devagar e sorri com benevolência. "Você, por fim, encontrou o caminho até aqui. O que busca?"*

*Você pensa por um momento. De que precisa agora? O que poderia melhorar em sua vida, o que lhe traria mais alegria? Está em busca da pessoa certa para compartilhar sua vida? Quer mais harmonia e equilíbrio em um relacionamento já existente? Mais prosperidade e oportunidades em uma área específica da vida lhe trariam a verdadeira felicidade? Você contempla a piscina diante de si, e a água cor-de-rosa começa a se agitar, trazendo um caleidoscópio de imagens de seus desejos mais sinceros. Você respira devagar, contando até sete, e retém a respiração por mais sete contagens, enquanto reflete. Em seguida, expira devagar, mais uma vez contando até sete.*

*Uma sensação de tranquilidade a envolve quando percebe a essência do que traria mais alegria à sua vida nesse momento. Você tira a flor perfumada dos cabelos e a coloca na água como oferenda a Lakshmi. A flor flutua devagar na direção dela, que estende um dos braços adornados para recebê-la. Você curva a cabeça e expressa seu desejo à deusa. Tudo está silencioso, exceto o som da água e os pássaros cantando nas árvores.*

*Ela diz: "O amor, a beleza e a abundância são seus por direito natural. Você só precisa equilibrar os dons que recebe com integridade, mantendo sempre a consciência da lei natural de harmonia em todas as coisas".*

*Lakshmi sorri e ergue a palma da mão em uma bênção. Você sente uma alegria profunda inundando todo seu ser, sabendo que seu pedido foi atendido. Faz uma reverência profunda, a testa tocando a terra em gratidão. Quando está pronta, levanta-se e segue de volta no caminho pelo qual veio. Toda a floresta agora encontra-se viva, com os sons do coro da alvorada saudando o novo dia.*

## Ritual: magia do amor

A magia do amor deve ser uma das razões mais comuns, ainda que também uma das mais mal compreendidas, para trabalhar com energia. Já foi dito antes, mas vou dizer de novo: não é uma boa ideia usar magia para atrair uma pessoa específica para você. Por um lado, não é ético. Vai totalmente contra o princípio do livre-arbítrio o simples fato de considerar usar a magia para fazer alguém se apaixonar por você. Como qualquer outra tática dissimulada, ela é manipulativa e, em geral, acaba não funcionando, ou dá errado de uma maneira que você não imagina no momento atual. Geralmente, aqueles que sentem vontade de usar magia para persuadir alguém a se apaixonar estão projetando algo de si na outra pessoa. Em poucas palavras, a projeção é ver em alguém algo que essa pessoa não é. Aquilo pelo que você está "se apaixonando" é uma manifestação projetada do próprio *animus*. Muitas vezes, o outro terá algumas qualidades que correspondem ou ressoam de modo inconsciente com sua ideia interior de parceiro ideal. Você projeta isso externamente sobre ele como se fosse uma tela de cinema e o vê como deseja vê-lo: a encarnação perfeita de tudo o que já sonhou. Uma verdade: se alguém está "destinado" a se apaixonar por você, e você está "destinada" a ter um relacionamento com essa pessoa, isso acontecerá. Você não precisará usar a magia como meio de atração, pois vocês se conectarão com naturalidade. Se uma pessoa usar meios manipulativos para conseguir que o homem ou a mulher de seus sonhos se apaixone, e isso acontecer por um tempo, uma hora ou outra o relacionamento vai fracassar. A projeção acabará por desmoronar, em geral assim que o relacionamento começar de fato, e você vai se perguntar que diabos viu naquela pessoa. Sempre há obstáculos na vida, mas o amor real não pede desculpas. Quem se importa com você, alguém que valha a pena, vai ligar de volta e responderá às suas mensagens. Estará emocionalmente disponível para você e não perpetuamente "prestes a deixar a esposa ou a namorada". Será cortês e levará seus sentimentos em consideração. E, tal como Libra nos ensina sobre o equilíbrio, *ele deve estar tão interessado em você quanto você está nele*. O verdadeiro amor é baseado em respeito mútuo e benevolência. Sim, há altos e baixos em qualquer relacionamento, mas, se o amor for verdadeiro, esses são os requisitos fundamentais. Ponto-final.

Não desanime – ainda assim, é possível usar a magia para atrair o amor para sua vida ou aprimorar um relacionamento existente. No entanto, há um detalhe. Se desejamos atrair o amor perfeito para nossa vida, *não devemos mencionar uma pessoa em particular*, pelos motivos já explicados: porque é algo manipulativo e, provavelmente, baseado em uma projeção, mas também porque, ao se concentrar em alguém específico, você pode estar perdendo a chance de encontrar a pessoa que realmente poderia ser seu verdadeiro amor. Posso ouvir todas vocês que estão obcecadas pela pessoa mais incrível do mundo (que, neste momento, não está respondendo às suas mensagens) dando um gemido agora. Eu entendo, já estive nesse lugar também, e há poucas coisas mais dolorosas que o amor não correspondido. Mas eis aqui uma boa notícia: se fizer um feitiço de amor e pedir à Deusa a pessoa perfeita para *você*, se ele ou ela for a pessoa perfeita, vai dar certo. O ritual a seguir pode ser usado para atrair o parceiro perfeito ou aprimorar um relacionamento já existente. Adapte-o conforme suas necessidades.

### Incenso do Amor de Lakshmi

1 parte de pó de sândalo (comece com 1 ou 2 colheres de chá para uma pequena remessa)
Algumas gotas de óleo de rosas
1 gota de óleo de lótus
Algumas pétalas de rosas secas ligeiramente esmagadas
1 gota de mel
Uma pitada de canela ou especiarias tradicionais de *chai*

### Magia do amor

Incenso do Amor de Lakshmi
Iconografia de Lakshmi
Iconografia de Vishnu (você também pode usar uma imagem de Rama ou Krishna, já que ambos são encarnações de Vishnu)
11 velas cor-de-rosa e/ou brancas

Você pode oferecer o Incenso do Amor de Lakshmi e/ou qualquer um dos substitutos a seguir: frutas maduras, mel, doces, figos, tâmaras, leite, pétalas de rosa, flores (especialmente rosas, lótus ou lírios-d'água), joias de ouro e moedas. Existem muitos mantras dedicados a Lakshmi disponíveis *on-line* para você aprender ou ouvir. Se desejar, pode tocar ou recitar um deles antes de iniciar o ritual, para se alinhar, de modo mais íntimo, com a energia dela. Como alternativa, pode colocar uma música tradicional indiana como oferta adicional.

Limpe seu espaço completamente para receber Lakshmi. Abra seu espaço, aterre-se e se centre da maneira que preferir. Prepare o altar para Lakshmi; incorpore nele suas cores sagradas, que são vermelho, dourado, magenta, branco e rosa. Acrescente flores ou pétalas de flores e algo doce. Coloque as imagens ou estátuas no altar, ligeiramente viradas uma para a outra. Reflita por alguns momentos sobre a relação divina entre Lakshmi e seu companheiro. Acenda o Incenso de Lakshmi e diga as palavras a seguir. Após cada linha, acenda uma vela.

*Lakshmi, bela deusa da abundância, beleza e riqueza,*
*Por meio destes gestos e palavras, invoco-a em seu aspecto de*
*Companheira Divina, Amante e Esposa Devotada.*
*Você, que surgiu do Mar de Leite e escolheu seu amado para todo o sempre.*
*Você, cujo amor é profundo e ilimitado como o mar,*
*amplo e sem limites como o universo.*
*Você, que em sua devoção escolheu a vida repetidas vezes*
*para caminhar ao lado do amado.*
*Traga para mim um amor tão perfeito quanto o seu é para você.*
*Traga para mim um amor que honre o amor divino de Lakshmi e Vishnu.*
*Traga para mim um amor que seja uma troca mútua e*
*benéfica da energia do coração.*
*Traga para mim um amor que seja gentil, respeitoso, profundo e verdadeiro.*
*Meu coração está agora aberto, e estou pronta para receber suas bênçãos.*
*Em profunda gratidão, que assim seja.*

Visualize-se aspirando a luz das velas no chakra cardíaco, iluminando-o com a luz da deusa e preenchendo-o com amor. Sinta a luz no centro cardíaco magnetizando a pessoa certa para você, onde quer que ela esteja. Se já está em um relacionamento de compromisso e deseja aprimorar e aprofundar a união, visualize uma luz rosa ao redor e um fio dourado conectando vocês dois pelo chakra cardíaco. Veja vocês dois sorrindo, os olhos um no outro, um sorriso que vem de seu eu mais elevado. Todos os obstáculos e discussões egoístas se desfazem agora. Agradeça a Lakshmi a bênção e confie que assim será. Deixe as velas queimarem com segurança ou apague-as e acenda-as por um tempo, todas as noites, até que acabem. O melhor é fazer esse ritual na Lua Nova ou Cheia, quando a Lua está em Libra ou em uma sexta-feira, dia consagrado a Lakshmi.

## Correspondências de Libra

**Datas astrológicas:** 23 de setembro a 22 de outubro

**Sabá:** equinócio de outono no Hemisfério Norte e equinócio de primavera no Hemisfério Sul

**Arquétipos da Deusa de Libra:** Afrodite Urânia, Afrodite, Vênus, Palas, Lakshmi, Radha, Ma'at, Nana, as Graças, Dike, Eirene, Hera, Nêmesis, Juno

**Casa:** VII

**Elemento:** Ar

**Modo:** cardinal

**Planeta:** Vênus

**Cores:** azul-celeste, índigo, rosa

**Cristais:** fluorita, hemimorfita, hiddenita, lepidolita, prehnita, serafinita, escolecita

**Óleos essenciais:** sálvia esclareia, gerânio, rosa, olíbano, bergamota, manjericão

**Partes do corpo:** rins, região lombar

♏

# ESCORPIÃO

Assim como ocorre com todos os signos, as melhores pistas para a formação do arquétipo de Escorpião são encontradas na estação que ele preside. À medida que o Sol entra em Escorpião, algumas coisas se recolhem; memórias ancestrais se manifestam à nossa consciência, indicando-nos que o ano agrícola está chegando ao fim no Hemisfério Norte. Já no Hemisfério Sul, a capacidade de fixar interesses e se aprofundar nos vínculos é mais presente.

Não há como negar que a temporada de Escorpião é um período entre os mundos, um lugar limítrofe tanto física quanto metaforicamente, quando nos voltamos para a Colheita Final de Samhain ou para a fusão divina de Beltane. Escorpião é um signo fixo de Água, o que significa que ocorre no auge de uma estação (o outono no Hemisfério Norte e a primavera no Hemisfério Sul) e faz ressoar as correntes intuitivas e fluidas do elemento Água. O arquétipo de Escorpião está associado aos mistérios mais profundos da vida: nascimento, sexo, morte, renascimento e transformação. Escorpião está ligado à ideia da fênix mítica que ressurge repetidas vezes das próprias cinzas. A temporada de Escorpião convida a nos despojar de antigas peles, a cavar fundo e abandonar os padrões que nos impedem de crescer. Assim, temos a oportunidade de renascer e ressurgir do outro lado, regeneradas e renovadas. Consulte seu mapa astral para descobrir onde Escorpião está posicionado para você. Isso mostrará a área da vida onde provavelmente experimentará sua transformação, sua cura e sua regeneração mais profundas nesta vida.

O arquétipo de Escorpião nos instiga a acolher a sombra, a mergulhar nela, não apenas iluminando nossas feridas e nossos medos mais profundos, mas também recuperando talentos esquecidos, desejos e tesouros da nossa alma. Escorpião está alinhado com as deusas associadas às trevas sagradas, como Perséfone, a Morrígan, a Cerridwen, a Kali e a Inanna. Cada uma dessas divindades tem uma sabedoria para compartilhar conosco que só pode ser obtida quando cavamos a terra com as próprias mãos e entregando-nos ao processo por vezes caótico e catártico de libertação e renascimento. Assim como a deusa Inanna, Escorpião mantém sempre um ouvido atento ao Grande Abismo e está sintonizado com aquilo que é relegado às sombras, oculto ou envolto em mistério. É um signo que tem atração pela psicologia profunda, pelo xamanismo, pela magia, pela medicina e pela cura. Não surpreende que a parteira, a prostituta sagrada e a doula da morte sejam associadas de modo simbólico a Escorpião.

Escorpião está intrinsecamente ligado à ideia de *compostagem*, lançando mão da alquimia em relação ao que alguns podem ver como meros resíduos e transformando-os no potencial criativo rico e fértil da psique. Se refletirmos sobre a época do ano que esse signo incorpora, é exatamente o que está acontecendo também no mundo natural (no Hemisfério Norte). Escorpião está associado, ainda, à morte e ao luto, seja a morte de uma parte de nós mesmas, de um relacionamento do qual sabemos que é hora de sair, ou nos lembrando de um ente querido que não está mais neste plano. A sabedoria de Escorpião nos pede que renunciemos e nos rendamos, porque é inútil lutar quando é hora de algo morrer – a morte é apenas outra fase do ciclo. Escorpião sabe que nenhuma vida nova pode surgir a menos que entremos voluntariamente na escuridão sagrada e nos deixemos ser transformadas.

Como Escorpião está associado ao planeta Plutão e, tradicionalmente, ao planeta Marte, seu arquétipo também tem relação com as nuances mais profundas da sexualidade e do poder. Escorpião é profundamente vibrante e sexual, mas é claro que isso nem sempre é óbvio. Embora sua jornada de autoconhecimento muitas vezes envolva a exploração do sexo, em outras está mais relacionada a um processo pessoal de transformação do que à promiscuidade. Tabus de todos os tipos, mas em particular os de natureza sexual, atraem Escorpião, pois são meios de entender as camadas sob a fachada da personalidade e da sociedade, bem como as próprias respostas ao lado sombrio da natureza humana. Escorpião compreende por intuição que, onde há tabu, o que está em jogo é a questão do poder – quem o tem e quem o deseja –, e sente, então, o impulso de desvendar e entender os diversos jogos psicológicos em ação. Para esse signo, o conhecimento, de fato, *é* poder.

## A mulher de Escorpião

A mulher de Escorpião é alguém de psique complexa, cujo desejo máximo é devassar o véu da ilusão e chegar à verdade no cerne de qualquer questão. Enigmática, autoconfiante e emocionalmente intensa, muitas vezes emana uma sutil aura de mistério. Quando suas paixões são despertadas, é focada, determinada, motivada e não tem medo de mostrar as garras. Embora alguns se sintam intimidados por sua veemência, uma vez que você ganha a confiança dela, a escorpiana estará a seu lado – se considerar que você é digna de respeito.

Quando uma mulher de Escorpião se compromete, esse compromisso é profundo. Ela tem coragem emocional e exige a mais completa honestidade e fidelidade dos entes queridos. Também é perspicaz e percebe, por intuição, que todos os seres humanos são capazes de grande variedade de comportamentos. Por entender as nuances da psicologia humana, em geral será capaz de ter compaixão se você admitir seus aspectos menos favoráveis. No entanto, se conseguir enganá-la e ela descobrir mais tarde que você tem esqueletos no armário, perdoar esse tipo de transgressão é difícil para a mulher desse signo, se é que um dia ela conseguirá fazê-lo. Em sua mente, isso constitui um dos piores tipos de traição, e, mesmo que ela acabe encontrando em seu coração a capacidade de perdoar, sempre manterá um olho aberto para qualquer indício de futura dissimulação de sua parte. Ao contrário do que diz a crença popular, escorpianas não são desconfiadas. Na mente delas, não se trata de desconfiança: estão apenas sendo perspicazes e estratégicas. Tudo se resume à autoproteção.

Não podemos falar sobre a mulher escorpiana sem falar sobre sexo. Muito já se escreveu sobre a destreza sexual de Escorpião: a própria encarnação da sexualidade ardente sob o manto da sedutora *femme fatale*. A concepção popular da mulher desse signo como uma ninfomaníaca enlouquecida que se deitará com qualquer um está, na maioria das vezes, longe da realidade. Embora esse signo seja associado ao sexo, não procede que as nativas de Escorpião não tenham critério sexual algum. Para esse signo, o sexo é um dos grandes mistérios da vida e um meio de autoexploração. Pode ser parte inalienável de seu caminho espiritual e canal para se conectar com o sagrado. As práticas tântricas muitas vezes têm ressonância profunda com a mulher de Escorpião. *Tantra* é uma palavra sânscrita que pode ser traduzida aproximadamente como "entrelaçamento", sugerindo uma trama do espiritual com o mundano, do corpo com a alma. O foco na intimidade mais profunda e no aumento da potência da energia sexual é atraente para Escorpião. Outra área de exploração sexual pela qual algumas escorpianas se sentem atraídas é o BDSM (*bondage* e disciplina, dominação e submissão e sadomasoquismo) e outras formas de fetiche. A complexidade das dinâmicas de poder presentes no BDSM pode ser cativante para elas, já que são atraídas por conhecer as camadas mais profundas da psicologia da exploração sexual. Também são, às vezes, atraídas pelo que alguns considerariam aspectos sombrios do sexo.

Para algumas delas, as experiências de vida iniciais as familiarizaram com o lado mais sombrio da sexualidade humana, o que pode produzir uma variedade de efeitos. Algumas mulheres de Escorpião se tornam mais duras, construindo uma barreira entre elas e o mundo exterior. Mas, apesar dessa intensidade sombria e assertiva, Escorpião é um signo de

Água, e, como os outros signos desse elemento, suas nativas são criaturas emocionais que anseiam por conexão anímica. As mais complicadas, em geral, são as que sofreram profundamente no início da jornada de vida. Algumas respondem a esse sofrimento tentando controlar os próprios desejos e manipulando os alheios. Para elas, o sexo se torna um campo de batalha de vontades.

A escorpiana evoluída sabe o que deseja e, talvez o mais importante, o que não deseja. Desenvolveu limites saudáveis que aprimoram sua vida em vez de restringi-la. Chegou a entender que suas feridas têm cura, e que também pode se curar *por meio* da relação com a sexualidade.

Às vezes, leva muitos anos para a mulher de Escorpião chegar a um ponto de cura. Ela percebe que o preço de abandonar o bálsamo da verdadeira intimidade é alto demais, e a separação entre o corpo e o espírito a deixou fragmentada. No entanto, as recompensas da plenitude são tão grandes que, pouco a pouco, ela ressurgirá das cinzas da antiga vida e fará o que Escorpião faz de melhor: regenerar-se.

Muitas modalidades de cura parecem ser feitas sob medida para os problemas das escorpianas. Nem sempre é fácil ser rainha do mundo inferior. Entre as muitas opções, a terapia de aceitação e compromisso é uma abordagem terapêutica que lida com muitos desafios delas, entre os quais podem estar questões de confiança, perdão, necessidade de controle, ansiedade e desapego. A mulher de Escorpião também pode se beneficiar de prática regular de meditação *mindfulness* e do yoga. Escrever um diário e buscar maneiras de reformular sua história sob uma perspectiva arquetípica também pode ser útil. Além disso, Escorpião pode encontrar a paz que deseja e o equilíbrio que procura ao recorrer às qualidades do signo oposto, Touro – encontrando, com consciência, maneiras de sair de sua mente e se conectar mais com o corpo. Dança extática, percussão, massagem, criação artística e outras práticas centradas no corpo podem ser muito úteis para trazer a escorpiana de volta ao centro.

Nos relacionamentos, a mulher de Escorpião deseja nada menos que explorar as profundezas da própria alma e da alma do parceiro –

encontrar o significado da vida, da morte e da transformação. Em decorrência, a ideia de sexo como mera distração muitas vezes a deixará tão fria e distante quanto um lago na montanha. No seu melhor, a sexualidade de Escorpião é intensa, ardente e transformadora em termos de alma. É um caminho para o reino numinoso da magia sexual, um limiar sagrado para a individuação.

Por ter propensão a ver a sexualidade como troca profunda de energia, a mulher de Escorpião, às vezes, adotará períodos de celibato. Isso, em geral, acontecerá quando estiver em uma fase de descida: ela pode estar passando por um período de agitação emocional, por uma transição importante ou em estado de profunda transformação pessoal. Entende, por intuição, o poder do sexo e as intensas energias psíquicas que ele pode liberar. Assim como quando uma cobra troca de pele, a escorpiana tem necessidade profunda de privacidade e sabe quando chegou o momento de buscar solidão, tanto no sexo quanto de outras maneiras.

Você encontrará muitas escorpianas trabalhando em carreiras que ajudam os outros a navegar pelos mundos inferiores do vício, da depressão e das doenças mentais. Assim como as deusas que fizeram a descida ao mundo inferior, a escorpiana vivenciou, com frequência, momentos de descida e encontrou depois o caminho de volta ao mundo superior para compartilhar a sabedoria acumulada. Lembre-se de que um dos símbolos desse signo é a fênix, a ave mitológica que morre e ressurge das próprias cinzas, e a morte e a regeneração estão no cerne do arquétipo de Escorpião. A mulher de Escorpião não costuma ser avessa à morte, e algumas encontram carreiras satisfatórias nesse setor como legistas, agentes funerárias, defensoras de sepultamentos naturais, doulas da morte ou cuidadoras paliativas. A conexão de Escorpião com a sexualidade humana a tornaria uma terapeuta sexual, sexóloga ou educadora sexual brilhante. O gosto por explorar a psicologia dos outros pode levá-la a uma carreira nas áreas de psicologia, psiquiatria ou hipnoterapia. Como alternativa, o entusiasmo natural por se aprofundar pode ser canalizado em trabalhos no campo da geologia e da mineração ou em carreiras como as de arqueóloga, criminologista, jornalista investigativa, pesquisadora ou detetive particular. A calma da escorpiana sob pressão e sua propensão a ser atraída por crises a tornariam uma ótima socorrista ou membro indispensável de uma equipe médica de emergência. A atenção aguçada aos detalhes e a disposição para trabalhar sem descanso até descobrir a verdade podem fazer dela uma advogada notável. Ela também se sentiria confortável como analista de mercado perspicaz, corretora de ações ou banqueira de investimentos.

## Arquétipo orientador da Deusa: Inanna

Inanna é uma deusa suméria cujas histórias nos chegam da antiga Mesopotâmia e incorpora muitas qualidades do arquétipo de Escorpião. Era uma deusa poderosíssima conhecida como a Rainha do Céu e da Terra e regia o amor, a sexualidade e a guerra. Em um de seus dois principais mitos, *A Corte de Inanna e Dumuzi*, vemos uma deusa feroz e sensual que domina o poder de sua sexualidade em uma das peças eróticas antigas mais ardentes já escritas. No mito sumério, Inanna está associada ao planeta Vênus. Sua jornada de ida e volta ao mundo inferior se reflete nos movimentos de Vênus pelo céu, que se põe no oeste como estrela vespertina e depois surge de novo no leste como estrela da manhã, desaparecendo por completo e depois reaparecendo. Quando o planeta está invisível, diz-se que Inanna está no mundo inferior. O principal mito de Inanna é *A Descida da Deusa*, que descreve sua perigosa jornada para o mundo inferior e seu retorno. A narrativa é habilmente tecida com imagens do signo de Escorpião. As misteriosas linhas de abertura captam de imediato a atenção do leitor:

> *Do Grande Céu, ela abriu seu ouvido para o Grande Abismo.*
> *Do Grande Céu, a deusa abriu seu ouvido para o Grande Abismo.*
> *Do Grande Céu, Inanna abriu seu ouvido para o Grande Abismo.*[34]

---

[34] Diane Wolkstein e Samuel Noah Kramer, *Inanna: Queen of Heaven and Earth*. Nova York: Harper Collins, 1983, p. 52.

Os tradutores e estudiosos Diane Wolkstein e Samuel Noah Kramer explicam que, "na língua suméria, as palavras que designam o ouvido e a sabedoria são as mesmas".[35] Inanna, a grande Rainha do Céu e da Terra, torna-se receptiva ao chamado de algo que não conhece e é convidada a buscar a sabedoria do "Grande Abismo" ou do mundo inferior. A história da descida de Inanna ao mundo inferior tem pelo menos cinco mil anos e traz em si muitos *insights* simbólicos, não apenas para as escorpianas, mas para qualquer mulher que se encontre em um momento de descida. Inanna decide fazer uma peregrinação à terra dos mortos, mas, antes de embarcar em sua busca, prepara-se para a jornada armando-se de sete talismãs protetores que simbolizam seu *status* de rainha dos próprios reinos:

> *Na cabeça, ela usa a* shugurra, *a coroa da estepe.*
> *Sobre a testa, os cabelos escuros estão arranjados com cuidado.*
> *Ao redor do pescoço, ela usa pequenas contas de lápis-lazúli.*
> *Seu corpo está envolto no manto real.*
> *Seus olhos estão ungidos com o unguento chamado,*
> *"Que ele venha, que ele venha!".*
> *Ao redor do peito, ela usa a couraça chamada "Venha, homem, venha!".*
> *No punho, ela usa o anel de ouro.*
> *Na mão, ela leva a régua e a linha de lápis-lazúli.*[36]

Inanna parte na estrada tendo ao lado sua fiel serva, Ninshubur, e a instrui a clamar aos deuses por ajuda caso ela não retorne no tempo devido. Ao se aproximar do primeiro dos sete portões que guardam a entrada para o mundo inferior, o guardião Neti lhe barra a entrada e exige que ela abandone a coroa antes para poder entrar. Em cada portão sucessivo, ela é despojada de um artigo de poder – e da proteção que ele confere –, até que se

[35] *Ibid.*, p. 156.

[36] *Ibid.*, p. 56.

ajoelha, "nua e encurvada",[37] diante de sua irmã sombria, Ereshkigal, Rainha do Mundo Inferior.

Ereshkigal não gostou de a irmã ter entrado em seu domínio sem ser convidada; "fixou em Inanna o olho da morte" e a pendurou em um gancho.[38] Por três dias e três noites, Inanna fica pendurada no gancho como carne apodrecida. Sua fiel amiga, Ninshubur, soa o alarme quando sua senhora não retorna, batendo no tambor, batendo no rosto e rasgando as roupas em luto. Aproxima-se dos deuses em busca de ajuda, como lhe foi instruído, mas um por um eles a rejeitam, exclamando que Inanna recebeu o que merecia. Por fim, o deus Enki demonstra preocupação por Inanna e faz com que duas criaturas surjam da ponta de sua unha para ajudar a trazer Inanna de volta da terra dos mortos. Esses seres descem despercebidos ao mundo inferior e encontram Ereshkigal em trabalho de parto. Eles se simpatizam com sua dor, e, grata pela compaixão deles, ela lhes concede o que desejarem. Eles rejeitam a oferta de um campo repleto de trigo e de um rio cheio e pedem, em vez disso, o cadáver que apodrece no gancho. Ereshkigal concorda; as criaturas borrifam Inanna com o alimento e a água da vida, revivendo-a.

No caminho de volta à terra dos vivos, Inanna é acompanhada por demônios do mundo inferior que devem trazer quem a substitua, pois ninguém escapa do mundo inferior sem oferecer um sacrifício em troca. A primeira pessoa que encontram é a leal Ninshubur, mas Inanna se recusa a sacrificá-la. É evidente que Ninshubur está em luto. Cada pessoa que encontram está profundamente angustiada pela morte de Inanna, e ela proíbe que sejam levados no lugar dela. Por fim, chegam ao palácio, onde seu consorte, Dumuzi, está sentado orgulhoso no trono, adornado com joias, desfrutando de posição elevada e sem demonstrar luto algum pela perda da esposa.

"Ele!", grita ela. "Ele é quem descerá em meu lugar!" Os demônios se lançam sobre o arrogante Dumuzi e o arrastam como sacrifício para Ereshkigal.

---

37 *Ibid.*, p. 60.

38 *Ibid.*, p. 60.

A descida e o retorno estão no cerne da história de Inanna. Do ponto de vista simbólico, ela significa a jornada rumo às facetas sombrias de si mesma a fim de confrontar a poderosa sabedoria renegada ou, de alguma outra forma, banida para o inconsciente. Para viajar ao mundo inferior e voltar regenerada e inteira, pode ser necessário desprender-se de *personas* desgastadas, relacionamentos ou autoimagens que já não são viáveis na vida. Para adentrar a escuridão sagrada, às vezes é preciso desenterrar a tristeza e a raiva que pensávamos estar enterradas havia muito tempo. Quando Ereshkigal se contorce nas dores do parto e as criaturas demonstram compaixão por sua dor, ela, por fim, é ouvida, e seus sentimentos são validados. Em outras palavras, a sombra foi reconhecida e integrada.

No entanto, antes que o renascimento possa ocorrer, um sacrifício deve ser feito. O que deve ser sacrificado é algo que não nos sustenta, qualquer coisa (ou qualquer pessoa) que não nos apoie. No mito, é o consorte de Inanna, Dumuzi, que deve ser dado em sacrifício. Ele pode ter desempenhado papel importante em sua vida, mas agora ela vê com clareza que ele não tem mais seus interesses como prioridade. Quando Inanna ressurge, está em equilíbrio. Passou pela noite mais escura da alma sem o conforto e a proteção dos sete talismãs. Isso acontece com frequência quando vivemos uma noite escura da alma. As coisas que nos identificam na vida cotidiana – carreira, educação, juventude, beleza – perdem a importância. A única maneira de entrar no mundo inferior é "nua e encurvada". Somente, então, poderemos estar receptivas à sabedoria oculta e à transformação que virá na sequência.

Há inúmeras interpretações semelhantes de *A Descida da Deusa*, pois esse mito se tornou tema popular tanto nos círculos junguianos quanto nos pagãos. Se estiver interessada em saber mais sobre a descida de Inanna, recomendo o livro *Descent to the Goddess: A Way of Initiation for Women**, de Sylvia Brinton Perera.

* *O Caminho da Iniciação Feminina – Sacrifício, Integração e Ascenção no Mito da Descida da Deusa Inanna ao Submundo*. São Paulo: Cultrix, 2024.

## *Pathwork*: a descida e o retorno

*Esta noite é aquela há muito esperada de sua iniciação nos mistérios da deusa Inanna. A animação aumenta como uma maré interior, mas você também luta para conter a ansiedade que ameaça dominá-la. Se não fosse por uma de suas sacerdotisas encontrá-la no mercado, machucada e alquebrada, fugindo do bordel onde sua família a jogou quando descobriram sua "impureza", você nunca teria encontrado seu caminho até aqui. Mas, no momento em que Anahita pôs os olhos em você, ela a reconheceu como pertencente à grande deusa Inanna e a levou com ela para o templo, onde mãos gentis a banharam e trataram com cuidado suas feridas, restaurando não apenas o corpo, mas, com o tempo, seu espírito.*

*Isso foi há muitas luas, e que alegria foi, por fim, encontrar uma família que a aceitou, uma de mulheres que a acolheram como uma delas! Na santidade do templo, você estava abrigada, protegida e acolhida. O mundo exterior e suas traições pareciam muito distantes nos pátios perfumados do santuário de Inanna. Claro que também havia muito trabalho a ser feito. Você aprendeu as responsabilidades da noviça sob os olhos sempre atentos das sacerdotisas mais velhas: cuidar da chama sagrada e aprender a acalmar os pensamentos para mergulhar em seu interior e ouvir a voz da deusa. Também aprendeu uma das partes mais importantes de ser uma sacerdotisa de Inanna: reverenciar sua sensualidade como presente divino. Elas lhe mostraram como mover os quadris em círculos sinuosos, sentindo o antigo poder do Feminino despertar profundamente no chakra sacral, crescendo em intensidade e depois pulsando pelo corpo em ondas de êxtase, à medida que você se abria para a sensualidade e se conectava à fonte infinita do próprio poder criativo como mulher. Embora, às vezes, você tenha tido dificuldade em obedecer à disciplina necessária para aprender os rituais, sua tarefa favorita era ajudar as sacerdotisas nos preparativos para reverenciar Inanna como a Rainha do Céu e da Terra.*

*Entre suas tarefas estava moer* kohl *para o delineador que transformaria as mulheres com as quais trabalhava todos os dias na imagem viva da própria deusa. Como eram exóticas! Sua beleza e sensualidade a hipnotizavam. Como gloriosas criaturas de outro mundo, elas se balançavam e se ondulavam ao ritmo pulsante dos tambores, as pálpebras semicerradas, enquanto entravam no transe que as alinhava à deusa.*

*Embora você não se sinta pronta por completo, enfim chegou o momento da própria iniciação. Nos últimos raios do sol poente, uma nova acólita se aproxima de você respeitosamente em silêncio e de cabeça baixa, enquanto a conduz aos banhos. Lá, você é banhada e ungida com óleos de olíbano, cedro e mirra. Em seguida, é vestida cuidadosamente com a indumentária ritualística com a qual você mesma tantas vezes ajudou as sacerdotisas mais experientes a se vestirem, e um colar de lápis-lazúli brilhante é colocado em seu pescoço, o centro energético da expressão de sua verdade. Depois, você é conduzida por um corredor na semiescuridão, as velas tremeluzindo em arandelas na parede, projetando sombras dançantes ao longo do caminho. O som ameaçador e distante de tambores batendo em ritmo lento e insistente faz os pelos de seus braços se arrepiarem. Você percebe que o corredor está começando a descer. Dá uma olhada em si mesma no espelho e suspira. A mulher diante de si é a imagem de Inanna, resplandecente em diáfano açafrão e seda branca cintilante.*

*Você chega a uma entrada bloqueada por uma temível guardiã que não permitirá sua passagem até que remova seu véu delicado. Você abaixa a cabeça e oferece o véu; a guardiã o pega e se afasta. O corredor fica mais íngreme, espiralando para baixo à medida que você desce cada vez mais rumo ao coração secreto do templo. Distingue um contorno sombrio à frente e logo se aproxima de outro limiar. Uma segunda guardiã bloqueia-lhe o caminho e exige que você entregue o colar de lápis-lazúli que usa. A cada limite, um após o outro, você é detida e obrigada a abrir mão de uma peça da indumentária que a identifica como sacerdotisa noviça. Encontra-se, então, na escuridão total, nua e trêmula.*

*De repente, percebe que uma sombria figura feminina está se materializando diante de você. Reconhece a entidade como Ereshkigal, a irmã de Inanna no mundo inferior. À medida que seus traços começam a tomar forma, uma estranha percepção surge em você: é como olhar para um espelho, e, de fato, Ereshkigal é a imagem espelhada da Rainha do Céu. Ela a encara com olhar firme e diz: "Símbolos de* status, *poder e riqueza não têm valor aqui no mundo inferior. O que me oferece como sacrifício?".*

*Por longo momento, você permanece em silêncio.*

Inspire devagar e profundamente e permita-se refletir. Liste três coisas que aprendeu durante um período de escuridão pessoal, coisas que não poderia ter aprendido de outra maneira. Talvez tenha descoberto quanto poder interior possui. Talvez tenha aprendido a definir limites pessoais e a se impor, ou chegou a um ponto em que aceitar uma situação dolorosa foi o primeiro passo para a liberdade. Cada pessoa tem a própria iniciação no mundo inferior. Respire fundo e faça sua oferenda a Ereshkigal.

*Ereshkigal a mantém presa sob seu olhar por um momento que parece durar uma eternidade. Em seguida, seu rosto se transforma em uma expressão de sábia compaixão. "Vá com a minha bênção. Você foi provada, aprofundou-se e renasceu. Desceu ao coração das trevas e sobreviveu. Que ressurja em equilíbrio para compartilhar a sabedoria que encontrou nas noites mais escuras de sua alma", ela diz. Coloca, depois, algo em sua mão: pode ser um símbolo, uma mensagem, um objeto ou uma imagem. Sua aparição se desvanece devagar.*

*De longe, você mais sente do que vê um dissipar da escuridão. Volta-se para esse ponto e avança nessa direção. A cada passo, uma crescente sensação de força e confiança a envolve, além de uma calma interior profunda. Você passou no teste. É uma Sacerdotisa. As outras sacerdotisas a recebem com alegria quando você surge à luz do Sol nascente e ao som triunfante de tambores, sistros e cânticos. Você abre a mão na luz brilhante e vê o que lhe foi dado como símbolo de sua iniciação, algo que levará consigo como talismã para o novo capítulo de sua vida.*

## Ritual: libertação e renovação

No seu cerne, Escorpião trata de morte e renascimento. Envolve despojar-nos de antigas peles e abandonar o que não nos serve mais. A sabedoria de Escorpião compreende, com exatidão, o que é necessário e não teme a escuridão, pois sabe, por intuição, que é lá que reside a cura mais profunda. Faça este ritual quando sentir necessidade de se libertar de algo que está impedindo seu progresso. O melhor momento é durante a Lua Minguante ou Negra, quando a Lua está em Escorpião ou, ainda, no Samhain.

### Você vai precisar de:

Vela preta pequena
Concha ou recipiente resistente ao calor
Papel
Caneta
Sálvia para defumação
Vela verde pequena
Planta de interior ou exterior

Defume e limpe seu espaço, aterrando-se e centrando-se da maneira que preferir. Acenda a vela preta. Pare um instante para reconhecer o sagrado que se entrelaça às descidas pelas quais passou – traições e perdas profundas, decepções e desgostos que vivenciou. Talvez esteja passando por uma descida neste exato momento.

Escreva essas iniciações em um pedaço de papel com o máximo ou mínimo de detalhe, conforme desejar. Considere todas as maneiras pelas quais você foi mitigada pelos tempos difíceis da vida.

Quando estiver pronta para se libertar da dor, do ressentimento, da raiva ou da tristeza que tem carregado, encoste o papel na chama da vela e queime-o com segurança no recipiente resistente ao calor. Observe como o fogo consome aquilo que é hora de deixar para trás. Sinta-se ficando mais leve, mais forte e mais sábia à medida que as chamas purificadoras realizam a transformação. Reflita sobre os dons que chegaram a você por meio dos passos difíceis de sua jornada.

Aterre-se e centre-se mais uma vez. Defume a área em que está trabalhando.

Lembre-se: um dos símbolos de Escorpião é a fênix que ressurge das cinzas. Pegue as cinzas e enterre-as em algum lugar longe do seu quintal ou, melhor ainda, leve-as para um rio ou oceano quando a maré estiver baixando, para que sejam levadas pela correnteza.

Na próxima Lua Nova, pegue a vela verde – a cor dos novos crescimentos –, acenda-a e coloque-a na planta. Em um pedaço de papel, escreva todas as novas intenções que gostaria de manifestar. Quando terminar, coloque o papel com suas intenções na terra da planta. Visualize suas intenções tornando-se parte do novo crescimento dessa planta, sendo levadas à manifestação de uma nova fase.

Deixe que a vela se queime completamente, de forma segura, enquanto medita sobre as intenções de crescimento que você colocou em movimento.

## Incenso de Inanna

3 partes de olíbano
2 partes de mirra
7 gotas de óleo essencial de cedro
Algumas pétalas secas de rosa
1 pitadinha de canela
Algumas gotas de vinho
¼ de colher de chá de mel

## Dança no templo da Rainha do Céu

*Kohl*
Incenso de Inanna ou óleo de nardo
Velas
Música (experimente percussão lenta de dança do ventre)

Inanna está intimamente ligada à expressão sensual do Sagrado Feminino e com assumirmos e celebrarmos nossa sexualidade. Somos bombardeadas o tempo todo por mensagens culturais que nos dizem ser preciso ter determinada aparência e agir de certa maneira para sermos reconhecidas como seres sensuais ou sexuais. Inanna representa o orgulho do corpo e nossa própria forma de sensualidade, não importando o aspecto exterior. Em minhas mais de duas décadas como dançarina profissional na juventude, eu fazia uma variação da meditação a seguir antes de cada *show*. Chamei-a de "entrar na zona". Essa meditação é projetada para ajudá-la a se ligar profundamente a seu corpo sensual ou como preparação para fazer amor.

Vista algo confortável, que lhe dê liberdade de movimento, como roupas de yoga. Consagre seu espaço queimando um pouco de óleo de nardo ou o Incenso de Inanna. Monte seu altar para Inanna, Rainha do Céu e da

Terra. (Consulte as correspondências ao final do capítulo para mais ideias sobre o altar.) Acenda uma vela e dedique a chama a ela.

Aterre-se, centre-se e detenha-se um instante para se conectar e se sintonizar com Inanna. Coloque alguma música de percussão lenta, música de dança do ventre ou 5 Ritmos. Permita que sua consciência comece a mudar, entrando em leve estado de transe.

Prepare-se. Contorne os olhos com *kohl*. Faça isso com atenção plena e a máxima reverência. Se desejar aplicar mais adornos ou maquiagem, este é o momento. O ato de se adornar é uma atividade sagrada para Inanna.

Olhe-se no espelho e afirme que você é a Deusa. Pode parecer estranho fazer isso no início; pode ser desconcertante falar com o próprio reflexo. Mas persevere – fica mais fácil com a prática.

Comece a fazer alongamentos lentos, suaves e prazerosos, acompanhando a música. Sinta o poder e a glória do corpo feminino, o corpo da deusa. Afirme que você é linda. Passe as mãos pelo corpo e permita-se ser ousada nessa apreciação de si. Este é o momento de expulsar qualquer diálogo interno negativo. Você é expressão da deusa, e é a ela que está prestando sua reverência. Seja extravagante!

Levante-se devagar e deixe o corpo balançar ao ritmo dos tambores. Visualize-se como sacerdotisa da deusa Inanna. Você está oferecendo a ela sua beleza e sensualidade femininas. Sinta o ritmo nos quadris; mova os quadris para a frente e para trás e, em seguida, experimente fazer um oito. Deixe a música levá-la cada vez mais profundamente a um estado de transe, até que seu movimento se torne uno com o ritmo dos tambores. Erga devagar os braços em homenagem a Inanna, dando as boas-vindas à deusa para sua dança. Não pare nem refaça os movimentos. Não há maneira certa ou errada de dançar para a Rainha do Céu. Seu jeito pessoal é exatamente o que ela quer. Deixe que ela a guie. Você está elevando sua energia. Tente não parar até atingir o momento extático em que sente que se tornou a própria dança. Sinta sua beleza e seu poder como mulher, um ser feito para criar, amar e celebrar a dança que é a vida.

Agradeça a Inanna por poder saborear com liberdade a alegria de seu corpo e dos dons femininos. Concentre e aterre essa energia, dando prazer a si mesma ou fazendo amor.

## Correspondências de Escorpião

**Datas astrológicas:** 23 de outubro a 21 de novembro

**Sabá:** Samhain no Hemisfério Norte ou Beltane no Hemisfério Sul

**Arquétipos da Deusa de Escorpião:** Inanna, Ereshkigal, Kali, Morrígan, Ishtar, Perséfone, Hécate, Cerridwen, Amokye, Ammut, Selkhet, Maria Madalena, Tara Verde

**Casa:** VIII

**Elemento:** Água

**Modo:** fixo

**Planeta:** Marte (tradicional), Plutão (moderno)

**Cores:** preto, vermelho-escuro

**Cristais:** charoíta, iolita, labradorita, lápis-lazúli, moldavita, pietersita, obsidiana

**Óleos essenciais:** *patchouli*, nardo, olíbano, mirra, cedro

**Partes do corpo:** órgãos sexuais/reprodutivos

♐

# SAGITÁRIO

Em muitos lugares do Hemisfério Norte, os primeiros flocos de neve do iminente inverno já cobriram as distantes montanhas, mas no sul a claridade abundante nos faz enxergar além dos limites usuais. Sentimos alívio coletivo enquanto nos voltamos para a tarefa de compreender aquilo que foi descoberto quando o Sol transitava por Escorpião. Sagitário é um signo mutável de Fogo. É o terceiro dos signos de limiar, levando-nos do outono para o inverno no Hemisfério Norte e da primavera para o verão no Hemisfério Sul, e está alinhado ao animado elemento Fogo. Sagitário também é o último dos signos de Fogo, que começam com a centelha da nova vida, que é Áries, passando pela chama ardente da autorrealização, que é Leão, agora culminando no fogo visionário de Sagitário.

Sagitário é o Contador de Verdades, o buscador dos mistérios da vida. Tem relação com o ímpeto de desenvolver conhecimento e sabedoria, fazendo ressonância com a jornada do herói de Joseph Campbell, a Busca arquetípica. Ao longo dessa jornada, Sagitário ultrapassa os limites e se alinha com vários arquétipos centrais ao longo do caminho, entre eles o Explorador, o Hedonista, o Filósofo e o Sábio. Sagitário procura não apenas o ponto final da individuação, mas também o significado derradeiro da vida, e, em sua missão, pode percorrer longa distância. Nada fica sem análise na busca pelo conhecimento. Sagitário tem o coração do buscador, a mente do filósofo e sede insaciável pelo próximo horizonte. Dele é a estrada real desdobrando-se na jornada, e ele viajará com alegria por caminhos interiores e exteriores, só para ver o que vem depois da próxima curva. É atraído pelos mistérios de terras distantes, pelo aroma de especiarias exóticas e pela embriaguez de diferentes perspectivas. É o signo que jogará alguns pertences em uma mochila e viajará de carona pela Europa, passando a noite no sofá de estranhos amigáveis e colecionando histórias ao longo do caminho.

Sagitário é regido por Júpiter, o planeta expansivo e magnânimo, e, como tal, está ligado à ideia de *fé* – fé em si mesmo, na vida e na capacidade de enxergar o panorama geral. Sagitário questiona: "Qual é o meu lugar no universo?". Precisa de grande medida de liberdade pessoal para cumprir sua busca e não suporta ficar preso por muito tempo. Em sua jornada, em especial durante a juventude, os sagitarianos ocasionalmente se alinham com o arquétipo do Hedonista: lançam-se de cabeça, jogando a cautela ao vento. No entanto, a fé inabalável em si mesmos e a genuína compaixão em geral os desviam de muitos apuros, dando-lhes a reputação de sortudos. De qualquer forma, reúnem muitos aliados na aventura da vida e se divertem demais enquanto isso.

## A mulher de Sagitário

Confiante, corajosa e otimista, a mulher de Sagitário é uma mistura equilibrada de *bonne vivante* e sábia. Tem sede de aventura, senso de humor vibrante e espírito generoso. Está sempre pronta para uma nova experiência, seja calçando as botas de caminhada e indo para a Patagônia ou explorando as subculturas da própria cidade. Iniciará conversas com pessoas de todas as esferas da vida – na verdade, quanto mais distante de seu campo de experiência, melhor. A mulher de Sagitário abraça a diversidade e acolhe relações interculturais que a abram a novas perspectivas. Tem sensibilidade jovial e franqueza direta revigorantes. Pode carecer de sutileza, sendo conhecida, às vezes, pelo excesso de honestidade, mas, pelo menos, você sempre tem clareza ao lidar com ela. Ao contrário de Escorpião, ela não guarda rancor nem faz insinuações, tampouco tem intenções ocultas. É por fora o que é por dentro. Brilha com autenticidade e tem o maravilhoso hábito de sempre olhar o lado positivo de qualquer situação. Embora possa se meter em apuros pela franqueza, sua natureza afável dá, em geral, conta do problema. Por ser tão direta, as pessoas tendem a aceitar o que ela diz sem titubear.

Por outro lado, ela realmente exemplifica o arquétipo da Sábia, ou, pelo menos, da Sábia em treinamento, durante os anos de juventude. Não é raro ter uma prateleira inteira de livros sobre mitologia mundial e religiões comparadas, desde o xamanismo Yakut até bruxaria e filosofia do yoga. Empilhados ao lado estão guias de viagem e mapas de todos os lugares do mundo onde ela já esteve ou quer estar. A mulher desse signo não costuma viajar apenas para deitar-se na praia e se bronzear. Quer ser transformada por suas aventuras. Todo desejo de viajar faz parte de uma busca contínua que serve como inspiração em sua jornada de vida. Essa busca é nada menos que encontrar o significado da vida, assim como seu lugar no cosmos, e ela escalará todas as montanhas e explorará cada cume para encontrá-lo. Sendo do elemento Fogo, seu objetivo é a expansão e ir além de si mesma para encontrar esse significado. Buscar a Verdade com *V* maiúsculo é parte importante da tarefa de vida dela, e, em geral, a sagitariana percebe que a verdade pode ser encontrada em lugares diversificados. Ela corresponde tanto ao arquétipo da Estudante quanto ao da Professora e, embora costume ser aprendiz ao longo da vida, também poderá ser professora ou mentora de alguma forma, à medida que integrar a sabedoria que acumula. Não raro, alcança níveis mais elevados de educação, e muitas sagitarianas, na busca pelo conhecimento, obtêm graduação acadêmica avançada.

Em contrapartida, podem não ser convencionais na maneira como adquirem sua sabedoria, preferindo o autodidatismo por meio do próprio currículo pessoal de peregrinação nômade e estudando o que lhe inspira paixão. Muitas mulheres de Sagitário estudam ou vivem no exterior em diferentes períodos da vida. As viagens de peregrinação quase sempre as conduzem a uma busca por grandes centros espirituais do mundo, como Glastonbury, Machu Picchu, a trilha El Camino e os grandiosos templos do Sudeste Asiático, como Angkor Wat. Precisam de liberdade, e, às vezes, isso significa se libertar do que percebem como a estrutura claustrofóbica da Academia. Não gostam de receber ordens e detestam ter de se comprometer a ficar em um lugar por muito tempo. Muitas sagitarianas são atraídas por caminhos alternativos para adquirir conhecimento, envolvendo-se em estudos espirituais ou metafísicos. Também costumam ter interesse no estudo da psicologia arquetípica, bem como em mitologia e folclore transculturais, pois isso é um auxílio na compreensão delas dos mistérios da vida.

A natureza e o ambiente ao ar livre também despertam o interesse da mulher de Sagitário e sua sede de aventura. Ela adora acampar e fazer trilhas, podendo ter um repertório considerável de capacidades para lidar com a natureza e dicas de sobrevivência na mochila. Algumas mulheres desse signo se sentem mais à vontade acendendo uma fogueira e identificando pegadas de animais que ficando em casa com uma taça de vinho assistindo à Netflix. Muitas delas também são atléticas e gostam de se desafiar e estabelecer metas pessoais. A sagitariana tem afinidade com animais, podendo ter um cachorro ou um cavalo apenas para sair de casa com mais frequência. Seja como for, tem amor genuíno pela natureza e, na maioria das vezes, prefere estar ao ar livre a ficar dentro de casa. Claro, se ficar por um tempo em um ambiente fechado significar experimentar o mais recente restaurante nepalês ou guiozas em Chinatown que apenas os moradores conhecem, ela abrirá uma exceção.

Como a mente sagitariana sempre está voltada para o aprendizado superior ou o estudo filosófico, e seu corpo, em geral, está envolvido em alguma aventura, a moda não costuma ser uma preocupação para essas mulheres. A menos que estejam comprando novas botas de caminhada ou cortes de lã merino, elas raramente se empolgam muito com esse assunto. Uma exceção é o estilo boêmio. Elas adoram colecionar peças de joias e roupas exóticas que tenham significado em suas viagens, incorporando-as

tirar férias separadas. Na verdade, pode insistir nisso. Ela pode ficar inquieta se sentir que está sufocada no relacionamento, e é então que vai começar a procurar novos horizontes. Para a mulher de Sagitário, companheirismo e camaradagem são os alicerces de uma união bem-sucedida. Ela não suporta pessoas "grudentas", desconfiança ou qualquer tentativa de controle. Se encontrar alguém que entenda que a vida é uma busca mítica, que lhe dê a liberdade de que precisa e compartilhe sua paixão pelo aprendizado, seu entusiasmo e o gosto perene por aventuras, essa combinação pode ser abençoada pelos deuses.

A sagitariana tem apetite caloroso e físico pelo sexo. É ardente e dominadora, sem medo de tomar a iniciativa. É espontânea e nem sempre precisa de romance ou amor para acompanhar suas empreitadas sexuais. Encara o sexo da mesma forma que encara o resto da vida: como uma grande aventura para ser aproveitada ao máximo. Pode ser experimental em relação a diferentes parceiros e cenários. Até que se comprometa com alguém, fica mais que feliz em explorar várias possibilidades e experimentar todas as nuances e sabores que despertem seu interesse. Pode carecer de sutileza e, com certeza, não se envolverá em flertes dissimulados para chamar a atenção de alguém que a interessa. Como em qualquer outra área da vida, ela é direta, franca e não sente necessidade de fazer joguinhos. A nativa de Sagitário é *sexy* de maneira natural, própria dos signos de Fogo: apaixonada, ousada e excitante.

Devido à ampla gama de interesses e paixões, a mulher de Sagitário tem diversas opções de carreira à disposição. Precisa de liberdade e variedade em tudo o que faz; portanto, é bom escolher uma carreira que ame. Na verdade, há certas carreiras bastante adequadas para a sagitariana, já que ela tende a ficar entediada se ficar presa a um lugar por muito tempo e também não gosta de receber ordens. Sagitário não suporta o temido microgerenciamento! Portanto, consultoria ou trabalho por contrato podem ser uma boa escolha. Ter o próprio negócio também a atrai: não só não há um chefe monitorando cada passo seu como ela também não se importa em correr riscos, tendo muita energia e determinação para implementar, com sucesso, suas grandes ideias. Precisa de um alvo para mirar e aceita desafios com entusiasmo. Trabalhos repetitivos e monótonos a deixarão louca. Embora tenha total condição de ser empreendedora de primeira linha, a mulher de Sagitário também brilha como parte de uma equipe. É flexível, versátil e capaz de fazer várias coisas ao mesmo tempo, de maneira excepcional, além de ser bem-humorada e divertida com os colegas de trabalho, desde que receba estímulos mentais suficientes. Nunca está sem boas ideias, o que pode manter as coisas em caminho constante de progresso.

Os interesses espirituais e metafísicos da mulher de Sagitário podem conduzi-la a uma carreira bem-sucedida como oficiante, ministra, sacerdotisa ou escritora espiritual. O amor por viagens pode levá-la a uma carreira no turismo, ensinando alguma língua no exterior ou orientando peregrinações. Ela também pode transformar a afinidade por viagens e outras culturas em um negócio de importações bem-sucedido. Algumas têm carreiras bastante gratificantes como comissárias de bordo ou pilotas, sendo remuneradas para viajar. Se for uma sagitariana amante da natureza, pode ser guia de aventuras ao ar livre, administrar a própria empresa de atividades ao ar livre ou trabalhar com animais. Educação é mais uma área na qual Sagitário se destaca, podendo atuar como mentora, professora, facilitadora, escritora, editora, psicóloga arquetípica, folclorista ou professora universitária. Se explorou a sombra hedonista de seu signo nos primeiros anos, ela pode ser conselheira brilhante em matéria de drogas e álcool, alguém que percorreu esse caminho e adquiriu sabedoria em primeira mão, enfrentando muitas dificuldades. Os jovens que lutam contra o vício vão confiar nela e apreciar sua franqueza. Por fim, a paixão pela justiça social pode conduzi-la a um trabalho significativo de defensora, educadora sexual, advogada de direitos humanos ou assistente social, em particular se voltada para os jovens.

## Arquétipo orientador da Deusa: Ártemis

Há muitos paralelos entre a deusa olímpica Ártemis e a mulher de Sagitário. Como veremos, Ártemis, assim como a sagitariana, é a personificação da mulher de espírito livre que faz as próprias escolhas e vive conforme suas decisões. Deusa virgem da caça e da Lua, Ártemis percorre as altas montanhas e florestas com sua matilha de cães de caça e seu grupo de ninfas. Veste uma túnica curta para poder correr e caçar na floresta sem impedimentos e carrega um arco e flecha. Bosques de carvalho, codornizes, veados e ursos lhe são consagrados. Ela é conhecida como a protetora dos espaços selvagens e das jovens. Ártemis é a filha "ilegítima" de Zeus e Leto e a primogênita, irmã gêmea de Apolo. Diz a lenda que, após dar à luz Ártemis, Leto ficou em angustiante trabalho de parto por nove dias. No nono dia, Ártemis ajudou no parto do irmão e salvou a vida da mãe. A partir desse momento, ela ficou conhecida como a deusa das mulheres em trabalho de parto, e as mulheres recorriam a ela para ter um parto fácil.

Há muitos mitos e histórias relacionados a Ártemis que ilustram sua independência e como ela valoriza a liberdade acima de tudo. Uma de suas primeiras histórias se dá quando ela tem apenas 3 anos, sentada no colo do pai. Entre seus pedidos, Ártemis, direta e franca, pede um arco e flecha, uma matilha de cães de caça, um grupo de ninfas para lhe fazer companhia, uma túnica curta para caçar e montanhas e florestas como seu domínio. Zeus, magnânimo, concede-lhe tudo o que pede. Vale ressaltar que o equivalente romano de Zeus é Júpiter, planeta regente de Sagitário.

Em outra história, o caçador Acteão encontra Ártemis banhando-se na floresta. Ele se esconde atrás de uma árvore e a espia em sua nudez. Em uma versão do mito, ela o transforma num cervo, e seus próprios cães, não reconhecendo o mestre, o despedaçam. Em outra versão da história, ela solta os cães dela contra ele.

Os mitos e as histórias relacionados a Ártemis dão a entender que ela valoriza sua autonomia, a qual defende a todo custo, característica compartilhada com Sagitário. Também protege com ferocidade sua liberdade e prefere a vida selvagem a uma existência domesticada. Ártemis prefere a companhia das amigas mulheres a um relacionamento romântico, o qual apenas a prenderia. Não tem um local específico que chama de lar, mas perambula pela natureza selvagem com suas ninfas, não devendo nada a nenhum homem e sem o fardo de ter filhos.

Um culto fascinante relacionado a Ártemis é representado na arte nos fragmentos de antigas cerâmicas e vasos. Um mito fala de uma jovem que provoca um urso consagrado a Ártemis e é, então, morta por ele. Seus irmãos, por sua vez, matam o animal, o que enfurece a deusa, e ela lhes envia uma maldição como vingança. Ártemis só interromperá a maldição se o povo de Atenas entregar suas filhas virgens a cada cinco anos para apaziguá-la.[39] No santuário de Ártemis em Braurone, na costa leste da Ática, um grupo seleto de meninas pré-adolescentes participava de um rito de passagem conhecido como *arkteia*, ou "representação da Ursa".[40] Usavam máscaras de urso e assumiam a aparência da Ursa, dançando em um ritual selvagem antes de atravessarem o limiar para a idade adulta. Devemos lembrar que a vida para as mulheres na Grécia Antiga era, em muitos aspectos, pouco mais que meia vida. O único papel acessível à maioria das mulheres era o de esposa e mãe, sem lugar na sociedade fora do restrito domínio do lar. Após o casamento, ela seria propriedade do marido e completamente submissa a ele. Dada a vida reclusa que as mulheres da Grécia Antiga suportavam, o período de selvageria desenfreada e despreocupada provavelmente era valorizado. Representar a Ursa honrava a deusa virgem Ártemis ao acolher em um ritual o aspecto indomado da feminilidade antes que as meninas tivessem de entregar sua integridade a uma sociedade patriarcal que, em essência, roubava a conexão natural delas com a própria natureza feminina selvagem.

Como deusa da Lua Crescente, Ártemis está alinhada com Sagitário de modo ainda mais arquetípico. Ambos compartilham espírito independente e também incorporam aspecto filosófico e místico. Em muitas

---

39 J. Donald Hughes. "Artemis: Goddess of Conservation", *Forest and Conservation History* 34, nº 4 (out. 1990): pp. 191-97, doi:10.2307/3983705.

40 Sue Blundell e Margaret Williamson (orgs.). *The Sacred and the Feminine in Ancient Greece*. Nova York: Routledge, 1998, p. 33.

tradições mágicas, a Lua foi vista como a Deusa Tríplice em suas manifestações como Donzela, Mãe e Anciã, correspondentes às fases Crescente, Cheia e Minguante, respectivamente. Como a Lua Crescente tem relação com a deusa em sua manifestação de Donzela, ela simboliza o crescimento e a energia que se exterioriza, a capacidade de se concentrar em um alvo e caminhar com coragem em direção ao objetivo.

## *Pathwork*: resgate do seu eu selvagem

*Você está subindo por um caminho sinuoso da montanha. Sombras profundas de abetos e pinheiros erguem-se como sentinelas, com carvalhos e faias quase nus. Uma sutil neve começou a cair preguiçosamente, cobrindo o chão folhoso sob seus pés. É crepúsculo, e a Lua Crescente aparece no céu, brilhando fina e luminosa na atmosfera de um outono tardio. Você precisava disso; precisava escapar das restrições da vida civilizada – a constante pressão da escola, do trabalho e das expectativas alheias. Sentia-se enjaulada e apática e se perguntava para onde tinha ido sua vitalidade. Você respira fundo, inalando o intenso aroma verdejante da floresta, sentindo sua vibrante essência preencher cada parte sua, despertando de imediato e revigorando tanto o corpo quanto o espírito. A cada respiração, você sente uma sensação de formigamento se espalhando por todo o corpo.*

*Um sentimento de liberdade toma conta do seu ser, e você irrompe em uma corrida, pelo puro prazer de estar ao ar livre. Sente os pulmões se expandirem e crescerem. Os braços e as pernas ficam mais pesados, mais fortes, e você percebe enquanto corre que sente o fresco ar da montanha fluindo através de sua pelagem. A força e o poder dentro de si são inebriantes, e você não tem dificuldade de saltar sobre um grande tronco coberto de musgo, deixando o caminho e se embrenhando, com alegria, na floresta. Nada é obstáculo. Você faz uma pausa e se ergue em duas patas, levantando a cabeça grande e peluda e farejando o ar. Seu sentido do olfato está aguçado, e imagens passam pelo olhar da sua imaginação, mostrando-lhe uma vista panorâmica do terreno. Em certa direção, não muito longe, uma mãe corça e seu filhote estão deitados às escondidas na folhagem. Em outra área mais distante, você percebe o cheiro dos restos carbonizados de uma fogueira abandonada no dia anterior. De vários quilômetros de distância, um perfume doce e úmido lhe chega: uma fonte. Você se dirige naquela direção e ouve o murmúrio da água antes mesmo de vê-la.*

*Chega à beira da fonte e inclina a cabeça para a água, a fim de saciar a sede, as laterais do corpo ofegantes e salpicadas de suor. Você nunca se sentiu tão satisfeita e tão viva. Aos poucos, percebe que está retornando à forma humana e, após saciar-se com a água da montanha, se acomoda com as pernas cruzadas e as costas apoiadas em um grande e antigo carvalho. A noite chegou. Sua respiração desacelera e se aprofunda, e você absorve os sons da floresta.*

*De um lugar distante, mas cada vez mais próximo, você ouve o som de cachorros latindo e de mulheres cantando e rindo. Elas saem da floresta logo abaixo de onde você está sentada e, pelos gestos, preparam-se para montar acampamento. Como alertada por sua presença, a mais alta delas vira a cabeça e fixa os olhos penetrantes em você. Ela veste uma túnica curta de pele de veado e carrega um arco na mão direita, com uma aljava de flechas pendurada sobre o ombro. Avança confiante em sua direção, com passos silenciosos. Um dos cachorros a segue, trotando, e se senta ao seu lado quando ela para diante de você, mão no quadril. Em um gesto de hospitalidade, ela levanta uma sobrancelha e sorri.*

*"O que temos aqui? Veio se juntar à nossa alegre turma de andarilhas?" Sua voz é intensa e rouca, e ela brilha com resplendor saudável e jovial, bom humor e absoluta autoconfiança. Você percebe que está diante de Ártemis, a deusa da caça e da Lua. Ela estende uma mão firme e a ajuda a se levantar. "Venha, junte-se à nossa comemoração. Acabamos de voltar de uma caçada bem-sucedida."*

*Ela coloca o braço ao seu redor e a conduz até onde as outras mulheres estão rindo alto e dando tapas nas costas umas das outras. Uma mulher que usa chifres começa a tocar tambor, e outra se junta a ela com um aulo, uma flauta dupla. Movidas pelo ritmo da música, as mulheres começam a dançar, jogando a cabeça para trás, gritando e uivando com alegria para a Lua Crescente. Algumas imitam os movimentos dos ursos, seguindo o ritmo do tambor, sacudindo-se, grunhindo e virando a cabeça para cá e para lá, como um urso farejando o vento. Outras saltam alto no ar como corças.*

*Você sente o pulsar vibrante do tambor e se junta à dança extasiante ao redor da fogueira. Embora tenha retomado sua forma habitual, a experiência de assumir a forma da Ursa ressoa dentro de você, e você se movimenta com liberdade selvagem, incorporando o poder desse animal. Está em sintonia com seu corpo, movimentando-se ao lado do borrão de outras mulheres que dançam ao seu redor. Na dança, você perde toda a noção de tempo.*

*Acorda ao lado das brasas incandescentes da fogueira, envolta em um cobertor de pele de veado que a protege contra o frio da manhã. Um Sol pálido está nascendo. Ártemis e o grupo de ninfas já partiram para a próxima aventura. Você se levanta e se espreguiça, sentindo-se recarregada e empoderada, pronta para assumir o leme de sua vida com consciência.*

## Ritual: aguce sua visão

Sagitário trata da coragem de superar limitações e assumir a autenticidade. Onde nos sentimos restritas? Como nos livrarmos da insegurança e reivindicarmos, com audácia, a ligação com nosso coração selvagem? Tanto Sagitário quanto Ártemis nos incentivam a afastar as expectativas alheias e a assumirmos nossos instintos com confiança e lealdade. Se possível, é melhor fazer este ritual ao ar livre, ao crepúsculo ou após escurecer, de preferência durante uma Lua Crescente ou quando a Lua ou o Sol estiverem em

Sagitário. Monte seu altar para Ártemis; ele pode ser simples ou elaborado, como preferir. Tente incorporar alguns itens sagrados para a deusa: folhas de carvalho, chifres de veado colhidos de maneira sustentável, pontas de flechas ou flechas inteiras, um galho caído, iconografia de Ártemis ou da Ursa, uma Lua Crescente e veados. Um pano de altar branco ou prateado corresponde ao aspecto dela como deusa da Lua. Como alternativa, você pode usar azul da meia-noite, já que essa cor é associada a Sagitário. Se estiver fazendo o ritual em meio à natureza, uma superfície plana de uma grande pedra ou tronco caído funcionaria bem como altar. Se estiver em ambiente fechado, traga algo da natureza para o ritual em reverência a Ártemis. Quando fiz esse ritual na última temporada de Sagitário, o tempo estava tão ruim que tive de fazê-lo dentro de casa – o vento e a chuva ficavam apagando a vela! Então, reuni algumas folhas de carvalho, extraí – com todo cuidado e respeito – resina de abeto-de-douglas de uma das árvores em nossa propriedade e montei meu altar no escritório, enquanto a tempestade rugia lá fora.

## Óleo da Visão Clara

1 parte de cada:
Manjericão
Sálvia esclareia
Cânfora
Alecrim
Zimbro

## Aguce sua visão

Vela pequena branca, prateada ou azul-escura
Óleo da Visão Clara
Papel
Caneta

Ponta de cristal de quartzo ou varinha com ponta de cristal de quartzo
Prato resistente ao calor

Limpe seu espaço e aterre-se e centre-se da maneira que preferir. Unte a vela com o óleo e a acenda. Esta é a chama de sua visão. Em seguida, unte a região do coração. Por fim, unte os pés, que, simbólica ou literalmente, a conduzirão em sua busca. Concentre o olhar na chama da vela por alguns minutos e peça a Ártemis que lhe dê a força e a coragem necessárias para começar uma nova aventura. Lembre-se de como a jovem Ártemis, aos 3 anos, sentou-se no colo de Zeus e pediu-lhe exatamente o que queria. Ela foi clara e direta, e sabia, com precisão, quais eram seus valores fundamentais. Você também pode pedir o que deseja, mas precisa desanuviar a visão antes de atingir o alvo. Pegue o papel e escreva as seguintes perguntas. (Você também pode escrever as perguntas antes; nesse caso, deixe o papel pronto sobre o altar para poder escrever as respostas durante o ritual.) Lembre-se: Sagitário trata da Busca, que envolve se concentrar e definir metas. As seguintes questões foram elaboradas para limpar o espaço psiquicamente, a fim de que possa soltar suas flechas de intenção diretamente no alvo. Reserve um tempo para refletir de verdade sobre as respostas; você estará aguçando sua visão.

- O que acende sua chama?
- Como gostaria de se apresentar ao mundo? Imagine-se livre para ser quem está se tornando. Como seria isso?
- O que a impede de dar o primeiro passo?
- O que pode fazer de maneira realista para superar essas limitações? Seja criativa.
- Quem são seus aliados?
- Qual é o primeiro passo em sua busca? Está disposta a se comprometer com ele? Quando?

Pegue a ponta do cristal ou a ponta da varinha e toque a chama da vela com suavidade. Diga em voz alta:

*Esta é a chama da minha visão.*

Traga a ponta em direção ao coração e diga:

*Ligada ao fogo límpido que arde em meu coração.*

Levante o cristal ou a varinha bem alto, visualize seu objetivo no horizonte com a máxima clareza possível e diga:

*Agora solto a flecha da minha intenção e dou o primeiro passo*
*na jornada para iniciar minha busca.*

Dobre o papel com suas respostas e coloque-o no altar para deixar que ele se energize. Você pode deixar que a vela queime enquanto reflete sobre sua intenção ou apagá-la com um apagador de velas. Como Sagitário é um signo de Fogo, evite usar ar para apagar a vela, em respeito ao elemento Fogo. Se for Lua Crescente, você pode optar por acender a vela por alguns minutos, todas as noites, até a Lua Cheia. Quando estiver pronta, agradeça a Ártemis sua energia e presença. Abra seu círculo. Quando alcançar seu objetivo, queime o papel em um recipiente resistente ao calor e leve as cinzas para a floresta como oferenda a Ártemis.

## Correspondências de Sagitário

**Datas astrológicas:** 22 de novembro a 21 de dezembro

**Sabá:** signo de transição entre Samhain e o solstício de inverno no Hemisfério Norte e entre Beltane e o solstício de verão no Hemisfério Sul

**Arquétipos da Deusa de Sagitário:** Ártemis, Atalanta, Diana, Fatna, Sanene, Bixia Yuanjun, Kang-kys, Flidais, Luot-Hozjit, Mielikki, Calisto, a Vila

**Casa:** IX

**Elemento:** Fogo

**Modo:** mutável

**Planeta:** Júpiter

**Cores:** roxo, violeta, azul-safira

**Cristais:** ametrino, azurita, crisocola, quartzo-rutilado, safira, sodalita, topázio, turquesa

**Óleos essenciais:** melaleuca, alecrim, eucalipto, bergamota, manjericão, zimbro, manjerona

**Partes do corpo:** quadris, coxas, fígado, nervo ciático

♑

# CAPRICÓRNIO

No Hemisfério Norte, a escuridão do inverno se instalou, e as árvores estão sem folhas e nuas. A vida se contrai para sobreviver, e muitos seres vivos fazem escolhas energéticas importantes para atravessar a temporada de escassez. A luz diminuiu para seu ponto mais baixo, e, por volta de 21 de dezembro, voltamos para dentro para encarar a noite mais longa do ano, o solstício de inverno, que marca o início da temporada de Capricórnio. Por outro lado, o solstício de verão no Hemisfério Sul traz a recompensa da promessa cumprida a quem resistiu às noites escuras e acreditou no retorno do Sol. Capricórnio é um signo cardinal de Terra, o que significa que estamos, mais uma vez, na entrada de uma nova estação (o inverno no Hemisfério Norte e o verão no Hemisfério Sul) e conectados à forte energia fundamental do elemento Terra. Ecoando a estação na qual está enraizado, Capricórnio trata de definir nosso propósito de vida, podando os excessos do signo que o antecede (Sagitário) e comprometendo-se com uma visão de longo prazo.

O processo de *definição* envolve o reconhecimento de limites e limitações, o que cristaliza um objetivo. Capricórnio é regido por Saturno, o arquétipo planetário tradicionalmente associado a limites. Antes dos telescópios, Saturno era o planeta visível a olho nu mais distante e, por isso, passou a ser relacionado a limites, limitações e términos. Em decorrência,

Saturno também tem relação com os limites e a estrutura da nossa realidade física: pele, cabelo e ossos. Começando de maneira mais perceptível com o retorno de Saturno, por volta dos 29 anos, os principais ciclos de Saturno em nossa vida coincidem com ritos de passagem que levam a novos níveis de maturidade. Portanto, Saturno está alinhado com o envelhecimento, marcos importantes e o ato de assumir o manto da responsabilidade. Também tem relação com o conceito de tempo. Seu equivalente grego mais antigo era o deus Cronos, a personificação do próprio tempo.

Na linguagem junguiana, Capricórnio está associado ao arquétipo do *senex*, o Velho Sábio ou o Ancião, que também exemplifica o arquétipo da Anciã. A *Cailleach*, a "velha mulher do inverno" das terras gaélicas, e Hécate, a deusa idosa da encruzilhada, têm especial associação com Capricórnio. Ressoando profundamente com a sabedoria das Avós, tradições transmitidas e formas de saber veneradas pelo tempo, esse signo representa nossos ossos psíquicos ancestrais. Embora o arquétipo de Capricórnio esteja alinhado com o Pai e o *animus*, na verdade ele é um signo *yin* e, portanto, também expressão do Sagrado Feminino. Capricórnio me faz lembrar do simbolismo do *hieros gamos*, ou casamento sagrado, entre as polaridades masculina e feminina.

## A mulher de Capricórnio

Quando reflito sobre Capricórnio, não posso deixar de pensar na minha amada avó, uma capricorniana que, na minha mente, incorporava, de maneira muito literal, as qualidades arquetípicas desse signo. Se não fosse por sua perseverança diante das condições mais austeras e inimagináveis, eu não estaria aqui hoje. Minha avó vivia no campo, em um lugar belo e exuberante, numa região que antes fazia parte da Hungria. Seu povo era chamado de *Donauschwaben*, uma comunidade germânica que habitou essa terra idílica por mais de duzentos anos. Após a Segunda Guerra Mundial, os vencedores tomaram as casas e as terras das pessoas que permaneceram e, para se vingar, assassinaram sistematicamente a maioria dos homens, arrancaram crianças dos braços das mães e enviaram as mulheres para campos de trabalho na Rússia. As crianças foram reunidas e colocadas em orfanatos, e a maioria nunca mais se reencontrou com a família. Minha própria mãe tinha apenas 2 anos quando minha avó foi levada, e foi uma das nove crianças que restaram vivas na vila inteira. Minha avó, que tinha 23 anos na época, passou os anos seguintes em um campo de trabalho na Sibéria sem saber se a família estava viva ou morta. Ela nos contava histórias de mulheres deitadas nos trilhos do trem para acabar com seu sofrimento, mas o pensamento de que os filhos poderiam estar vivos em algum lugar a impediu de fazer o mesmo. As condições no campo eram um verdadeiro pesadelo; a fome, o estupro e as agressões eram comuns. Com um arrepio, minha avó nos contava histórias de mulheres cavando com mãos e paus a terra congelada para enterrar amigas e irmãs que haviam sucumbido. Então ela olhava para longe e dizia: "Mas esse não é um assunto sobre o qual devemos falar agora".

Minha avó conseguiu fugir da Rússia para a Alemanha Oriental e se escondeu na floresta com um pequeno grupo de outras mulheres desesperadas para encontrar as famílias perdidas, até que fugiram com ousadia, pulando o Muro de Berlim. Uma vez no Ocidente, enfim livre, ela percorreu diversos campos para pessoas deslocadas, perguntando a todos que encontrasse se sabiam o que tinha acontecido com as crianças de sua vila. Por fim, sua perseverança deu frutos, e, com a ajuda da Cruz Vermelha, ela reencontrou as filhas no Domingo de Páscoa de 1951. Minha mãe tinha 11 anos na época.

Embora a história de sobrevivência e determinação da minha avó seja digna de um roteiro cinematográfico, muitas mulheres de Capricórnio têm as próprias histórias de superação de dificuldades de diversos tipos, de dar um passo após o outro até deixarem uma situação abusiva, vencerem a pobreza ou, de alguma outra forma, suportar e superar adversidades e conquistar paz e segurança. Claro que nem todas as mulheres de Capricórnio passaram por esses mesmos extremos, mas a maioria sabe alguma coisa sobre as responsabilidades do mundo real e o valor da perseverança.

Capricórnio parece ter uma aceitação interior de que tudo que vale a pena ter também vale a pena ser conquistado com esforço. A mulher de Capricórnio não tem medo do trabalho árduo nem de dedicar tempo para alcançar seus objetivos. Costuma desconfiar das coisas que vêm fáceis demais, como esquemas de enriquecimento rápido de qualquer tipo ou cursos *on-line* que prometem domínio de um assunto em apenas cinco parcelas de pagamento. Sabe que para se tornar uma pessoa de autoridade em qualquer área é preciso investir tempo, esforço e ter paciência. Compreende que o verdadeiro sucesso e sabedoria são um processo e, em nosso mundo de "tudo instantâneo", prefere seguir o caminho mais longo e ter algo estável, sólido e genuíno, que resistirá à prova do tempo. A integridade e o autorrespeito são os princípios que a impulsionam e motivam a buscar a responsabilidade.

O desejo de segurança material é um tema recorrente em Capricórnio. A mulher desse signo é pragmática. Não é alguém que joga a cautela ou o dinheiro ao vento e supõe que o universo vai cuidar dela magicamente. Não apenas trabalha duro, mas também economiza de maneira criteriosa e investe com sabedoria. Apostas financeiras especulativas lhe causam arrepios. É provável que uma capricorniana tenha cunhado o antigo ditado "Mais vale prevenir que remediar". Não que ela pense mesmo que qualquer coisa seja plenamente segura, mas vai considerar, com cautela, a rota que inspire mais segurança antes de se envolver em qualquer coisa. Normalmente tem um plano B e está preparada para qualquer eventualidade. A mulher de Capricórnio não é nada se não estiver preparada.

Apesar de toda integridade e praticidade, a sombra de Capricórnio é o lado obscuro do realismo de Saturno. O desejo de segurança material pode, com facilidade, se transformar em materialismo, a ideia de que a única coisa que vale a pena são o dinheiro e o *status* no mundo exterior. O hábito de pensar apenas no resultado final, sem levar em conta o coração, pode resultar em mentalidade calculista, fria e oportunista. A ambição cega pelo prestígio ou pelo poder reflete o lado sombrio do masculino ligado ao arquétipo de Capricórnio: o patriarcado. Algumas mulheres desse signo não estão isentas de adotar a ideologia patriarcal quando expressam seu lado sombrio. Podem ser tão implacáveis e se identificar tanto com estruturas de poder hierárquicas quanto qualquer homem do patriarcado. Por outro lado, há algumas que colaboram com o arranjo patriarcal ao apoiar uma sociedade tradicionalmente dominada por homens, assumindo a aparência de boa esposa, por exemplo, em papel de apoio secundário ao marido. E, infelizmente, existem aquelas que se contentam em viver a meia vida de uma mulher sustentada por um homem. Para elas, ser cuidada é uma forma de segurança. Essas são as poucas que se ligam a um homem financeiramente poderoso para sobreviver no mundo. Exemplos desse estilo de vida são exibidos à exaustão hoje em *reality shows*.

Por trás de todas essas situações da sombra de Capricórnio se esconde uma tática de sobrevivência em uma sociedade ainda sexista. Cada uma delas é uma resposta a viver em uma cultura dominada por homens e tem raízes no medo. Devemos lembrar que, no fundo, Capricórnio é uma sobrevivente, e, embora isso costume ser uma característica positiva, o medo e a autopreservação podem moldar sua reação a diferentes situações e à própria vida. A mulher de Capricórnio também pode colaborar com o *status quo* de outras maneiras. O medo de ser excluída pode impedi-la de ser verdadeiramente ela mesma e de correr riscos que ampliariam seus horizontes. Algumas capricornianas se alinham com o poder dominante e tornam-se excessivamente conservadoras na visão de mundo, trocando autenticidade por uma vida de *deveres* inquestionáveis. O medo da autoexpressão ou de ser excluída pode transformar a capricorniana em uma mulher contida, com medo de fazer ou dizer algo errado. Ela também pode ser atraída por uma vida destituída de ascensão social, pois, em sua manifestação da sombra, pode ficar muito preocupada em imitar os outros e se manter no mesmo nível deles.

Por fim, existe a mulher de Capricórnio que percorreu caminhos muito difíceis, fez sacrifícios inimagináveis e sabe como é estar entre a cruz e a espada. Em vez de alquimizar sua experiência em uma sabedoria conquistada com dificuldade, ela permite que o medo e a decepção esculpam sulcos profundos em sua psique e pode ser pessimista, cínica e endurecida. Se isso aconteceu, ela precisa encontrar um caminho de volta ao seu coração. O retorno pode ser difícil, e ela pode hesitar em confiar que algo possa crescer de novo naquela terra árida. No entanto, com sua propensão natural para o comprometimento, ela faria bem em lembrar que uma de suas principais tarefas na vida é ser uma sábia guia para a próxima geração. Para assumir esse papel, terá de se comprometer primeiro consigo mesma, com o trabalho de curar e nutrir os lugares em sua psique que se tornaram oprimidos devido à autoproteção.

Assim como na maioria das outras áreas da vida, as mulheres de Capricórnio levam o amor e os relacionamentos muito a sério. Uma vez que se compromete, é um dos signos mais fiéis e ficará ao lado do parceiro nos bons e maus momentos. A mulher de Capricórnio deseja um relacionamento estável construído sobre uma base sólida. É confiável e não propensa à traição, pois a segurança é sua principal prioridade, e ela não faria nada que pudesse desestabilizar a solidez do relacionamento. Se as coisas desandarem, ela tenderá a manter a racionalidade e postura firme, e fazer o melhor para seguir em frente, mesmo contra todas as probabilidades. De vez em quando, pode assumir o papel de mártir e permanecer em um relacionamento sem paixão, mesmo que lhe seja prejudicial, em especial se sair dele significar colocar em risco sua segurança. A capricorniana costuma desejar casamento e filhos, sejam os seus próprios ou adotados, para criar o que ela considera uma família de verdade. É uma mãe excepcionalmente dedicada e devotada, e, com certeza, dará aos filhos uma educação impecável, ensinando-lhes a serem versáteis e respeitosos com os mais velhos.

Entretanto, por mais voltada ao compromisso que seja, ela costuma ser cautelosa quando se trata de amor. Contrariando sua atitude às vezes fria e distante, a mulher de Capricórnio ama profundamente e teme a rejeição. Antes de tudo, precisa saber que pode confiar em alguém. Também precisa saber se os dois compartilham os mesmos valores. Tem padrões muito elevados e espera responsabilidade. A capricorniana também espera, muitas vezes, que um potencial parceiro prove seu valor e sua adequação de alguma forma. Não é apenas a prova de devoção que ela deseja; é a prova de que o amado também assumirá a responsabilidade de lhe garantir um futuro seguro. Mesmo que trabalhe sem descanso em três empregos ou esteja a caminho de se tornar CEO, o parceiro terá de contribuir para construir o ninho futuro deles.

Às vezes, a mulher de Capricórnio pode parecer fria ou reservada, mesmo quando está, na verdade, interessada. Tende a suprimir as emoções em alguns momentos e sofre com o medo da vulnerabilidade. As mulheres de Capricórnio exercem grande controle sobre si mesmas porque têm medo de perder esse controle. Sob uma fachada de seriedade, de autodomínio, muitas vezes bate o coração secreto de uma romântica que teme perder a razão e ser dominada pelos sentimentos desordenados e caóticos que o amor pode desencadear. No entanto, sua natureza prática muitas vezes prevalece sobre as emoções, e com determinação firme (e quase sempre com grande tristeza) a mulher de Capricórnio pode virar as costas para alguém por quem tem sentimentos. Talvez o objeto de sua afeição esteja se mudando para outro continente pelos próximos dois anos ou ela esteja começando a faculdade de medicina e saiba que um relacionamento sério poderá desviá-la de seu caminho em relação à carreira. Seja como for, ela é realista e sacrificará o que for necessário se aquilo não fizer sentido em termos racionais.

Embora a maioria das mulheres de Capricórnio trabalhe muito e seja profundamente fiel nos relacionamentos, há aquelas que funcionam por meio do lado sombrio do signo, sendo materialistas e até um tanto mercenárias quando se trata de relacionamento. É fato: algumas capricornianas podem ser bastante interesseiras. É interessante observar esse tipo, pois, em verdadeiro modo capricorniano de ser, elas se comprometem com esse estilo de vida como se fosse uma carreira. Tratam os relacionamentos como negócios, e, em alguns casos, esses relacionamentos são literalmente o sustento delas. São perspicazes, estratégicas e não perdem de vista o objetivo final (segurança), não se permitindo se apaixonar por parceiros valiosos com contas bancárias modestas. Lembro-me das palavras frias e objetivas de uma amiga capricorniana que adotou essa postura: "Eles vão te usar de qualquer maneira. É melhor usá-los antes". Essa é, de fato, a direção mais triste para a mulher de Capricórnio. Por medo da rejeição por situações decepcionantes, ela fechou a conexão com o coração, o que só serve para diminuir o respeito por si e afastá-la de suas inúmeras qualidades maravilhosas, bem como da possibilidade de ter um amor real na vida.

Sexualmente, Capricórnio é um signo de Terra, sendo mais físico e sensual do que se poderia esperar diante da atitude pragmática natural. Se a mulher de Capricórnio superar as inibições e se sentir segura com o parceiro, poderá descobrir um apetite ardente que a ajudará a se soltar e a aproveitar esse aspecto da vida. Na verdade, algumas capricornianas descobrem que o único lugar onde podem perder o controle é debaixo dos lençóis. Ao que parece, pela própria natureza física do sexo, a capricorniana, enfim, pode baixar a guarda. Tem libido forte, mas a natureza prática prefere um sexo simples e descomplicado em vez de variedades ou fantasias sexuais elaboradas. Ela não é conhecida por ser particularmente experimental, embora haja exceções à regra. Algumas mulheres de Capricórnio só conseguem mesmo se soltar na cama e, quando por fim têm a oportunidade de liberar seu lado selvagem, se entregam. Para Capricórnio, há momento e lugar para tudo.

Quando se trata de carreira, finanças e trabalho, a mulher de Capricórnio se sente mais à vontade. Sempre aspirará chegar ao topo de qualquer montanha que esteja escalando, mas vai planejar essa ascensão com passos calculados. Embora seja ambiciosa e competitiva, tem paciência e humildade para começar por baixo e aprender as coisas desde o início. É autossuficiente e tem disciplina para seguir o curso escolhido. Enquanto anseia por honra, marcos e realizações no mundo exterior, tem resistência imensa e, em geral, supera os concorrentes no longo prazo. Capricórnio valoriza o onipresente "diploma" e só costuma se sentir qualificado para fazer algo se tiver o selo de aprovação de uma autoridade. Seja um MBA ou um certificado em aromaterapia do departamento de educação continuada na escola secundária local, a capricorniana exige prova de suas qualificações. Tem respeito natural pela autoridade e, embora seja líder nata, em vez de se ressentir dos superiores, esforça-se para aprender com eles enquanto, em silêncio, traça a própria ascensão ao topo. A capricorniana pode ser viciada em trabalho, e, apesar de isso estar relacionado à necessidade de segurança e realização pessoal, há um lado dela que anseia por respeito e *status*. Algumas aspiram ao poder e ao prestígio, fazendo contatos e estabelecendo alianças estratégicas com pessoas influentes que podem ajudá-las a subir na vida.

Sei que isso já foi dito com muita frequência, mas a capricorniana pode ser uma excelente mulher de negócios. Algumas parecem prosperar em ambientes corporativos e conduzem com habilidade reuniões de diretoria usando sapatos de salto e saias lápis, mas considero esse estereótipo limitante. Isso não leva em conta que a maioria das mulheres de Capricórnio pelo mundo afora não vivem em Nova York devorando revistas de negócios em vez de um sanduíche na hora do almoço. Já conheci capricornianas que trabalham como empreiteiras, bombeiras, donas de pequenos negócios, agricultoras, arquitetas, dançarinas exóticas, terapeutas ocupacionais e quase todo tipo de profissão em que se possa pensar. Porque, com elas, não se trata tanto do que fazem, mas, sim, da maneira como o fazem. E, embora a mulher de Capricórnio possa ser banqueira ou CEO, esses são apenas dois exemplos de carreiras que têm relação com o elemento Terra. É fato que a Terra é associada a recursos como o dinheiro, mas o dinheiro é apenas uma forma de recurso. Capricórnio é um signo profundamente prático, e a capricorniana será encontrada com mais frequência atuando em uma carreira que, apesar de se relacionar à Terra, poderá não ter nada a ver com a negociação de *commodities* ou grandes aquisições corporativas.

Como funcionária, a mulher de Capricórnio é eficiente e digna de confiança. Destaca-se em qualquer posição em que lhe é dado algum grau de responsabilidade. É trabalhadora e organizada, frequentemente indo além do esperado para concluir o trabalho. O talento para liderança a torna uma chefe ou mentora natural. Como proprietária de negócios, tem tanto perspicácia financeira quanto determinação para ser bem-sucedida. Qualquer negócio no qual operar provavelmente será construído com base em reputação sólida e não raro vai superar os concorrentes em campos semelhantes. Algumas áreas profissionais associadas ao seu regente Saturno são funcionalismo público, ortopedia, osteopatia, odontologia e trabalho com idosos. O respeito pelo passado e o amor pelas origens podem levá-la a se tornar curadora de museu, negociante de antiguidades ou avaliadora. Com talento para as finanças, pode se destacar como conselheira financeira ou corretora de ações. O talento na área de edificações pode significar sucesso como arquiteta, engenheira, empreiteira, construtora de materiais naturais ou empreendedora imobiliária. Algumas capricornianas construíram império reformando casas antigas e revendendo-as com lucro. Com necessidade de produzir algo tangível, qualquer tipo de produção seria adequado, seja a cinematográfica, de artes têxteis ou de alimentos. A capricorniana também pode escolher uma carreira prática ao ar livre, como topografia e pintura de casas, ou, ainda, trabalhar em silvicultura ou como guarda-florestal.

## Arquétipo orientador da Deusa: Frau Holle

Frau Holle, também conhecida como Holda, Hulda, Holla e Pertrecht, é a antiga deusa teutônica do inverno e tem particular ligação com a renovação, que coincide com o solstício de inverno. Em uma de suas histórias mais conhecidas, vemos uma figura de avó alinhada com o conceito de recompensa justa pela integridade e pelo trabalho árduo, atributos que correspondem a Capricórnio. Também está associada às tarefas de fiar e tecer, o que sugere significado simbólico mais profundo, já que a natureza repetitiva e cíclica dessas atividades foi relacionada, há muito tempo, a rituais e trabalhos de feitiçaria. Embora sua história seja bem conhecida pela versão dos Irmãos Grimm, as origens dela parecem ser muito mais antigas. Em *The Language of the Goddess*, a professora Marija Gimbutas destaca a conexão de Frau Holle com o tema regenerativo do solstício de inverno, que é, ao mesmo tempo, um período de escuridão e o retorno da luz: "A alemã Holle regenera o sol, e ela mesma é o sol, chamada de 'A Mãe de Toda a Vida' e 'A Grande Curandeira'".[41] Gimbutas ainda se refere a Holle como "A Matadora-Regeneradora, a supervisora da energia cíclica, a personificação do inverno".[42] Embora seja deusa do inverno e divindade relacionada ao clima, Holle também é deusa do renascimento e da renovação. Gimbutas explica de que maneira ela aparece como pomba uma vez por ano, e também como sapo, trazendo uma maçã vermelha do poço, que caiu durante a colheita anterior.[43] Ambos são símbolos de regeneração e fertilidade. No entanto, também era chamada de "Mãe dos mortos".[44] O sabugueiro era consagrado a Holle, e diz-se que os mortos viviam sob essa árvore, pois tinha poderes de cura e regeneração.[45] Fica claro, com base em suas muitas camadas de simbolismo, que Holle é uma deusa poderosa que abrange todos os ciclos da vida e da morte. É uma deusa fundamental cujo "domínio são as profundezas internas das montanhas e cavernas".[46] Isso implica ser ela a personificação do grande poder da roda, que está sob todas as coisas.

Se interpretarmos com cuidado as entrelinhas, perceberemos que a história da deusa Holle, conforme recontada pelos Irmãos Grimm, está repleta de temas antigos e fundamentos simbólicos. A seguinte versão do conto é aquela que minha avó costumava nos contar quando íamos visitá-la, debaixo de cobertores feitos à mão, com o cheiro de *kipfel* fresco pairando no ar. Existem semelhanças óbvias com a versão dos Irmãos Grimm, o que me faz pensar que minha avó ouviu a mesma história quando criança. No entanto, há certas diferenças, o que exemplifica como as histórias evoluem e mudam com o contador, mas, ainda assim, mantêm as mesmas raízes.

---

41 Marija Gimbutas. *The Language of the Goddess*. Nova York: Harper Collins, 1989, p. 211.

42 *Ibid.*, p. 319.

43 *Ibid.*, pp. 319-20.

44 *Ibid.*, p. 320.

45 *Ibid.*

46 *Ibid.*

A história começa com uma viúva, sua filha e uma enteada. A mãe privilegia a própria filha, embora esta seja preguiçosa e mal-humorada. A enteada é justa e doce, sendo obrigada a fazer o trabalho mais difícil da casa. Todos os dias, a enteada fia o linho desde manhã até o anoitecer, sem reclamar. Um dia, está fiando ao lado de um poço, quando suas mãos ficam ensanguentadas de tanto trabalho e a roca escapa de seus dedos, caindo no fundo do poço. Horrorizada, ela corre para casa e, envergonhada, conta à madrasta sua negligência. A cruel madrasta ordena que ela volte ao poço e recupere imediatamente a roca. A garota retorna ao poço e, com medo e tristeza, se joga de cabeça ali para encontrar a roca. Tudo fica escuro.

Algum tempo depois, ela abre os olhos e se encontra em um belo prado de primavera. Flores estão desabrochando. Ela arruma o vestido e começa a andar sob o sol dourado da tarde. Logo, sente um delicioso cheiro de pão assando, e uma voz a chama para tirar o pão do forno antes que queime. Ela pega uma grande pá de padeiro e impede que o pão queime no último minuto. Pouco depois, depara-se com uma macieira carregada de frutas vermelhas maduras. As maçãs imploram que ela as colha antes que caiam no chão. Ela vai até a árvore, colhe as maçãs e as coloca em uma cesta. Continua a andar e, por fim, chega a uma pequena casa com telhado de palha. Uma mulher muito idosa, com a pele enrugada como uma noz e cabelos brancos como a neve recém-caída, aparece à porta, enxugando as mãos no avental. Ela sorri calorosamente, e seus dentes são tão grandes que a garota quase foge de medo. Mas fica evidente que a velha é bondosa, e ela convida a garota a passar pela porta e adentrar sua casa quente e confortável.

Em troca de ajudar nas tarefas domésticas, a garota é convidada a ficar com a mulher idosa. Entre as tarefas, a mais importante é sacudir o edredom de plumas todos os dias, até que as penas voem como neve. "Pois sou Frau Holle", diz-lhe a mulher. A garota vive feliz com Frau Holle por muito tempo, ouvindo suas histórias e desfrutando de deliciosos jantares em frente à lareira todas as noites.

Um dia, a garota percebe que deve retornar ao mundo superior. Embora esteja contente, sente saudade de casa e, mais que isso, começou a se perguntar se no futuro se casará e terá filhos. Frau Holle fica encantada ao saber que essa ideia está em sua mente e concorda em levá-la de volta ao mundo superior. Elas saem da casa, e uma porta aparece, a qual Frau Holle incentiva a garota a atravessar. A garota passa pela porta, e moedas de ouro caem do céu, enchendo seus bolsos, até que transbordem.

Ao passar pela porta, ela está de volta à antiga casa, onde conta à madrasta e à meia-irmã sua história. Ao ver a prosperidade concedida à enteada, a mãe insiste que a filha também desça pelo poço para que possa obter sua parte. A meia-irmã reclama, mas enfia a mão em um arbusto espinhoso para fazê-la sangrar e vai até o poço, onde joga a roca, saltando em seguida.

Ela chega ao mesmo campo dourado e logo sente o cheiro do pão, mas dá de ombros e continua a andar, ignorando os apelos para retirá-lo. Quando chega à macieira, balança a cabeça e não lhe dá atenção. Finalmente, chega à porta de Frau Holle e oferece seus serviços. No primeiro dia, faz o que lhe é pedido. Mas, no segundo e no terceiro dias, volta à atitude preguiçosa. Frau Holle diz a ela que o tempo dela acabou e a conduz até a porta que leva ao mundo superior. No entanto, quando a meia-irmã atravessa o limiar esperando uma chuva de ouro, um balde de seiva de árvore é despejado sobre sua cabeça, e ela fica coberta de seiva pelo resto de seus dias.

Essa história está repleta do simbolismo da iniciação de uma jovem na vida adulta. O tema do sangue na roca sugere a primeira menstruação. Cair no poço mágico é um tema utilizado em muitas histórias para transportar o protagonista de um mundo ao próximo, ou de uma forma de existência para outra. Uma vez que a garota encontrou seu caminho para o Outro Mundo, que simboliza o espaço liminar ou do inconsciente, encontra a mulher idosa, que é arquetipicamente a Guia, a sábia anciã que lhe ensina a sabedoria dos ciclos da vida. As tarefas de retirar o pão, colher as maçãs e ajudar Frau Holle nas tarefas domésticas sugerem que a garota tem integridade e age de acordo com o que sabe ser certo, não pulando nenhuma etapa que faça parte de sua iniciação.

Curiosamente, tanto as maçãs quanto o pão estão maduros e prontos, o que simboliza que a própria garota atingiu a fronteira da vida adulta. Por fim, quando a garota conclui todas as tarefas, entre elas a de sacudir o edredom de penas, uma referência sazonal que simboliza o tema cíclico que sublinha toda a história, ela diz a Frau Holle que está pronta para retornar ao mundo superior e assumir seu lugar na próxima fase da vida. Note que Frau Holle fica encantada com o fato de a garota se sentir assim – ela concluiu todas as etapas e se sente pronta. A garota, então, passa pela porta, cruza o limiar e é recompensada pela integridade e disposição para trabalhar. Por outro lado, a meia-irmã apenas finge todo o processo de iniciação, inclusive a simulação do sangue, e ignora todas as tarefas necessárias para obter sua recompensa. Isso nos diz que não há pressa na iniciação. Não se pulam etapas nem se finge para obter o prêmio final. Assim como a mulher de Capricórnio, é preciso se comprometer com a tarefa em questão. É preciso realizar o trabalho.

## *Pathwork*: tecendo a tapeçaria

*É véspera do solstício de inverno: a noite mais longa do ano. Um vento forte tem início, atravessando suas roupas e fazendo-a sentir cada osso do corpo. Você se encolhe na capa de lã e solta baforadas de vapor. A neve começou a cair, a princípio tão suave quanto uma penugem, mas agora desce do céu escurecido em grandes fragmentos. Você apressa o passo ao longo do caminho arborizado em busca de algum lugar para se abrigar e se depara com uma pequena abertura ladeada por duas árvores de sabugueiro cobertas de neve. Parece a entrada para a toca de um animal. Você hesita, mas precisa sair da iminente tempestade de neve. Deita-se de bruços e se espreme no pequeno espaço.*

*Lá dentro, o pequeno local se abre em um túnel, alto o suficiente para que possa ficar em pé. Você percebe que está bastante quente lá dentro e caminha em direção a uma luz fraca que brilha ao longe. Conforme caminha, nota que o túnel parece ser formado pelas raízes nodosas e arqueadas das árvores. Pequenas oferendas estão escondidas aqui e ali entre as raízes: um pedaço de fio de linho escarlate, uma maçã perfeitamente madura e uma xícara de cerâmica. A luz se torna mais intensa, e você prossegue na direção dela. O túnel se abre, e você sai sob o sol deslumbrante de uma tarde de primavera. O ar está perfumado com o aroma de flores, pão recém-assado e maçãs.*

*Você continua caminhando até chegar a uma pequena casa com uma cerca bem cuidada. Ao se aproximar, uma mulher idosa aparece na varanda. Ela lhe abre um largo sorriso, e você sente, de imediato, uma sensação de retorno ao lar. Aproxima-se dela, e ela se apresenta: "Eu Sou Mãe Holle, e você é muito bem-vinda aqui". Você percebe que o delicioso cheiro de pão assado está vindo da cozinha dela enquanto é convidada a entrar.*

*Lá dentro, o único som é o reconfortante tique-taque de um relógio antigo. Os móveis são simples, mas confortáveis, e a mulher faz um gesto para que se sente à mesa da cozinha. No canto, você nota uma lançadeira e um tear simples, como se Mãe Holle tivesse acabado de deixar de lado seu trabalho manual quando a ouviu se aproximando pelo caminho. A peça está em andamento; os fios da trama são robustos, e a teia é um intricado padrão de vermelho e branco. Você olha de perto para a lançadeira e vê que ela é feita de um osso antigo amarelado, com entalhes curiosos de flores de sabugueiro se entrelaçando a imagens de mulheres jovens e velhas em várias cenas de tecelagem.*

*Frau Holle coloca uma taça de vinho de sabugueiro diante de você e a vê admirando seu trabalho. "Não há atalhos. Embora seja possível tecer qualquer padrão e cores desejados na teia, uma trama forte sustenta a integridade de toda a peça, e os fios devem estar sempre amarrados com segurança. Você pode ser criativa ao tecer, mas não pode pular nenhuma etapa", ela diz. Seus olhos azuis cintilam, e ela alcança o bolso do avental, oferecendo-lhe uma meada de fio de linho escarlate amarrada com segurança a um galho de sabugueiro. "Planeje seus passos com cuidado, faça seu trabalho com boa vontade e será recompensada com o tecido mais fino, belo e duradouro".*

*O velho relógio bate as horas, e você percebe que é o momento de partir. Agradece a Frau Holle o presente, pronta para pegar o tear e começar o trabalho de tecer a magia prática em sua trama. Volta pelo túnel pelo qual veio, e, quando emerge, a tempestade passou, e um manto de neve recém-caída brilha na aurora do solstício.*

## Ritual: amuleto de proteção de Frau Holle

A magia de tecer é uma das formas mais antigas de feitiçaria, sendo destaque em mitologias e folclores de diversas culturas. Embora tecer seja uma arte por si só, o ritual a seguir é um simples encanto de trançado que evoca o mesmo estado meditativo de leve transe relacionado ao ato de tecer. Se souber tecer ou sentir vontade de aprender essa antiga arte, sinta-se à vontade para fazer substituições.

### Você vai precisar de:

3 pedaços de fita, lã ou cordão

Contas de turmalina negra com furos suficientemente grandes para passar uma fita ou um cordão

Aterre-se e centre-se da maneira que preferir. Visualize sua intenção por alguns instantes. Amarre as três peças juntas, deixando um laço na parte superior. Comece a trançar e intercale as peças de turmalina quando sentir intuitivamente que deve fazê-lo. Imagine-se protegida e completamente segura. Um cântico simples que não distraia você do trabalho em questão funciona bem, como:

*Frau Holle me protege, estou em perfeita segurança.*
*Frau Holle me protege, estou em perfeita segurança.*

Dependendo do comprimento da fita ou do cordão que for usar, você pode utilizar esse amuleto como ornamento para prender no cabelo, fazer uma pulseira ou um colar com ele, pendurá-lo no retrovisor do carro para protegê-la enquanto estiver no veículo, pendurá-lo na janela ou sobre uma porta em casa.

## Ritual: pó de proteção de Frau Holle

A árvore de sabugueiro (*Sambucus nigra*) é associada, há muito tempo, à magia de proteção e ao reino das fadas. A tradição popular dizia que ter uma árvore de sabugueiro fora de casa protegia seus habitantes. Ela é especialmente consagrada a Frau Holle e associada aos mistérios dos ciclos da vida, em particular regeneração e renascimento. O sabugueiro também tem muitos usos medicinais práticos para o sistema respiratório, asma e resfriados, entre outras enfermidades. Além disso, as flores e as frutas dão um ótimo licor, chá calmante e um vinho delicioso. A menos que você seja herborista e saiba o que procurar, é melhor obter flores ou frutas de sabugueiro em sua loja local de alimentos naturais. Elas também podem ser encontradas como chá embalado e licor ou vinho engarrafados, em diversos lugares, inclusive *on-line*. A receita mágica a seguir funciona melhor quando a Lua está em Capricórnio, durante a temporada de Capricórnio (em particular no solstício de inverno ou de verão) ou, ainda, quando a Lua está Minguante.

### Você vai precisar de:

1 parte de cada:
Flores de sabugueiro orgânicas secas
Frutas de sabugueiro orgânicas secas
Pedacinhos de maçã orgânica secos
Sálvia branca orgânica seca
Pilão e almofariz

Moa todos os ingredientes com pilão e almofariz até obter uma mistura não muito fina. Espalhe pela porta para afastar energias negativas e visitantes indesejados ou ao redor de sua propriedade, para ampliar a esfera de proteção. Como alternativa, você pode colocar o pó em uma tigela de oferenda no altar em homenagem a Frau Holle, com a intenção de manifestar um meio de vida justo ou um novo trabalho que você ame. Pode colocar uma pequena quantidade em um saquinho e usá-lo ou carregá-lo para proteção extra. Ele também pode ser queimado como incenso. Embora a tradição popular nos diga que dá azar queimar a madeira de uma árvore de sabugueiro, as flores e as frutas, se colhidas eticamente, são apropriadas para uso como incenso ritual.

## Correspondências de Capricórnio

**Datas astrológicas:** 22 de dezembro a 19 de janeiro

**Sabá:** solstício de inverno – Yule no Hemisfério Norte e Litha no Hemisfério Sul

**Arquétipos da Deusa de Capricórnio:** Frau Holle, Mãe Hulda, Hécate, a Cailleach, Baba Yaga, Illinti Kota, Budi Ma, Etugen, Emegelji Eji, Colleda, Sudice, Agischanak

**Casa:** X

**Elemento:** Terra

**Modo:** cardinal

**Planeta:** Saturno

**Cores:** preto, branco invernal, cinza gélido, prateado, tons terrosos

**Cristais:** aragonita, aventurina, turmalina negra, hematita, jade, malaquita, pirita, quartzo-enfumaçado

**Óleos essenciais:** abeto-de-douglas, pinho, vetiver, gengibre, cipreste, musgo-de-carvalho

**Partes do corpo:** joelhos, articulações, sistema esquelético

♒

# AQUÁRIO

Embora estejamos no auge do inverno no Hemisfério Norte, após o renascimento do Sol no solstício, agora começamos a notar o retorno da luz. Enquanto apenas algumas semanas atrás já estava escuro às cinco da tarde, agora há um brilho dourado no horizonte ocidental que infunde esperança nas almas mais cansadas do inverno. No Hemisfério Sul, o auge da estação mais calorosa estimula os agrupamentos e a vida coletiva. O festival do auge da estação que ocorre durante a temporada de Aquário é o Imbolc, também conhecido como Candlemas (festa das candeias) ou festa da luz crescente. Consagrado à deusa celta Brigit, o Imbolc é um momento de inspiração e esperança, um período para olhar o futuro e contemplar quais sementes serão plantadas. Aquário é um signo fixo de Ar, o que significa que ocorre no auge da temporada e se relaciona ao elemento Ar, sendo intelectual e objetivo. Em reflexo à promessa de despertar do mundo natural e à expectativa do renascimento que virá com a primavera (no Hemisfério Norte), o arquétipo de Aquário é visionário e voltado para o futuro. Depois de Capricórnio, conservador e voltado para a sobrevivência, Aquário é um signo imprevisível: um não conformista que transgride as regras, diz o que lhe dá na telha e celebra, sem reservas, suas diferenças. O regente moderno de Aquário é Urano, conhecido na astrologia como o Grande Despertador, e aqueles que têm Aquário em destaque no mapa tendem a desafiar o *status quo* e a questionar pressupostos, o que costuma levar a mudanças de paradigma, alinhando Aquário aos arquétipos do Revolucionário e do Rebelde.

O signo de Aquário tem relação com o coletivo, e, embora seja bastante criativo, as visões e os lampejos reveladores aquarianos dizem respeito, de alguma forma, ao quadro maior da vida. E, embora seja intrinsecamente preocupado com a comunidade, a tribo e a consciência de grupo, Aquário pode ser bem distante em nível pessoal. Seu foco está na visão mais ampla e holística de qualquer situação específica. Essa identificação com o coletivo confere a Aquário consciência sintonizada, pois ele tem a capacidade intuitiva de interpretar padrões e saber para onde vão as marés. Isso contribui para sua reputação de progressista e futurista, sempre na vanguarda de um novo movimento ou direção social. Como muitas vezes os aquarianos são os primeiros a perceber mudanças sutis no inconsciente coletivo, às vezes só mais tarde são reconhecidos como os visionários que de fato são. Aquário está sempre à frente de seu tempo, e suas ideias radicais e sua brilhante originalidade não raro resultam em reputação de excêntrico ou peculiar.

Aquário marcha ao som dos próprios tambores, um indivíduo autêntico que se encontra, com frequência, em desacordo com a cultura dominante. Muitas vezes, ele se sente mais à vontade em subculturas que tenham ressonância com seus ideais, muitos dos quais são absorvidos pela cultura geral, à medida que a sociedade os alcança nos anos e nas décadas seguintes. Os ideais da geração *hippie* dos anos 1960 são exemplos claros de ideais aquarianos, e o tempo deles chegou. Ideologias e práticas que antes eram consideradas excêntricas e marginalizadas acabaram sendo aceitas por completo pela sociedade – vegetarianismo, yoga, liberdade religiosa, preservação do meio ambiente, direitos dos animais e direitos humanos, para citar apenas alguns exemplos. Claro, ainda há um longo caminho a percorrer, e a extrema direita pode não gostar tanto de todos esses ideais aquarianos, mas fizemos certo progresso que pode servir de base para continuar essa evolução. Certas leis foram alteradas. E, talvez o mais importante, sem dúvida: a consciência coletiva está mais alerta que nunca.

## A mulher de Aquário

Ferozmente independente, com mente brilhante e sempre radicalmente autêntica, a mulher de Aquário é um espírito livre por excelência. Pode ser desafiadora e, com opiniões controversas sobre ampla gama de assuntos, gosta de chocar as pessoas para tirá-las da complacência. Tem inclinação para despertar e abalar o que é tradicional, fazendo as pessoas refletirem. É provocadora nata e agente de mudança, contadora de verdades tão fiel a si mesma quanto idealista. Inspirada e inspiradora, tem o dom da intuição e é abençoada com lampejos incomuns. Muitas vezes, é tomada por momentos de inspiração – o "fogo na cabeça" mencionado no antigo poema celta "O Canto de Amergin".[47] Quando canaliza essas ideias brilhantes em inspiração criativa, elas trazem esperança e otimismo que servem ao bem maior.

No entanto, a aquariana também é conhecida por ser imprevisível, e, embora alguns achem essa imprevisibilidade emocionante, outros podem se incomodar com o que consideram um espírito inconstante. Ela também tende a ter certas contradições inerentes. Por um lado, parece ser amiga de todos e não consegue andar pela rua sem esbarrar em um conhecido. Por outro, pouquíssima gente consegue chegar perto o suficiente para ser admitida em seu círculo íntimo. É sempre amigável e, em geral, gentil, mas pode apresentar certa reserva e frieza, sendo um tanto distante. Apesar de Aquário ser o signo do humanitarismo e a mulher desse signo, muitas vezes, ser defensora da igualdade e dos direitos de seus concidadãos, não se conclui daí que ela seja emocionalmente expressiva. Pode se sentir desconfortável com o que lhe parecem manifestações irracionais de emoção. Sempre

[47] Augusta Gregory, *Gods and Fighting Men* (1905; reimpr., Floating Press, 2012), *e-book* em PDF, pp. 96-7.

valoriza a lógica e a racionalidade acima do sentimentalismo piegas. Se estiver ciente ou não dessas aparentes contradições, não importa; ela acredita que o que as outras pessoas pensam dela não é da sua conta e é sempre, sem pedir desculpas, totalmente ela mesma.

As aquarianas aceitam que, ao seguir seus sonhos e sua visão única do futuro, estarão destinadas a encontrar alguma resistência. Embora possam causar desconforto ao avançar no caminho, têm convicção suficiente para seguirem sozinhas, se necessário, para serem fiéis aos seus ideais. Sabem que, se permanecerem no caminho com integridade e propósito pessoal, acabarão encontrando a verdadeira tribo e estarão cercadas por indivíduos semelhantes que vão compartilhar com elas esperanças, objetivos e sonhos. Por ser um signo de Ar, Aquário é considerado sociável, mas, ao contrário de Gêmeos e Libra, não precisa de estímulo ou companhia constantes – a aquariana aprecia os momentos de solidão. No fundo, ela é um pouco intelectual e tem sede de aprender sobre tudo, de história da arte a psicologia arquetípica, de astrologia a Nietzsche. É uma pensadora diversificada, e as noções que alguns podem considerar excêntricas ou bizarras muitas vezes são sementes de ideias cujo tempo ainda não chegou. Apesar de passarem uma quantidade desproporcional de tempo perdidas nos próprios pensamentos, raramente se sentem entediadas ou solitárias. Em contrapartida, a maioria aproveitará qualquer oportunidade que tiver para discutir suas opiniões sobre política, ciência ou filosofia com pessoas igualmente inteligentes e de mente aberta.

As mulheres de Aquário tratam todos com igual respeito e resistem vigorosamente a ideologias racistas, classistas e sexistas. Muitas são ativistas de alguma forma e trabalham de modo incansável para despertar a consciência sobre causas que tenham a ver com seu forte senso de igualdade e justiça. Podem desdenhar do *status quo* e desafiar estruturas que veem com clareza como antiquadas e incabíveis no novo mundo que imaginam. Quando canalizam essa visão de maneira construtiva e trabalham para a mudança de forma equilibrada, podem ser excelentes reformadoras sociais, defensoras públicas ou ambientalistas. Algumas mulheres desse signo têm ideias sobre comunidade que certas pessoas consideram utópicas e não convencionais, acolhendo conceitos de ecovilas, fundos de terra, comunidades espirituais ou de artistas, além de outros tipos de arranjo de vida cooperativos e sustentáveis.

Apesar do altruísmo natural, quando uma aquariana está em desequilíbrio e age por meio de sua sombra, esse idealismo pode se transformar em fanatismo. Aquário é um signo fixo, e a aquariana pode se fixar e ficar obcecada por seus ideais, a ponto de, no fervor, deixar de ouvir as perspectivas alheias. É interessante notar que, apesar dos ideais libertários uranianos, o regente tradicional de Aquário é Saturno. Pode não ser evidente à primeira vista, mas, se você observar em mais detalhes, verá alguns exemplos surpreendentes de pensamento dicotômico compartimentalizado ou forte adesão ao "modo como as coisas *deveriam* ser". A mulher de Aquário é absolutamente dedicada aos próprios conceitos de certo e errado e pode sucumbir à ideia de que os fins justificam os meios para implementar sua visão. Por ironia, pode não perceber que, no zelo para melhorar uma área da sociedade, é possível que comece a objetificar qualquer pessoa que não faça parte de seu plano, sem se importar em ultrapassar os limites dela ou ignorar seus direitos. E existem aquelas que se rebelam apenas pelo prazer de causar agitação – a rebelde sem causa por excelência. Elas podem desafiar abertamente as regras, mesmo quando não há motivo para desrespeitá-las; fazem isso apenas porque podem. Embora valorizem a lógica e a racionalidade, quando agem motivadas pela sombra, a natureza fixa de Aquário é propensa a um ressentimento sombrio, que ocasionalmente pode eclodir em raiva explosiva. Também podem transformar sua brilhante originalidade em teatralidade vazia, bizarra e excêntrica, chocando apenas pelo gosto do choque. Seu comportamento e suas ideias podem ser instáveis, ou as aquarianas podem se distanciar da sociedade a ponto de se tornarem o arquétipo da Marginalizada. Em nível subconsciente, podem se identificar com o que percebem como o *glamour* do *status* de forasteira, fazendo de tudo para não pertencerem a grupo nenhum, e ostentando isso como insígnia de desafio. Se a aquariana chegar a esse extremo, é provável que obtenha ganhos secundários com essa identificação. Por exemplo, pode usá-la como prova de que, afinal, ninguém a entende.

Claro, há muitas artistas de Aquário que usam essa aura de forasteira como parte de sua arte ou *persona*, o que é algo bem diferente. As artistas costumam usar sua plataforma de trabalho para despertar as pessoas, fazê-las pensar ou destacar a hipocrisia das convenções e dos privilégios sociais. As mulheres de Aquário são criativas por natureza e, não importa o meio, trabalham melhor quando utilizam a capacidade de se sintonizar com o coletivo e dar voz às suas percepções e observações, em discurso que ilumine, informe e crie mudanças. Seja pintora, escritora ou artista de *hip-hop*, a mulher desse signo pode ser um gênio criativo, tendo o dom de se conectar com a mente do grupo e inspirar expansão de consciência nos demais. É nesse momento que ela cumpre a tarefa de sua vida, e sua necessidade de instigar, ultrapassar limites e quebrar paradigmas não apenas impacta o coletivo, mas também a alimenta como alma.

Como seria de esperar, quando se trata de amor e relacionamentos, a aquariana precisa de muito espaço e liberdade. É ultrassensível a qualquer indício de tentativa de controle por parte de alguém e se afastará dessa pessoa sem olhar para trás. Pode demorar a se comprometer, mas, quando o faz, o parceiro precisa ser uma combinação singular de mente aberta, inteligência e, de preferência, certa excentricidade, não devendo limitar a criatividade nem o idealismo dela. Para a mulher de Aquário, a compatibilidade se baseia, em geral, mais na conexão mental que na atração física. Ela se intriga com a inteligência e é atraída pelo não convencional: um pretendente fascinante e excêntrico superará qualquer concorrente, sem dúvida. Algumas aquarianas escolhem parceiros com origens culturais, espirituais e socioeconômicas diferentes, em especial se cresceram em famílias que não reconheceram que elas mesmas eram diferentes. Lembre-se de que Aquário gosta de desafiar a tradição e, muitas vezes, se rebela contra as expectativas dos pais, em particular se estas estiverem enraizadas em pressupostos não questionados. Embora a mulher de Aquário não costume ser romântica no sentido tradicional, precisa de alguém que possa ser seu melhor amigo e compartilhe suas visões políticas, intelectuais e criativas. Mas, uma vez que firma um compromisso, é intensamente fiel, boa ouvinte e companheira divertida, solidária e envolvente, enquanto sua natureza imprevisível impede que as coisas fiquem monótonas e rotineiras. No entanto, tem ideais elevadíssimos, e, se o parceiro não estiver à altura deles, ela pode se decepcionar ou se zangar, e raramente esquece algo que identificou como falha. Algumas mulheres desse signo podem explorar caminhos alternativos para relacionamentos que não se encaixem nas normas sociais, e há aquelas que optam por simplesmente não tê-los durante certas fases da vida.

As mulheres de Aquário são tão fascinantes no sexo quanto em todas as outras áreas da vida. Já que sua mais contundente zona erógena é a mente, elas quase sempre têm abordagem única em relação ao sexo. Às vezes, isso significa ser atraída por coisas experimentais, mas, em outras ocasiões, tudo fica no nível do experimento mental. Aquário pode ser um dos signos mais desinibidos, e algumas aquarianas acolhem novas experiências sexuais sem muitos tabus. Também podem definir sua orientação sexual de várias maneiras: heterossexual, homossexual, bissexual, pansexual ou algo em qualquer ponto entre essas categorias. Algumas delas rejeitam o modelo binário de gênero, enquanto outras resistem a rotular sua orientação sexual ou identidade, de forma geral. Por outro lado, existem aquelas para as quais o sexo não é o foco principal, e podem se identificar, nesse caso, sobretudo como assexuais, apesar de ser possível um nome alternativo para definir sua orientação.

A aguçada inteligência, a autêntica individualidade e a natureza amigável da mulher de Aquário abrem uma série de possibilidades de carreira. Ela, em geral, não é atraída por uma carreira tradicional, e muitas aquarianas projetam o próprio caminho profissional com base em interesses pessoais e seus ideais. Por causa da aversão a regras e à autoridade, muitas vezes as aquarianas se saem bem como empreendedoras, embora também sejam valiosas em qualquer ambiente de grupo ou equipe. Seja qual for sua escolha, a mulher de Aquário precisa de liberdade para expressar sua individualidade e de certa capacidade de ir e vir como lhe convier. O trabalho *freelance* pode ser bastante adequado para ela por essa razão.

Aquário se especializa em criar ideias originais, e a aquariana pode se destacar como especialista inovadora em mídias sociais, diretora criativa, redatora ou *designer* gráfica. A imaginação brilhante e a genialidade criativa também a tornam perfeita para qualquer tipo de manifestação artística, em particular se puder canalizar seus ideais por meio do trabalho. A aquariana pode ser uma precursora de tendências vanguardistas que inspirem novas direções na moda e na fotografia, brilhando também como estilista ou maquiadora. Com a capacidade de se sintonizar com o coletivo e destacar temas controversos, pode ser autora, blogueira, comentarista ou cineasta independente que provoque reflexões. Pode, ainda, direcionar sua considerável inteligência a qualquer uma das ciências, fazendo uma descoberta ou um avanço importante que provoque mudanças. O mundo da tecnologia é especialmente adequado para Aquário, e carreira em desenvolvimento de *websites* ou de *softwares*, programação ou ciência de dados pode despertar seu interesse. Outra direção para a mulher desse signo é a justiça social e o ativismo. Trabalho social, aconselhamento, educação, proteção ambiental, trabalho sem fins lucrativos ou uma carreira política podem ser áreas interessantes. A aquariana também pode colocar seus ideais em prática reformando desde políticas governamentais até estruturas comunitárias. Sua disposição amigável também a torna perfeita para o setor da hospitalidade ou das vendas. Por outro lado, sendo a aquariana atraída pelo incomum, pode ser que encontre felicidade em uma carreira pouco convencional. A astrologia em si está sob o domínio de Aquário, e já conheci muitas astrólogas aquarianas que levam sua brilhante perspicácia para esse campo. A mulher de Aquário também pode se identificar com várias modalidades da Nova Era e criar uma carreira com base em interesses específicos.

## Arquétipo orientador da Deusa: Brigit

Brigit é uma deusa multifacetada cujas histórias traçam um caminho sinuoso envolvendo várias tradições. É conhecida por diversos nomes: Brighid, Bride, Brigantia, Brigantu e Ffraid, sendo uma deusa conhecidíssima em terras celtas, cujo nome significa "a elevada".[48] Entre seus epítetos estão "a iluminada" e "flecha flamejante", que destacam sua associação com a inspiração criativa, bem como incorporam um aspecto protetor. No livro *A Deusa Branca*, o estudioso Robert Graves afirma que Brigit não só tinha relação com a inspiração poética, mas também que os poetas estavam sob sua proteção: "No *Glossário* de Cormac, foi necessário explicá-la como 'a deusa adorada pelos poetas devido à grande e ilustre proteção oferecida por ela'. Era em sua homenagem que os bardos carregavam um ramo dourado com sinetas quando saíam".[49]

Brigit é uma deusa tríplice e, nos três aspectos, está ligada à cura, à poesia e à arte dos ferreiros. É a deusa padroeira do *filidhact* (sabedoria e poesia bárdicas), e, como tal, poetas, contadores de histórias, escritores e artistas de todos os tipos a invocavam para acender a chama da imaginação, encantar seus trabalhos e despertar a criatividade com sua inspiração divina. Brigit também está associada à obstetrícia, à medicina, ao fogo do lar e à adivinhação, regendo os poços e as fontes sagradas. Era a deusa da forja, amada e invocada por artistas e artesãos. A forja está associada à transformação, à moldagem do metal pelos elementos Fogo e Água para se tornar algo novo.

Quando o cristianismo chegou à Irlanda, o povo amava tanto a deusa Brigit que ela foi transformada em santa, Santa Brígida, sendo venerada até hoje como uma das três principais figuras religiosas na Irlanda. Por intermédio do cristianismo, ficou conhecida como a parteira da Virgem Maria

---

48 Patricia Monaghan, *Encyclopedia of Goddesses and Heroines*. Novato, CA: New World Library, 2014, p. 181.

49 Graves, *The White Goddess*, p. 390.

e, em decorrência, a mãe adotiva de Cristo.[50] Seu principal centro de culto fica em Kildare, na província de Leinster. O nome *Kildare* originou-se de *Cill Dara*, que significa a "igreja de carvalho". Diz-se que o local de sua abadia em Kildare foi construído em solo considerado sagrado pelos druidas. Um dos mistérios associados a Santa Brígida era seu fogo perpétuo no santuário de Kildare. Esse fogo sagrado recebia os cuidados de dezenove freiras e nunca se apagava nem deixava cinzas. Dizia-se que o fogo estava cercado por uma sebe protetora, e nenhum homem podia entrar ali. No entanto, se algum homem fosse tolo o suficiente para tentar entrar no círculo, deveria estar preparado para uma vingança divina.[51] O fogo foi apagado durante a Reforma porque era considerado pagão, mas foi aceso de novo em 1993, pois muitas mulheres foram mais uma vez atraídas pela luz de Brigit. Para mim, isso dá a entender que Brigit não está associada apenas à inspiração, mas, sim, que *é* a inspiração, e seu fogo nunca poderá ser verdadeiramente apagado, pois reside no coração de quem a vivencia. A cada ano, peregrinos visitam seu santuário na vila de Kildare para contemplação ritualística e para prestar homenagem a Santa Brígida. Lá, pedem cura, coletam água benta da fonte e amarram pequenas fitas ou pedaços de pano – que os irlandeses chamam de *clooties* – na árvore dos desejos próxima como oferendas.

O dia sagrado de Brigit é o Imbolc, início da estação em que as ovelhas dão à luz e precursor da primavera. Por volta de 2 de fevereiro, a luz solar crescente (no Hemisfério Norte) já começou a aquecer a terra de novo, e esse período anuncia, de fato, o retorno da luz, junto à claridade e ao otimismo que acompanham os dias mais longos. A renovação da esperança inerente a essa época do ano não é pouca coisa. Sem eletricidade ou refrigeração, os antigos nunca sabiam quanto tempo durariam os estoques de alimentos. Ovelhas e vacas lactantes eram sinal bem-vindo de que a

---

[50] Gimbutas, *The Language of the Goddess*, p. 110.

[51] Giraldus Cambrensis, *The Topography of Ireland*, org. Thomas Wright, trad. Thomas Forester. Cambridge, ON: In Parentheses, 2000, *e-book* em PDF, p. 54.

primavera estava a caminho. Diversos costumes populares ocorrem em torno do Imbolc para homenagear Santa Brígida – um indício das antigas raízes pagãs. No livro *The Language of the Goddess*, a dra. Marija Gimbutas descreve alguns dos rituais mais antigos de Brigit, que fazem ecoar sua origem pagã:

> *Eram assados bolos especiais em seu dia, e bonecas com sua imagem eram carregadas por meninas, em procissão, pela cidade. Em cada casa que visitavam, detinham-se, enquanto o dono da casa fazia uma oferta a Brigit e prestava homenagem a ela; o presente podia ser uma pedra, uma concha ou uma flor. A mãe de cada casa assava um bolo especial para ela. Por fim, as meninas terminavam em uma casa onde trancavam todas as portas e janelas, colocando a boneca na janela para que fosse vista. Depois, a dança começava e continuava até o amanhecer, quando formavam um círculo para cantar o hino "Bela Brigit, Escolhida Mãe Adotiva de Cristo".*[52]

No Imbolc, Brigit é celebrada no aspecto de donzela, e as bonecas mencionadas por Gimbutas costumavam ser feitas de caules de milho. Eu mesma fiz uma dessas bonecas muitos anos atrás, e ela ainda ocupa lugar de destaque em meu altar a cada fevereiro. As mulheres também teciam cruzes de Brigit: pequenas cruzes com quatro braços e um centro quadrado, normalmente feitas de junco ou caules de milho. Essas cruzes eram penduradas sobre as portas de entrada, para proteção, perto do Imbolc.

O dia sagrado de Brigit não só ocorre em meados da temporada de Aquário, mas há várias outras correlações que alinham essa amada deusa celta ao arquétipo desse signo. Ambos têm a ver com o súbito lampejo de inspiração criativa, e os dois são catalisadores de esperança para o futuro. O símbolo de Aquário já foi descrito como as ondas das águas da consciência,

[52] Gimbutas, *The Language of the Goddess*, p. 110.

mas também como relâmpagos de inspiração, o que se relaciona ao epíteto de Brigit de "flecha flamejante".

Como todos aqueles envolvidos em atividades criativas sabem, a inspiração pode sumir quando mais precisamos dela. Pode ser caprichosa e evanescente: quase a alcançamos, mas então ela desaparece. Uma coisa é certa: a inspiração não pode ser forçada, mas apenas convidada, a surgir. Devemos abrir espaço para ela, preparar o terreno para que as sementes possam brotar. Devemos nos lembrar de abastecer o próprio poço e cuidar de nossa chama interior, alimentando o fogo com coisas que o nutram.

Há um ano, meu marido e eu compramos a casa dos nossos sonhos numa pequena ilha no mar de Salish. É a primeira vez que moro no campo, e temos a bênção de ter um poço na propriedade que fornece toda a água de que precisamos. Sendo uma garota da cidade, isso foi uma revelação para mim. Uma água cristalina e doce brota como se por magia da terra para que eu possa tomar banho, lavar minhas roupas e regar meu jardim! Durante nosso primeiro verão aqui, ouvimos histórias de vizinhos cujos poços haviam secado. No início, fiquei incrédula. Não tinha ideia de que um poço poderia realmente secar. O que as pessoas fazem sem água? Desde então, aprendi muito. Durante uma seca, é preciso estar atenta à quantidade de água que se usa. Não dá para ficar bombeando indefinidamente e esperar que o poço não seque. Mas então, milagrosamente, a chuva chega, o lençol freático se eleva, e o poço é reabastecido. Acho que em tudo isso há uma lição. Assim como em um poço real, não podemos esperar que nosso poço criativo ou espiritual nunca seque. Devemos aprender a confiar nos ciclos e saber que, se estivermos passando por um período de aridez criativa, a chuva da vida retornará, e mais uma vez transbordaremos de inspiração. Brigit é uma deusa que tem relação tanto com o elemento Fogo quanto com o elemento Água. Quando fogo e água se combinam, criam vapor. Esse é o vapor que impulsiona nossa criatividade, a névoa que se eleva quando a luz solar aquece o orvalho no chão, presenteando-nos com visões surpreendentes e misteriosas – desde que permaneçamos silenciosas o suficiente para conseguir vê-las.

## *Pathwork*: reacenda a chama, reabasteça o poço

*Você tem se sentido estagnada há algum tempo, e, por mais que tente pensar em algo novo, inspirador, parece que seu poço secou. Para cada semente de pensamento que tem, uma voz interior sussurra: "Alguém já fez isso. Alguém fez melhor. Por que se preocupar em tentar?". E, ainda pior, um pensamento comparativo, de autocomiseração, se infiltra em sua mente: "Por que não sou original, talentosa e corajosa como...?".*

*Você começa a subir pelo sinuoso caminho verdejante que leva ao topo da colina, com esses pensamentos ecoando desconfortáveis na mente. É uma tarde de fevereiro com um surpreendente calor fora de época. Lampejos de campainhas brancas e narcisos roxo-escuros espreitam entre os primeiros sinais da nova relva, e você ouve o suave som de ovelhas berrando ao longe. O caminho se divide em dois, e você faz uma pausa por um instante, decidindo qual direção tomará. Um caminho é bem trilhado e vai direto ao topo, mas o da direita contorna a parte de trás da colina. Você escolhe o caminho menos percorrido e logo se encontra em um bosque de carvalhos iluminado pelo Sol.*

*Caminha por um tempo e se depara com uma boca de poço de pedra em ruínas. A boca do poço está enfeitada com flores coloridas, e você conta dezoito velas votivas tremeluzentes entre o verdor das plantas. Ao todo, há dezenove velas, mas uma está apagada. Uma velha e retorcida árvore de espinheiro encontra-se à esquerda do poço, e* clooties *decoram os galhos antigos. Você fica em silenciosa contemplação por algum tempo, enfeitiçada pela beleza e pelo mistério diante de si.*

*De repente, percebe que não está mais sozinha. Uma mulher alta e de cabelos vermelhos, coroada com uma guirlanda de campainhas, emerge em silêncio da sombra dos carvalhos e fica a seu lado. Ela está descalça e vestida de branco, e há uma incandescência nela que reluz como uma chama contra o crepúsculo que se aproxima. Elegantes nós celtas e espirais decoram os antebraços delicados. Você percebe que a deusa Brigit em pessoa está a seu lado.*

*Ela se volta para você. "Há uma vela ainda não acesa. Você a acenderá?"*

*Você caminha até a boca do poço e se ajoelha diante do altar de flores e velas. Vê oferendas entre as flores, entre elas um cálice de leite fresco, mas não vê nada com que acender a décima nona vela. Você se inclina para a frente, hipnotizada pelo reflexo cintilante da luz das velas na superfície escura da água do poço. Sua visão se embaça, e a luz se transforma em pequenos pontos, como estrelas no céu noturno. As estrelas se tornam uma galáxia e depois dançam em espirais e símbolos, girando em imagens que surgem e tomam forma para depois se dissolverem e se reunirem mais uma vez sob outra forma. Você perde a noção do tempo, deixando que as visões surjam e se transformem uma após outra.*

*De longe vem a voz de Brigit, clara e musical como um sino soando: "O que você está vendo?". Embora no início seja difícil responder, você nomeia em voz alta as coisas que consegue enxergar. Com o tempo, as visões se dissipam, e, mais uma vez, você olha para o reflexo simples da luz das velas tremulando na água escura. Percebe que Brigit está a seu lado.*

*"Vai acender a décima nona vela?" Ela toca a testa luminosa com três dedos e transfere a luz diáfana para sua mão. Hesitante, você estende o braço em direção à vela apagada e passa a mão sobre o pavio, e uma pequena chama se acende na mesma hora. Você se senta e contempla a chama recém-nascida. Está completamente fascinada e sem palavras. Volta-se para agradecer a Brigit, mas vê que está sozinha à beira do poço. A Lua Crescente se ergue no céu, e ao longe, a oeste, você vê um leve brilho dourado onde o Sol se pôs, tingindo o azul profundo do crepúsculo, que se desvanece. A primavera chegará (no Hemisfério Norte) dali a apenas uma pequena volta da Roda.*

## Ritual: a árvore dos desejos

Duas das minhas memórias mais preciosas envolvem uma árvore dos desejos. A primeira foi durante uma cerimônia de nomeação de um bebê, quando eu morava em Glastonbury, na Inglaterra. Era véspera do solstício de verão, e a luz dourada do início da noite nos guiou em uma alegre procissão até o topo do Tor. Em pares, subimos em um velho espinheiro e amarramos fitas nos galhos para expressar nossos desejos pessoais para o futuro do bebê. Depois, fizemos uma comemoração sentados sobre mantas na grama quente, comendo pão e queijo acompanhados de vinho de flor de sabugueiro e hidromel. Muitos anos depois, quando meu marido e eu celebramos nossa união no quintal, no Lughnasadh, pedimos a amigos e familiares que escrevessem seus desejos para nós em papel orgânico e, em seguida, os amarrassem nos galhos de nossa macieira favorita com fitas de seda vermelha. As estações passaram, e o papel se dissolveu, tornando-se parte dos nutrientes da árvore, mas as fitas vermelhas sobreviveram às tempestades de inverno. Às vezes, eu saía e ficava olhando para elas, maravilhada com a forma como cada pessoa havia amarrado sua fita, uma espécie de assinatura pessoal: alguns eram laços elegantes, outros eram nós simples. Quando nos mudamos há três anos, essa foi uma das coisas de que eu sabia que sentiria falta na antiga casa. Amarrar uma fita ou um *clootie* em uma árvore tem função semelhante à bandeira de oração tibetana. As bandeiras de oração voam ao vento, levando suas bênçãos para todos. Embora os *clooties* costumem ter natureza mais pessoal, o vento passa por eles levando bênçãos, esperanças de cura e desejos para o mundo tangível.

Há muito tempo as árvores dos desejos simbolizam ritos de passagem, desejos em geral ou pedidos de cura. Várias fontes sagradas nas Ilhas Britânicas têm uma árvore dos desejos ou uma árvore das fadas nas proximidades, e centenas de fontes sagradas na Irlanda, se não milhares, são dedicadas à deusa Brigit. Seu ritual pode ser simples ou elaborado, e você pode realizá-lo sozinha ou com entes queridos. Pode ser em uma árvore de sua propriedade ou em uma árvore especial na floresta. Você pode comprar fitas em uma loja de tecidos ou usar tiras de uma peça de roupa antiga que tenha significado especial para você.

## Incenso da Inspiração de Brigit

Invoque o dom da inspiração de Brigit sempre que precisar se conectar com ela. O Incenso de Brigit é especialmente útil ao realizar trabalhos criativos ou para estudar. É mais potente quando preparado durante a fase Crescente da Lua até a Cheia.

### Você vai precisar de:

1 parte de cada:
Folhas secas de *blackberry*
Mel
Lavanda
Alecrim seco
1 gota de óleo essencial de hortelã-pimenta
1 pitada de canela

O incenso pode ser usado de imediato ou armazenado para uso posterior. Misture os ingredientes e coloque o incenso em um pequeno saco plástico selável. Como sempre, tente fazer uma quantidade bem pequena e vá ajustando conforme sua preferência.

## A árvore dos desejos

Incenso da Inspiração de Brigit
Queimador de incenso ou recipiente resistente ao calor
Isqueiro ou fósforos (seja muito cuidadoso se o tempo estiver seco ou ventando)
Carvão para o incenso

Um pedaço de fita ou um pano comprido o suficiente para amarrar em um galho (fibras naturais são as melhores: algodão, seda, lã etc.).

Árvore: escolha uma que a atraia. O espinheiro ou a nogueira são associados às fadas e bastante utilizados em trabalhos rituais com árvores dos desejos, mas você pode escolher qualquer uma que atenda ao seu propósito.

Oferenda para Brigit: leite, queijo, mel, lã, boneca de milho de Brigit, cruz de Brigit, concha, flor, pedra especial. De preferência, deixe apenas algo biodegradável, que não prejudicará a árvore ou um animal de forma alguma (por exemplo, nada de plástico ou tóxico).

Aterre-se e centre-se da maneira que preferir. Acenda o incenso e defume a si mesma e quaisquer outros participantes. Passe sua fita ou pano na fumaça do incenso e consagre-a a Brigit.

Pegue a fita e vá até a árvore que escolheu. Levando-a na mão, ande ao redor da árvore, no sentido horário, por três vezes. Peça permissão a ela para amarrar o pano em um de seus galhos. Coloque as palmas das mãos no tronco e espere por uma mensagem. Pode ser algo muito sutil. Agradeça ao espírito da árvore e faça sua oferenda à deusa Brigit. Feche os olhos por alguns instantes, faça seu desejo ou peça uma bênção. Quando chegar a hora, amarre a fita em um galho. Agradeça à deusa e ao espírito da árvore. Visualize, então, sua intenção crescendo com a árvore e se espalhando pelo mundo, ao sabor do vento. Feche o círculo, se tiver traçado um, e celebre com comida e bebidas.

## Correspondências de Aquário

**Datas astrológicas:** 20 de janeiro a 18 de fevereiro

**Sabá:** Imbolc no Hemisfério Norte e Lammas/Lughnasadh no Hemisfério Sul

**Arquétipos da Deusa de Aquário:** Brigit, Hebe, Adoma, Ara, Nut, Tanit, Lilith, Eva, Sophia, Atena, Tien-Mu

**Casa:** XI

**Elemento:** Ar

**Modo:** fixo

**Planetas:** Saturno (tradicional), Urano (moderno)

**Cores:** azul-cobalto, violeta

**Cristais:** astrofilita, cavansita, celestita, kunzita, petalita, fenaquita, sugilita

**Óleos essenciais:** hortelã-pimenta, benjoim, lavanda, cipreste

**Partes do corpo:** tornozelos, sistema circulatório

# PEIXES

Embora estejamos chegando ao fim do ciclo, ao entrarmos na temporada de Peixes, os sinais de renovação estão por toda parte. No espaço de um dia, ou mesmo de uma hora, as últimas tempestades da estação rugem e depois magicamente dão lugar a uma chuva leve e deslumbrante sob a luz do Sol. Arco-íris aparecem pelo céu, e prismas brilham em cada gota de água. Peixes é um signo mutável de Água. É o último dos signos de transição, levando-nos do fim do inverno para a entrada do equinócio de primavera no Hemisfério Norte e do fim do verão para o equinócio de outono no Hemisfério Sul. Em Peixes, completamos o ciclo. O último signo ressoa por meio do elemento Água – oceânico, fluido e ligado à Fonte.

A temporada de Peixes é um espaço liminar. Entre mundos. Tempo de sonhos. Peixes ilumina o mais sagrado de todos os Mistérios: a promessa de renascimento inerente a todos os fins. Seu arquétipo abrange tanto a ressurreição quanto a redenção. No tarô, Peixes é o Mistério oculto por trás do véu da Suma Sacerdotisa. É regido por Netuno, incorporando os arquétipos do Místico, do Poeta e do Sonhador, bem como do Mártir e da Vítima. Como Peixes é o último signo do zodíaco, muitas vezes se diz que contém todas as lições do caminho. Peixes já percorreu todos os caminhos antes e entra nesta vida sabendo como os outros se sentem. Traz consigo a sabedoria de cada face da Deusa.

Em *O Herói de Mil Faces*, Joseph Campbell escreve sobre o herói que, ao voltar, torna a atravessar o limiar no sentido inverso, o que me parece esclarecer, com perfeição, a tarefa central de vida do nativo de Peixes. Depois que a alma fez sua jornada arquetípica desde o primeiro signo, Áries, até o último, Peixes, ela viu de tudo. Viu maravilhas, travou batalhas e conheceu todas as experiências da condição humana, desde as alturas vertiginosas do êxtase até as profundezas da tristeza. Embora tenha muita sabedoria para trazer de volta ao mundo cotidiano, também está exausta, o que é compreensível. Campbell escreve sobre a relutância ocasional do herói em retornar ao mundo do ego e da vida mundana, sobre o desejo de escapar para um estado de descanso e felicidade infinita, o que tem interessantes paralelos com Peixes.[53]

A propensão de Peixes ao escapismo é bem conhecida, e abordaremos isso em breve. Mas Peixes, como o Herói de Campbell, tem um trabalho a fazer, e, mesmo que seja tentador se recolher e se deixar levar indefinidamente, somos lembrados de que a natureza da vida é cíclica. Como Campbell explica: "A bênção trazida das profundezas transcendentes torna-se racionalizada, rapidamente, em não existência, e aumenta em muito a necessidade de outro herói para renovar a palavra".[54] Peixes é simbolizado por dois peixes que nadam em direções opostas, o que significa que parte da psique está sempre nadando contra a corrente, buscando a transcendência, trazendo sabedoria das profundezas e nos lembrando dos Mistérios, enquanto a outra preferiria descansar, seguir o caminho de menor resistência e ser levada pela correnteza. Qual direção seguir é uma decisão que o nativo de Peixes deve tomar por si mesmo.

---

53 Joseph Campbell, *The Hero with a Thousand Faces*. 3ª ed. Novato, CA: New World Library, 2008, p. 189. [*O Herói de Mil Faces*. São Paulo: Pensamento, 1989, pp. 214-15.]

54 Campbell, *The Hero with a Thousand Faces*, p. 188. [*O Herói de Mil Faces*. São Paulo: Pensamento, 1989, p. 213.]

## A mulher de Peixes

Enigmática e encantadora, a mulher de Peixes incorpora a musa criativa por excelência. A pisciana tem, com frequência, um *glamour* sutil, uma espécie de vibração sobrenatural que muitos acham cativante e sedutora. Não raro, é comparada a uma sereia, e, embora seja, em geral, percebida como figura romântica, tem sabedoria incomum, sendo uma visionária criativa. Talvez por causa da receptividade inata, ela parece ter predisposição inconsciente para refletir as projeções dos outros. Às vezes, essas projeções são indesejadas, e ela fica perplexa com a maneira como os outros a veem. Mas em outros momentos ela se torna bem ciente de sua capacidade de se envolver em *glamour* e brinca com luzes e sombras para fazer as pessoas verem o que ela quer que vejam. Há um pouco da Encantadora na mulher de Peixes, uma capacidade natural de mudar de forma. É certo que ela tem talento para invocar espíritos e encantar, o que pode ser um recurso incrível para qualquer pessoa que trabalhe em áreas criativas.

Sua fértil imaginação em geral dá origem a um talento criativo inspirado. Ela é uma romântica de verdade, com o coração de uma poetisa, e histórias, mitos e lendas antigos a fascinam. A conexão com o oceano infinito do inconsciente coletivo permite-lhe viajar pelos reinos interiores e se inspirar nos tesouros das profundezas, e ela tem o dom inato de entender o arquetípico e o numinoso mais prontamente que a realidade mundana. Sente-se em casa no universo onírico e tem a capacidade de traduzir os símbolos encontrados nele, canalizando a inspiração do reino intuitivo em formas sublimes de arte, música, poesia e dança. É claro que sua expressão criativa não se limita às belas-artes, e ela pode ser criativa de inúmeras maneiras, de acordo com seus interesses. Seja qual for o meio que a chama, seu trabalho quase sempre tem um toque enigmático. Em geral é onírico, fluido e gracioso, apresentando formas orgânicas e elementos etéricos ou místicos. Muitas mulheres de Peixes também incorporam o aspecto espiritual em sua arte, e algumas são inspiradas pela mitologia da Deusa em seu ofício. O *art nouveau*, em particular as obras de Alphonse Mucha, evoca a estética que me parece a mais comum ao signo de Peixes. Sensuais, femininas, sobrenaturais e encantadoras, suas imagens têm qualidade intangível impregnada do sagrado.

Em razão da aguda receptividade e da consciência da interconectividade da vida, a mulher de Peixes, muitas vezes, é intuitiva e até paranormal. Algumas são conscientes de sua sensibilidade desde cedo e, se tiverem a sorte de ter uma família solidária e de mente aberta que as ajude a desenvolver seus dons, podem desenvolver a intuição tão naturalmente quanto qualquer outro sentido. Muitas mulheres de Peixes são atraídas pelas artes intuitivas e têm aptidão natural para o tarô e outros tipos de adivinhação. Também podem ter interesse em astrologia, canalização, magia e cura espiritual de todos os tipos. Algumas integram essas artes como partes do próprio caminho espiritual particular, enquanto outras podem optar por fazer carreira com seus interesses esotéricos.

Independentemente de abraçar ou não sua intuição com consciência, a pisciana absorve impressões sem esforço e, às vezes, fica perdida para explicar suas mudanças de humor repentinas ou os pensamentos estranhos que surgem sem serem convidados. Ela pode ser o que foi recém-denominado de *empata* – pessoa que, de modo inconsciente, sente os sentimentos dos outros, quer queira, quer não. E, embora isso possa ser uma vantagem para aqueles que trabalham nas áreas de apoio, quando não é gerenciado com cuidado, também pode ser emocionalmente exaustivo e improdutivo e levar ao esgotamento. Por ter, em essência, alma gentil e compassiva, a mulher de Peixes deve ter cuidado para não confundir compaixão com codependência.

Uma das maiores lições de vida para a mulher de Peixes é aprender limites saudáveis, e, apesar do desejo de ajudar e servir, ela precisa praticar o autocuidado para não ser absorvida pelos objetivos inconscientes dos outros. Faz parte da natureza da mulher de Peixes confiar, e a compaixão é um de seus maiores dons. Infelizmente, essas mesmas qualidades também podem levá-la a ser ingênua, e ela precisa aprender que nem todos têm boas intenções no coração. Existem pessoas por aí que se aproveitariam de sua natureza e a usariam para os próprios fins. Ela quer acreditar no melhor das pessoas, e, se não tiver os pés no chão, pode ser enganada por charlatães ou falsos gurus.

Embora servir seja um conceito central para Peixes, há outra corrente que pode percorrer a sombra desse signo. A mulher de Peixes pode se identificar inconscientemente com o arquétipo da Vítima e passar a ser o capacho de outra pessoa ou ficar presa na identificação do ego como Salvadora. Por um lado, se ela se vê alinhada com os arquétipos da Vítima ou do Mártir, pode estar obtendo ganhos secundários ao receber atenção ou simpatia por seu sofrimento prolongado e estoicismo. E, embora a vida às vezes faça com que as pessoas acabem sendo vítimas sem culpa, estamos falando aqui de um padrão contínuo. As pessoas em sua vida podem começar a se perguntar por que, não importando as circunstâncias, ela sempre se depara com os mesmos problemas. Se ela reconhecer que está presa nesse padrão autodestrutivo, seria bom procurar terapia para quebrar o ciclo e seguir em frente com novas ferramentas de autoconsciência. Por outro lado, a mulher de Peixes às vezes acaba no extremo oposto do espectro e se identifica com o arquétipo do Salvador. Por meio de um aparente altruísmo desinteressado (pelo qual, em geral, ela própria paga o preço), ela assume a aparência de Salvadora que se sacrifica a si mesma e, nesse processo, vai se achando especial ou inflando o próprio ego. Embora ajudar os outros seja uma aspiração nobre, ela deve se tornar consciente dos motivos subjacentes, em especial se estiver se doando à custa da própria saúde mental, física ou emocional. Também precisa aceitar que, por mais que queira, não pode resolver todos os problemas.

Enquanto a nativa de Peixes ainda está aprendendo a importância de criar limites saudáveis, pode desenvolver mecanismos de enfrentamento prejudiciais que não servem ao bem maior (nem ao de mais ninguém). Pode, às vezes, se sentir submersa ou inundada por sentimentos intensos e tentar escapar deles com o uso de drogas. Claro que essa é apenas uma das maneiras de evitar os sentimentos, e ela pode tentar escapar pelos mais diversos meios, entre os quais distrações românticas ou sexuais compulsivas, levando a um comportamento indiscriminado ou arriscado. Pode ser muito impressionável e, por isso, ser atraída por pessoas ou circunstâncias emocionalmente prejudiciais ou perigosas. Ou pode se recolher em um mundo de fantasia, afastando-se das responsabilidades e se tornando esquiva e evasiva, em uma tentativa equivocada de autoproteção. A mulher de Peixes desenraizada ou ferida às vezes sente o mundo como um lugar difícil. Ela é, afinal, uma criatura gentil e sensível, e pode ter aprendido, desde cedo, a escapar ou a se tornar mais rígida para não ser engolida pelas tristezas e pelo caos que fazem parte da vida.

Um dos meios pelos quais a pisciana pode recarregar as baterias psíquicas é a solidão. Caminhadas na natureza, meditação e reservar um tempo deliberado para si mesma são providências obrigatórias para sua saúde psicológica. Ela pode equilibrar o excesso de receptividade emocional desenvolvendo as qualidades de seu signo oposto, Virgem, e se beneficiar da participação em um *workshop* que ensine a estabelecer limites. Peixes está associado à cura espiritual, mas, para que a mulher desse signo possa oferecer a cura aos outros, deve começar por si própria. Precisa aprender o básico do autocuidado e desenvolver forte noção de quem é, bem como limites pessoais saudáveis, para que possa servir de maneira que beneficie a todos.

Em nenhum outro lugar o lembrete de estabelecer limites é mais importante que quando se fala sobre Peixes e o amor. Aqui há o culto do amor romântico em estado mais sublime. Quando a mulher de Peixes encontra o Outro que magicamente corresponde ao seu ideal interior, é levada por uma maré de êxtase romântico, perdendo-se em um paraíso sobrenatural pintado com a cor dos sonhos. E, embora grande parte disso tudo, muitas vezes, seja projeção, a pisciana pode facilmente perder a cabeça nessa situação. O amor é uma droga que evoca alucinações dela e do amado como os protagonistas de uma história que rivaliza com as grandes histórias de amor mundiais. Quando a pisciana se apaixona, pode, de fato, sentir que entrou em um Outro Mundo, incorporando as histórias arquetípicas da Deusa e do Homem Verde, Arwen e Aragorn, Lancelote e Guinevere. No desejo de se fundir com o amado, anseia dissolver os limites que os mantêm separados para experimentar esse encontro de almas descrito pelos poetas. Pode sentir certeza avassaladora de que ela e o amado já se conheceram antes, e o amor deles transcende esta vida.

Se seu amor não é correspondido ou por algum motivo ela não pode entrar em êxtase infinito com o objeto de sua afeição, a mulher de Peixes adentra o culto arquetípico do anseio. E, embora não haja situação mais excruciante, para ela a dor impressionante que acompanha seu intenso anseio a torna ainda mais romântica. Em quaisquer circunstâncias, ela se convencerá de que esse Outro mágico é o único verdadeiro. Ninguém na terra poderia ser mais belo, profundo, artístico ou incrível. Pode se tratar de uma pessoa casada, indisponível ou com graves defeitos de personalidade, mas isso não importa. Ela a defenderá e defenderá a situação em que se encontra para qualquer um que a escute, especialmente para si mesma. De propósito, fechará os olhos para o fato de que ele não liga há semanas, está saindo com outras pessoas ou traindo a esposa. À luz de sua projeção, encontrará explicações para quase tudo. Não ouvirá quando alguém lhe disser que está sendo muito otimista. O ser amado pode se assemelhar um pouco ao seu ideal interior, mas nenhuma pessoa humana pode jamais estar à altura do pedestal que Peixes construiu para o amado. Em geral, a projeção acaba se dissolvendo quando ela, por fim, começa a ver as coisas como de fato são. Pode ficar, então, terrivelmente desiludida, acordando de ressaca de manhã e perguntando-se como as coisas podem parecer tão diferentes à luz do dia. Ou talvez siga em frente com o tempo, mas, até então, poderá usar a intensidade dos sentimentos para criar algumas das obras criativas mais belas e inspiradas de sua vida. E há a pisciana que segue em frente e cria uma vida plena com outro parceiro, mas por anos pode guardar em segredo, no coração, os momentos que compartilhou com seu Outro mágico. Ela se recolherá nesse lugar de memórias de tempos em tempos, como se entrasse acordada em um sonho, escapando, assim, de um mundo para o outro.

Embora a maioria das piscianas sejam românticas incuráveis, nem todas se jogam de cabeça e abandonam a razão quando se trata de amor. Na verdade, algumas têm tanto medo dos sentimentos avassaladores que ele produz e da possível perda de controle associada a "se apaixonar" que fazem de tudo para evitá-lo. Podem ser evasivas e vagas sobre seus sentimentos e relutantes em se comprometer. Podem estar sentindo todo tipo de emoções, mas se afastam quando se trata de declará-las. Com maturidade emocional e autoconsciência, a mulher de Peixes pode ser uma parceira fiel e comprometida, afetuosa, sentimental e generosa. Não tem medo dos sentimentos do parceiro nem dos próprios, e sempre manterá o romance vivo.

O sexo geralmente está ligado ao romance e à intimidade para a mulher desse signo, e o sexo que carece de ambos, em geral, não lhe satisfaz. Embora seja muito dada a fantasias, normalmente estas são mais românticas que de natureza puramente sexual. Se o sexo está envolvido nas fantasias, é como parte de um quadro romântico maior. A mulher de Peixes é sensual e sonhadora, e também pode ser profundamente apaixonada nas circunstâncias certas. No melhor dos casos, o sexo para ela é uma experiência transcendente e mística, com poesia de desejo e anseio que dissolvem as fronteiras entre ela e o parceiro. Ela pode ser levada às lágrimas pela profundidade de seus sentimentos e se sentir tomada por dimensões mágicas que se abrem para ela durante a intimidade. Aprecia uma atmosfera romântica e misteriosa, com luz de velas e música. Evocar o espiritual ou místico também pode ajudá-la a se transportar para um lugar de encantamento e imaginação, ligando-a, ao mesmo tempo, ao senso do sagrado.

Por ser um signo mutável, Peixes é adaptável e versátil, sendo capaz de acompanhar os fluxos. A pisciana é uma mulher multifacetada, com muitos talentos. É adequada, portanto, para o trabalho em uma área que ofereça flexibilidade em termos de horário. Embora possa trabalhar igualmente bem sozinha ou com outras pessoas, uma carreira na qual possa ter as duas coisas seria o ideal. Ela é calorosa e sociável, e, em geral, é bastante popular no local de trabalho por ser uma boa ouvinte. No entanto, não costuma se sair bem em ambiente estruturado ou rigoroso em excesso. A pisciana é conhecida por mudar de carreira em diferentes estágios da vida e pode ter dificuldade para escolher no que quer se concentrar, especialmente quando jovem. Mais tarde, contudo, em geral coincidindo com os trânsitos da meia-idade (aproximadamente entre 39 e 45 anos), ela pode começar a desejar uma carreira mais criativa e aspirará fazer o que puder para manifestá-la.

Se se sentir atraída por uma carreira criativa, suas escolhas são quase ilimitadas, dependendo apenas de seus interesses. A pisciana se destacaria em qualquer uma das artes, desde música até dança, passando pela escrita e por outras mais. É uma contadora de histórias consumada e pode ser romancista aspirante, criando mundos e paisagens míticas nos quais os leitores possam mergulhar. Tem também afinidade especial para criar *glamour* e pode se sair bem trabalhando como fotógrafa ou na indústria cinematográfica e televisiva. Embora as longas horas de trabalho em filmes e TV possam ser um desafio, ela deve buscar um emprego no setor criativo do cinema, não no escritório de produção ou no *set*; qualquer coisa no departamento de arte, direção de fotografia, *design* de cenários, maquiagem, cabelo, roteiro e atuação seriam boas escolhas. A pisciana leva um toque criativo a tudo o que faz.

Com coração generoso e desejo de servir, as áreas de apoio são outra opção natural para a pisciana. Ela seria uma terapeuta brilhante, em particular uma psicóloga de profundidade, psicóloga arquetípica ou analista junguiana. Sua conexão com o subconsciente pode levá-la a uma carreira em trabalho com sonhos, ou ela pode mesclar seu amor pela criatividade ao processo terapêutico e se tornar terapeuta de artes expressivas. Com senso inato de compaixão, pode escolher uma carreira em assistência social ou no setor sem fins lucrativos, ou, ainda, direcionar sua natureza compassiva para trabalhar com animais maltratados.

Dada a conexão com o reino intuitivo, a espiritualidade é outra área na qual a mulher de Peixes brilharia. Poderia abranger diversas áreas nesse caso, dependendo de sua aptidão e interesses: pode ser membro do clero, sacerdotisa, celebrante, cerimonialista, curadora intuitiva, praticante de

Reiki, curadora energética, leitora profissional de tarô ou médium. Pode se tornar também facilitadora de retiros, fornecendo espaço para que outros possam se curar, criar e entrar no fluxo. E, por fim, com paixão pela narrativa, destacaria-se como mitóloga, folclorista ou professora de poesia, escrita criativa, literatura, história da arte ou estudos espirituais.

## Arquétipo orientador da Deusa: Kwan Yin

Kwan Yin é a deusa da misericórdia e da compaixão, uma *bodhisattva* feminina das mais importantes e amadas de todas as divindades budistas. O nome Kwan Yin significa "aquela que ouve todas as preces do mundo", e, depois que alcançou a iluminação, fez a escolha de permanecer na forma humana até que todos os outros seres sencientes na Terra também alcançassem a iluminação. É comparada, com frequência, à deusa tibetana Tara e à Virgem Maria, duas outras figuras conhecidas pela compaixão.

Na iconografia, Kwan Yin, em geral, é representada com túnica branca esvoaçante e envergando os colares e as pulseiras, que significam seu *status* de *bodhisattva*. Nas mãos, ela, muitas vezes, tem um vaso e um ramo de salgueiro, e, de vez em quando, uma flor de lótus. O vaso contém a água da vida (ou o orvalho da compaixão) usada para limpar o sofrimento e purificar o corpo e a mente. O ramo de salgueiro é usado para cura e para atender pedidos. Outras representações a mostram montada nas costas de um tigre, sugerindo seu aspecto feroz e protetor, enquanto algumas a retratam com uma criança nos braços, enfatizando sua relação com a fertilidade; mulheres oram a Kwan Yin para lhes dar filhos. Ela também é retratada com as mãos em gestos simbólicos de benevolência ou para afastar a negatividade. Diz-se que entoar ou até mesmo dizer o nome de Kwan Yin é suficiente para proteger alguém de danos físicos ou espirituais, e as pessoas rezam a ela para aliviar a tristeza, curar doenças e transcender preocupações e conflitos. Seus seguidores mais devotos são vegetarianos e se dedicam a viver uma vida de paz e não violência.

Existem relatos diferentes de como Kwan Yin surgiu. Alguns dizem que sua primeira encarnação foi na Índia como o *bodhisattva* masculino Avalokiteshvara, que fez voto de permanecer na Terra para aliviar o sofrimento de outros seres em vez de ascender ao Nirvana. Diz-se que ele tem a capacidade de assumir qualquer forma para poder transmitir melhor os ensinamentos do *dharma*. Pode aparecer como homem, mulher, adulto, criança ou deus.[55] No entanto, devido à profunda compaixão por todos os seres sencientes, ele acabou se sentindo sobrecarregado pelo ciclo interminável de sofrimento e, em sua tristeza, se fez em pedaços. A partir desses pedaços, Kwan Yin foi formada como mulher; talvez se tenha pensado que na forma feminina ela poderia oferecer mais consolo e atender melhor ao sofrimento do mundo.

Kwan Yin tem muitos aspectos regionais e é conhecida em diferentes países asiáticos por vários nomes, tornando-se acessível a todos que a invocam ao aparecer na forma que tiver mais a ver com o buscador. Também é representada na iconografia em diversos aspectos: como Kwan Yin de Cabeça de Dragão, como deusa da fertilidade, como deusa mãe e como curadora, para citar apenas alguns. Encontrei Kwan Yin em Nagoya, no Japão, na forma de Kannon-sama, no momento em que mais precisava dela. Trabalhando no Japão, longe de casa, sentindo falta da minha família e precisando voltar para lidar com uma situação que havia surgido, sentia-me muito sozinha e isolada. Ainda restavam dois meses no meu contrato de trabalho quando acabei indo a seu templo, Osu Kannon. Ajoelhada diante de sua estátua de madeira, cercada por um altar com velas e oferendas de frutas, pedi em silêncio que ela me confortasse em meu estado de terrível saudade de casa. Agradeci e saí do templo.

A partir desse momento, uma estranha série de eventos se desenrolou. Primeiro, me vi completamente perdida pelas ruas de Nagoya. Estava caminhando em círculos e voltava sempre aos mesmos pontos de referência,

---

55 *The Lotus Sutra*, trad. Tsugunari Kubo e Akira Yuyama. 2ª ed. Berkeley, CA: Numata Center for Buddhist Translation and Research, 2007, *e-book* em PDF, pp. 297-98.

não importava em que direção seguisse. Mal falava o japonês e estava escurecendo. Por fim, em estado de absoluto desespero, entrei em uma loja à beira das lágrimas para perguntar a mais uma pessoa se poderia me ajudar a encontrar o caminho. A jovem que trabalhava na loja falava um pouco de inglês, e, juntas, conseguimos entender onde eu estava e para onde queria ir. Enquanto agradecia profundamente a ajuda, notei um pequeno altar para Kannon escondido em uma prateleira na parede. Com meu japonês muito limitado, tentei lhe contar que tinha estado no templo naquela tarde. Ela sorriu para mim com polidez e fez uma reverência. Com sua ajuda, peguei um táxi e encontrei o caminho de volta para meu apartamento. No dia seguinte, a situação mudou de forma inesperada e me foi oferecida a oportunidade de encerrar meu contrato mais cedo. Foi como um milagre. Aproveitei a oportunidade e, em poucos dias, peguei o avião de volta para casa. Desde então, sempre mantive um lugar especial de honra e gratidão em meu coração por Kwan Yin, a deusa da misericórdia.

Em outra história de origem de Kwan Yin, ela começa sua existência como uma princesa chamada Miao Shan, cujo nome significa "virtude maravilhosa". Quando nasce, flores caem do céu, e um perfume maravilhoso preenche o ar, algo que o povo concorda significar uma encarnação sagrada. Seus pais não se importam com sua virtude e seu coração puro, pois são materialistas e preocupados apenas com o fato de Miao Shan não ter nascido menino. Quando a princesa atinge a idade adulta, seu pai espera casá-la, mas tudo o que ela quer é se tornar freira e ajudar todos os seres sencientes a acabar com seu sofrimento. O rei, é claro, está frustrado com a jovem filha e a envia para viver em um mosteiro, onde instrui as freiras a lhe dar as tarefas mais difíceis, esperando que ela veja a futilidade de seus esforços e obedeça a ele. Entre as várias tarefas difíceis está a de criar um pequeno jardim em solo estéril, além do trabalho extenuante de carregar lenha e água.

No entanto, devido à sua devoção e bondade, ela logo é ajudada pelas criaturas próximas ao mosteiro e consegue transformar o jardim num oásis fértil, que floresce o ano todo. Quando o pai fica sabendo de seu sucesso, ordena que o mosteiro seja queimado. Miao Shan milagrosamente salva a si mesma e as outras habitantes, mas o pai não para por aí e ordena sua execução. Em uma das muitas versões do conto, o executor não consegue matar Miao Shan, pois ela é protegida por forças superiores. É resgatada por um tigre branco e transportada para os reinos do inferno, onde ouve o choro e o sofrimento de todas as almas presas no *samsara*. Seu coração transborda de compaixão por essas almas perdidas, o que as liberta de seus grilhões e torna os infernos lugares de música, luz e perfumes enquanto ela estiver por lá.

No final do conto, seu pai adoece gravemente, e, em um ato de supremo sacrifício, Miao Shan não apenas o perdoa, mas oferece, de modo voluntário, seus olhos e braços a ele como remédio, pois a única cura para sua doença são os olhos e os braços de alguém que nunca vivenciou a raiva. Quando o rei e a rainha vão agradecer à *bodhisattva* que ofereceu essa cura e percebem que é a própria filha que fez esse sacrifício, ficam profundamente emocionados e pedem perdão. O ar se enche com o perfume de mil flores, e flores caem do céu. Miao Shan se restaura. Com os olhos agora abertos, os pais de Miao Shan se dedicam à vida espiritual e constroem um santuário para a filha no Monte Fragrante, hoje conhecido como Monte Putuo, importante santuário budista no sudeste de Xangai.[56]

Existem muitas correspondências entre Kwan Yin e Peixes. Como *bodhisattva*, Kwan Yin vivenciou bastante sofrimento, mas, em vez de deixar este mundo e entrar no êxtase eterno do Nirvana, escolhe, por altruísmo, oferecer compaixão a todos os seres sencientes. Da mesma forma, o arquétipo de Peixes é a alma que incorporou todas as experiências terrenas e, quando proveniente de sua vibração mais elevada, decide não se retirar para um lugar de descanso, mas, sim, ascender e servir ao mundo, o máximo que puder, de alguma maneira. Peixes e Kwan Yin também estão alinhados com a ideia de transformação: na encarnação anterior de Kwan Yin como Avalokiteshvara, ele podia assumir a forma mais adequada para

---

56 Daniela Schenker, *Kuan Yin: Accessing the Power of the Divine Feminine*. Boulder: Sounds True, 2007, pp. 18-20.

ensinar alguém. Peixes também, como signo mutável, tem o dom da adaptabilidade, a capacidade de fluir e transformar a consciência com sua criatividade. E, assim como a princesa Miao Shan, Peixes costuma se dedicar aos princípios espirituais superiores de devoção, sacrifício próprio e perdão. Kwan Yin também tem ressonância com o elemento Água, carregando o vaso que contém o orvalho da compaixão. No entanto, a conexão mais poderosa entre Peixes e Kwan Yin é uma compaixão profunda e poderosa pelo sofrimento do mundo.

## *Pathwork*: a beleza da impermanência

*Uma chuva suave cai, e o céu está cinzento. Uma névoa delicada envolve o topo da montanha próxima. Gotículas de água se acumulam nas pétalas das primeiras cerejeiras em flor, e o chão está coberto por uma neve cor-de-rosa. Você inspira profundamente. O perfume de mil pétalas caindo a faz se lembrar da impermanência de todas as coisas, mas também da beleza e da renovação que chegam com a proximidade da primavera. Você se abaixa para pegar um galho fino que caiu no chão. Seu coração tem estado sobrecarregado nos últimos tempos, e você está pronta para receber orientações. Percebe o delicado aroma de incenso de templo no ar e se detém por um instante, fechando os olhos para identificar de onde vem. Volta-se, segue o aroma e se vê em um caminho que sobe pela encosta da montanha.*

*Logo, é como se caminhasse através de uma nuvem. Não consegue ver nada atrás de você ou à frente, e até seus pés se tornam nebulosos na espiral etérea de névoa. De alguma forma, você permanece na trilha, um pé depois do outro, sentindo intuitivamente o caminho à frente. Percebe que a névoa está se dissipando, e, ali adiante, um belo templo surge. O sol brilha intenso aqui no topo, e as nuvens cinzentas cedem lugar ao céu azul. Gotículas cintilantes de água reluzem em uma explosão de inúmeros arco-íris. Você atravessa uma pequena ponte e olha para baixo, vendo carpas nadando na água.*

*Chega aos pés do templo e sobe as escadas até o topo. Tudo está calmo, mas ao longe você ouve o som de cantos budistas. Uma estátua feroz de leão guarda a entrada do templo, e ao lado dela há um grande queimador de incenso de bronze. Você pega três hastes de incenso e as acende, segurando-as entre as palmas das mãos, junto ao coração. Sente o impulso de fazer uma reverência e faz um pedido ou uma solicitação silenciosa de ajuda. O que vem à sua mente? Onde você mais precisa de compaixão na vida neste momento? Coloca as hastes de incenso na areia, dentro do grande queimador, onde elas se juntam a centenas de outras. Você respira fundo e atravessa o limiar. Percebe que as outras pessoas deixaram os sapatos ali de forma ordenada, e você também para e tira os seus.*

*Entra na quietude silenciosa do santuário e, ao fundo, avista um altar complexo, com uma grande estátua de Kwan Yin cercada de oferendas de flores, frutas e velas cintilantes. Caminha em direção a ela e se ajoelha em veneração. Olha para a deusa. Sua expressão é de uma serenidade e benevolência tão gentis que você é inundada, de repente, por uma tranquilidade profunda e envolvente. É como se todas as suas preocupações, tristezas e confusões tivessem sido removidas. Você percebe que nada é permanente, e a primavera sempre retorna. Em gratidão, encosta a testa no chão, os braços estendidos sobre a cabeça, e agradece em silêncio a Kwan Yin por seu conforto e sua compaixão. Você coloca as flores de cerejeira em um recipiente no altar e se volta para sair, sentindo-se mais leve e otimista do que já se sentiu em muito tempo.*

## Ritual: invocando a deusa da compaixão

### Incenso de Kwan Yin

1 pitada de pó de sândalo
1 pitada de raiz de *danshen* seca ou em pó
1 a 2 gotas de óleo de lótus
1 pitada de pó de cinco especiarias

Misture os ingredientes e coloque tudo em um pequeno saco plástico selável. O incenso pode ser usado de imediato ou armazenado para uso posterior. Como sempre, tente fazer uma quantidade bem pequena de cada vez e faça ajustes de acordo com sua preferência.

### Invocando a deusa da compaixão

Carvão
Sino
Iconografia de Kwan Yin, uma estátua ou imagem de qualquer um de seus aspectos pelo qual se sinta atraída
Oferenda à deusa: frutas, flores, bolos, chá verde orgânico ou chá das montanhas, Incenso de Kwan Yin
Pano de altar branco, de preferência de seda
Vela branca
Papel
Caneta
Recipiente com água transparente e pura
Pequeno recipiente de cerâmica cheio de arroz cru ou areia fina

Limpe seu espaço, aterre-se e centre-se da maneira que preferir. Acenda o carvão (levará cerca de dez a quinze minutos para ficar esbranquiçado e pronto para o incenso). Toque o sino três vezes. Deixe o som do sino ecoar até que se dissipe por completo antes de tocá-lo novamente.

Prepare seu altar para Kwan Yin colocando a estátua ou imagem no centro ou, se ela for alta, na parte de trás do altar e centralizada. Coloque suas oferendas respeitosamente ao redor dela. Acenda a pequena vela branca em sua honra e coloque-a diante dela. Pegue o papel e escreva um desejo ou peça compaixão a Kwan Yin. Dobre-o com cuidado e coloque-o aos pés dela. Pegue a tigela de água e beba dela. Esse é o orvalho da compaixão que limpa e purifica pensamentos e emoções prejudiciais. Leve o tempo necessário para se conectar com Kwan Yin. Respire fundo e bem devagar, alinhando-se às suas qualidades de compaixão e serenidade.

Quando estiver pronta e o carvão, quente, pegue uma pequena pitada do Incenso de Kwan Yin, toque o coração e a testa com ele e, em seguida, deixe-o cair sobre o carvão como oferenda a ela. Visualize seu desejo ou pedido flutuando até ela sobre a fumaça do incenso. Peça em silêncio a Kwan Yin aquilo de que você precisa ou fale as palavras baixinho. Toque o sino três vezes. Agradeça a Kwan Yin e confie que ela lhe dará o que você busca. Você talvez queira mostrar gratidão e respeito inclinando-se três vezes em reverência com as palmas das mãos juntas sobre o terceiro olho.

Não assopre a vela para apagá-la. Deixe-a queimar até o fim em segurança ou apague a chama balançando a mão. Deixe que o incenso queime até o fim em segurança ou, se necessário, apague-o com o arroz ou a areia.

## Correspondências de Peixes

**Datas astrológicas:** 19 de fevereiro a 20 de março

**Sabá:** signo de transição entre o Imbolc e o equinócio da primavera (Ostara) no Hemisfério Norte e entre Lammas/Lughnasadh e o equinócio de outono (Mabon) no Hemisfério Sul

**Arquétipos da Deusa de Peixes:** Tara Branca, Kwan Yin, Sedna, Perséfone, as Andrianas, Idemili, Oxum, Yemaya, Nisaba, Brizo, Leanan Sidhe, Mami Wata, Melusina, Morgan le Fay, Aufruvva

**Casa:** XII

**Elemento:** Água

**Modo:** mutável

**Planetas:** Júpiter (tradicional), Netuno (moderno)

**Cores:** cinza suave, lilás, lavanda, tons pastel do oceano, verde-prateado

**Cristais:** ajoite, ametista, água-marinha, crisoprásio, opala, turmalina rosa, smithsonita

**Óleos essenciais:** jasmim, sândalo, erva-cidreira, *ylang-ylang*, hortelã-verde, lótus, lavanda

**Partes do corpo:** pés, sistema linfático

# CONCLUSÃO

Estamos em um momento da história em que o mundo precisa do feminino sagrado mais que nunca. É responsabilidade de cada uma de nós nos apresentarmos com nosso ser autêntico e verdadeiro, falarmos com nossa voz única e recuperar a conexão com a Deusa. Somos, cada uma, a heroína de nossa própria história; é missão de nossa alma despertar a magia e o mistério da vida e, nesse processo, lançar luz sobre nosso mito pessoal. Ao percorrermos esse caminho, cada uma de nós vai incorporar as muitas faces da Deusa em diferentes momentos da jornada. Pode haver ocasiões em que precisaremos nos postar com firmeza e nos apresentar com a face feroz de Macha, prontas para lutar pelo que acreditamos. Poderemos nos encontrar em uma derrocada pessoal, e é a face de Inanna que vestiremos por um tempo. Talvez cheguemos a um lugar em que será com a face de Kwan Yin que nos identificaremos, ao percebermos que a compaixão não apenas pelos outros, mas também por nós mesmas, é o que se faz necessário. É minha sincera esperança que você continue seu caminho de busca pelo autoconhecimento, acendendo a chama sagrada que ilumina novos horizontes e lhe trará uma vida de autenticidade, paixão e propósito.

Bênçãos em sua jornada!

# BIBLIOGRAFIA


Blundell, Sue e Margaret Williamson, org. *The Sacred and the Feminine in Ancient Greece.* Nova York: Routledge, 1998.

Cambrensis, Giraldus. *The Topography of Ireland.* Organização de Thomas Wright. Tradução inglesa de Thomas Forester. Cambridge, ON: *In* Parentheses, 2000. *E-book* em PDF.

Campbell, Joseph. *The Hero with a Thousand Faces.* 3. ed. Novato, CA: New World Library, 2008. [*O Herói de Mil Faces.* São Paulo: Pensamento, 1989.]

Frazer, James George. *The Golden Bough: A Study in Magic and Religion.* Old Saybrook, CT: Konecky & Konecky, 2010. Publicado pela primeira vez em 1890 pela Macmillan.

Gimbutas, Marija. *The Language of the Goddess.* Nova York: Harper Collins, 1989.

Graves, Robert. *The Greek Myths.* Ed. rev. Harmondsworth, UK: Penguin, 1960. *E-book* em PDF.

Graves, Robert. *The White Goddess: A Historical Grammar of Poetic Myth,* 1948. Reimpr. Nova York: Farrar, Straus & Giroux, 1999.

Green, Miranda. *Symbol and Image in Celtic Religious Art.* Londres: Routledge, 1992.

Greene, Liz. *Astrology for Lovers*. York Beach, MA: Weiser, 1989. Publicado pela primeira vez em 1980 por Stein & Day (Nova York) como *Star Signs for Lovers*. [*Os Astros e o Amor – Um Guia Astrológico Completo sobre Relacionamentos*. São Paulo: Pensamento, 2. ed., 2021.]

Gregory, Augusta. *Gods and Fighting Men: The Story of the Tuatha de Danaan and of the Fianna of Ireland*, 1905. Reimpr. Aukland, NZ: Floating Press, 2012. *E-book* em PDF.

Guest, Charlotte. Trad. ingl. *The Mabinogian*. Nova York: Dover, 1997. Publicado pela primeira vez em 1906 por J. M. Dent & Sons.

Gwynn, Edward. Trad. ingl. *The Metrical Dindshenchas*. 4 vols. Reprodução eletrônica de Dublin Institute for Advanced Studies, 1991. Publicado pela primeira vez em jun. 1903 por The Royal Irish Academy. Disponível em: http://www.ucc.ie/celt/published/T106500A/index.html.

Hamel, Debra. *Trying Neaira: The True Story of a Courtesan's Scandalous Life in Ancient Greece*. New Haven, CT: Yale University Press, 2003.

Hughes, J. Donald. "Artemis: Goddess of Conservation". *Forest and Conservation History* 34, nº 4 (out. 1990): pp. 191-97. doi:10.2307/3983705.

Jung, C. G. *Collected Works of C. G. Jung*, volume 5: *Symbols of Transformation*. Princeton, NJ: Princeton University Press, 2014.

Jung, C. G. *Collected Works of C. G. Jung*, volume 8: *Structure & Dynamics of the Psyche*. Princeton, NJ: Princeton University Press, 2014.

*The Lotus Sutra*. Traduzido para o inglês por Tsugunari Kubo e Akira Yuyama. 2. ed. Berkeley, CA: Numata Center for Buddhist Translation and Research, 2007. *E-book* em PDF.

Macalister, R. A. Stewart. Trad. ingl. *Lebor Gabála Érenn: The Book of the Taking of Ireland*. Dublin: Irish Text Society, 1956. Disponível em: https://archive.org/details/leborgablare00macauoft.

Monaghan, Patricia. *Encyclopedia of Goddesses and Heroines*. Novato, CA: New World Library, 2014.

Monaghan, Patricia. *The New Book of Goddesses and Heroines*. St. Paul, MN: Llewellyn, 1981. Reimpr., 1997.

Pinkola Estés, Clarissa. *Women Who Run with the Wolves: Myths and Stories of the Wild Woman Archetype*. Nova York: Ballentine Books, 1992.

Rayor, Diane J., trad. ingl. *The Homeric Hymns*. Berkeley: University of California Press, 2004.

Rhodes, Constantina. *Invoking Lakshmi: The Goddess of Wealth in Song and Ceremony*. Albany: SUNY Press, 2010.

Rhodes, Constantina. "Lakshmi: Hindu Goddess of Abundance". *In*: *Goddesses in World Culture*, vol. 1, organização de Patricia Monaghan. Santa Barbara, CA: Praeger, 2011.

Rosen, Steve. *Essential Hinduism*. Santa Barbara, CA: Praeger, 2006.

Rosenzweig, Rachel. *Worshipping Aphrodite: Art and Culture in Classical Athens*. Ann Arbor: University of Michigan Press, 2004.

Schenker, Daniela. *Kuan Yin: Accessing the Power of the Divine Feminine*. Boulder, CO: Sounds True, 2007.

Shinoda Bolen, Jean. *Goddesses in Everywoman: A New Psychology of Women*. Nova York: Harper & Row, 1984.

Shinoda Bolen, Jean. *Goddesses in Older Women: Archetypes in Women over Fifty*. Nova York: Harper Collins, 2001.

Wolkstein, Diane e Kramer, Samuel Noah. *Inanna: Queen of Heaven and Earth*. Nova York: Harper Collins, 1983.

# AGRADECIMENTOS

A mais profunda e sincera gratidão ao meu marido e melhor amigo, Jamie, que acreditou em mim desde o primeiro dia em que nos conhecemos, quando lhe mostrei minhas pinturas inspiradas na Deusa. Obrigada por me apoiar em todas as encarnações pelas quais este trabalho passou e por me presentear com seu tempo para que eu me concentrasse na escrita deste livro. Somente a Deusa sabe se este livro teria sido concluído sem seus cuidados com chá e massagens, vinho tinto e chocolate.

Obrigada a meu filho, Jesse. Desde o dia em que o colocaram em meus braços, soube que você era o visionário sagitariano que nasceu para ser. Você me ensinou o que é conhecer a face provedora de Deméter, assim como a face protetora e feroz de Macha. Obrigada pela paciência enquanto eu aprendia a ser mãe, voltava para a escola e fazia o meu melhor para entender tudo. Tudo o que faço é por você.

Obrigada à minha família pelo encorajamento ao longo do caminho para completar este livro: mamãe, Vaysha e Andre. Agradeço a todos os meus clientes ao longo dos anos, que me ensinaram mais sobre astrologia e arquétipos que todos os livros que li. Gratidão especial a todas as almas incríveis que leram meu manuscrito e me presentearam com apoio e bênçãos. Mais de uma vez, fui levada às lágrimas pela bondade e graciosa generosidade de vocês. Na ordem em que essas palavras maravilhosas surgiram, obrigada a Anne Newkirk Niven, Ashleen O'Gaea, Adam Elenbaas, Steven Forrest, Stephanie Woodfield, Lisa Tenzin-Dolma, Jhenah Telendru, Mickie Mueller, Kris Waldherr, Deborah Blake, Jen McConnel, Brandi Auset, Ellen Dugan e Donna Henes. E, é claro, gratidão especial à minha professora, a astróloga e autora Erin Sullivan.

Obrigada à minha querida amiga Michelle Carlson, da Solstice Stones, pela sabedoria na escolha de cristais que fazem ressoar cada arquétipo astrológico. Obrigada a Rebecca Coates pela paciência e visão editorial nos estágios iniciais deste livro. Um agradecimento especial à minha boa amiga e colega de trabalho Kelly Benson por anos de conversas quase diárias sobre astrologia, além de ouvir minhas ocasionais explosões de raiva e atribuí-las ao meu Áries em duplicidade, com Ascendente em Escorpião. E, claro, um agradecimento especial aos meus editores da Llewellyn: Elysia Gallo, editora sênior de aquisições, por me dar a oportunidade de ver um sonho de vida realizado, e por todo incentivo e sabedoria ao longo do caminho; e à minha editora de produção, Lauryn Heineman, pelo olhar editorial perspicaz e por me acalmar mais de uma vez, sendo este meu primeiro livro. Obrigada a todos.

# ÍNDICE REMISSIVO

**D**



**E**

**Q**



**R**



**S**

# Sobre a Autora

Danielle Blackwood é colunista de astrologia da revista *SageWoman* e da Banyen Books and Sound, além de estudar e praticar astrologia há mais de trinta anos. É formada em Princípios e Prática da Astrologia Psicológica Contemporânea pela professora Erin Sullivan, astróloga e escritora de renome mundial. Danielle também é Conselheira Terapêutica Registrada (CTR), especializada em trabalhar com mulheres nas áreas de autoestima, sexualidade, imagem corporal, transições de vida e cultivo de conexão com o Sagrado Feminino por meio de ritos de passagem personalizados.

Ela incentiva clientes de todo o mundo a levarem uma vida de autenticidade e vigorosa aceitação de si mesmos, ajudando-os a encontrar sentido em sua jornada e a reformular suas histórias de modo consciente, por meio de uma lente arquetípica. Como sacerdotisa, promove *workshops*, aulas, cerimônias e retiros sobre astrologia e mistérios femininos desde 1994.

Danielle vive em uma casa encantada na mágica ilha Salt Spring, no mar de Salish, com o marido Jamie, um gato de seis dedos chamado Watson e a mais nova integrante da família: uma *staffordshire terrier* resgatada cujo nome é Daisy. Você pode encontrá-la em danielleblackwood.com.

## Para escrever à autora

Se quiser entrar em contato com Danielle Blackwood ou obter mais informações sobre este livro, por favor, escreva para a autora por intermédio da Llewellyn Worldwide Ltd. e encaminharemos sua solicitação. Tanto a autora quanto a editora gostarão de receber notícias suas e saber quanto você apreciou este livro e como ele a ajudou. A Llewellyn Worldwide Ltd. não pode garantir que todas as cartas escritas para a autora serão respondidas, mas, sim, que todas serão encaminhadas a ela. Por favor, escreva para:

Danielle Blackwood
c/o Llewellyn Worldwide
2143 Wooddale Drive
Woodbury, MN 55125-2989

Por favor, inclua um envelope com selo endereçado
para resposta ou US$ 1,00 para cobrir os custos.
Se estiver fora dos Estados Unidos,
inclua um cupom internacional de resposta postal.

Muitos dos autores da Llewellyn têm *sites* com informações e recursos adicionais. Para mais informações, por favor, visite nosso *site* em http://www.llewellyn.com.